Financial Consumer
in Typological Thinking:
Meaning of Word
to
Its Instition

王美舒 / 著

类型思维下的“金融消费者”：

从 语词 到 制度

中国法制出版社
CHINA LEGAL PUBLISHING HOUSE

前　言

纵观金融法的发展历程，每次波及范围较广的金融危机，都会为人们进一步认识金融活动、金融风险和金融监管带来契机。与金融危机相伴的，通常也是金融领域的法律变革。2008 年全球金融危机的爆发，让人们对金融市场运作及其监管有了更为深刻的认识。人们逐渐意识到金融消费者在维护金融稳定和金融安全方面所发挥的重要作用，并认识到金融消费者保护的必要性。不管是在国家层面，还是在国际层面，金融领域人士和法律领域人士对建立金融消费者保护制度迅速取得共识，并形成了全球范围内的金融消费者保护浪潮。全球金融消费者保护的浪潮也影响到我国的金融法治建设：涉及金融消费者保护的规范性文件依次出台，金融消费者保护机构也逐步建立，金融消费者保护的法治化已然在我国起步。围绕金融消费者的实践和探讨虽已趋热，但从语词意义认识到制度建设，与“金融消费者”相关的诸多问题仍未得到澄清，尤其是作为制度起点的“金融消费者”语词意义本身，在理论探讨和立法实践中并未取得共识，反而为进一步的理论探讨带来更多难题。由此，反思“金融消费者”语词认识中出现的问题，寻找认识“金融消费者”的恰当路径，并以此重新认识和建构金融消费者保护制度，成为经济法学者必须完成的工作。

本书第一章从最为根本的语词出发，对语词、概念、概念思维、类型、类型思维以及“金融消费者”语词进行了基本梳理。首先，本书沿着语词的符号性、语词的“能指—所指”二分法、语词的“代表项—解释项—对象”三分法，对语词意义所具有的“无限衍义”进行了探讨。随后本书从语言学、哲学和逻辑学出发，对概念到底为何进行了总结。本书指出，法学上的概念思维，即以抽象化与涵摄为其要义：通过抽象化，概念思维可以将客观对象诸要素（特征）个别化，并从客观对象中抽离出来，形成概念内涵，以指称客观对象；通过涵摄，概念思维将个别化要素“展开”，与客观事物比照齐观，“划定”概念外延。在此基础上本书继续揭示出这样一个问题，即法学所认为的概念仅仅是形式逻辑上的概念。与语言学和哲学中的概念相比，法学和形式逻辑上的概念有很强的“单义性”和“数位性”倾向。接着本书对类型、类型思维进行了总结，认为类型同概念一样，都是语词对思想和实在进行划分后获得的意义载负。但相比起概念，类型是丰富的、开放的、内部流动的，因此也就无法运用形式逻辑上的三段论来获得，而只能以围绕意义中心一组弹性特征相似的方式获得。在法学中，类型是指具有共同特征的事物所形成的种类，是围绕意义中心，一组特征的弹性组合。某一客观事物能否归入类型中，是通过回溯其意义中心，以整体形象相似的方式来进行判断。在本章的最后，根据语用学原理，对“金融消费者”

语词在不同语境下的意义进行探讨，并在此基础上探寻语词视镜下的“金融消费者”现象，从而获得“金融消费者”语词在不同语境中的解释意义，即（1）金融消费者是金融活动参与者，区别于金融机构、金融监管机构的群体；（2）需要得到保护，这种保护与以前的保护方式不同，或需要得到强调；（3）与日常语言中的“消费者”处于相似情形中，但又有不同（也即某种程度是“消费者”在金融领域的延伸，但又有所差异，而这种延伸与差异只存在于人们的感性之中，还未得到理性的澄清）；（4）是金融制度或金融监管制度变革的一部分内容。

本书第二章则对概念思维的陷阱进行了论述，从概念思维在法学中发挥的作用出发，提出概念思维与法学的研究内容是龃龉的这一观点。法律人之所以不舍弃概念思维的运用，主要还是源于其思维上的便捷性。本书提出概念思维强调通过个别化的要素之列举，在此物与彼物之间划出“清晰但僵硬的界限”——当客观对象具有定义此物的全部要素时，即涵摄于此概念下，被称为此物；当客观对象不具有全部要素时，就涵摄于彼概念下，被称为彼物。概念思维是“非此即彼”的，而“生活事件之间并不具有概念体系所要求的僵硬界限，毋宁常有过渡阶段、混合形式以及新形态出现的变化”，这就使得通过概念思维建构起的法律世界，时常与日常的经验世界发生龃龉，造成诸多法律适用上的疑难问题。同时，概念思维诱使法律与价值背离，造成法律的不正义，给法学研究带来了体系僵化、概念定义混乱，以及价值忽视等问题。在论述了研究者运用概念思维寻找内涵和外延的路径之后，本书对这些路径带来的“金融消费者”语词认识问题进行了总结，认为在金融消费者语词定义过程中，概念思维造成了金融消费者、投资者以及消费者语词之间的冲突和张力。

本书第三章对比了类型思维与概念思维的不同，论述了类型思维如何带领法律人躲避概念思维的陷阱，并寻找重新认识金融消费者语词的路径，提出类型思维与法学研究内容相吻合，是“试推法”在法学研究中的实现。与归纳法和演绎法相区别，试推法在语词“意义的洪流”中找到一个立足的支点，并从这个支点开始，进行有序的语词意义认识。这就使得作为“人造的客观性”的法律，既不会被当作自然客观事实，进行纯粹形式逻辑上的探讨；也不会被当作感性的产物，进行“漂流式”的联想。因此类型思维是适合法学研究的，甚至可以这样讲，法律人目前所运用的概念思维并不是真正的形式逻辑上的概念思维，而是类型思维。类型思维并非概念思维的辅助工具，而是将概念思维涵盖于内。概念思维只能在严格限定的条件下，被运用于法学研究。随后，第三章对类型的分类进行了论述，并指出类型思维下的“金融消费者”属于“规范性的真实类型”。

在第四章，主要探讨了“规范性的真实类型”形成的两种方法，即“意义中心—描述特征”法和类型谱法。通过“意义中心—描述特征”法对金融消费者进行了类型描述。当法律人面对不同利益冲突时，根据法律人自身的衡量、沟通，或根据已有法律原则的衡量，所形成的冲突平衡的结果，就构成了“意义中心”。通过对利益冲突的个案进行观察、探究、总结，最终在价值上形成判断，法律人最终获得类型的“意义中心”。从经验看，法律人在形成类型过程中，并没有如此细致的行动，毋宁是一种法律感觉的实现，也即“正义感”所形成的判断。凭借对“正义感”的直觉，法律人循着已有的法体系寻找需要维护的权利和利益，形成类型的“意义中心”。基于实用性和使用上的容易性，对整体形象的一个侧面进行描述，就形成了类型的描述特征。根据“意义中心—描述特征”法，本书认为金融消费者是在金融活动中，相对于金融机构，被迫负担合同特定风险和信用风险的相对弱势一方。最终提出金融消费者可被描述为相对于金融产品、服务提供者，在金融交易中基于非商业、非营业和非职业目的而接受金融产品、服务的自然人，但不包括直接购买证券、债券、期货及其他衍生品的交易参与者。同时，由于金融消费者属于类型，而非概念，因此只要金融交易参与者的形象与金融消费者负担“合同自身特定风险”或负担“合同自身特定风险＋信用风险”双重风险的整体形象相似，就可在个案中突破上述描述特征，而被视为金融消费者。通过第四章的论述，将风险社会理论引入了对“金融消费者”的认识之中。

第五章则在“金融消费者”类型描述的基础上提出，体系建构或制度建构分为“法律上的建构”（即立法者之建构）与“学术上的建构”，除非涉及逻辑或语言法则的使用，对同一语词意义理解所形成的不同法律体系，并不存在对与错的问题。相反，这些建构之间具有等值性。由此，金融消费者保护制度重述也是可行的。基于此，第五章进一步以风险社会理论的视角，对金融消费者保护制度进行重述，在风险认知、风险预防和危险处置三个阶段，探讨了金融消费者权利、金融机构和监管机构的保护义务。其中风险认知中的金融消费者保护围绕金融消费者的知情权、自主选择权和受教育权展开；风险预防中的金融消费者保护围绕金融消费者的冷静期权和隐私权展开；危险处置中的金融消费者保护围绕金融消费者的公平解决纠纷权和求偿权展开。

目录
CONTENTS

导 论

第 1 章 语词、概念思维、类型思维与“金融消费者”

导 论

0.1 选题缘起

2008年金融危机后，法学界关于金融消费者的讨论就已大规模展开，相关研究的进行至今已近10年。此时再谈起金融消费者到底为何，在善谈热点问题的经济法学界，确有“后日谈”之感，也有“装旧酒”之嫌。但在这近10年的时间中，经济法研究者虽孜孜以求，却依然对“金融消费者”是什么，或语焉不详，或过于武断。语焉不详者，并非源于其对“金融消费者”作为相关制度“本源”的漠然，而是因为探讨“本源”可能会引发更多混乱；而武断下定义者，则是源于其自身在语词意义解释上时间和意图的缺乏。

但“金融消费者”是什么又必须谈论。在经验生活中，“金融消费者”语词已进入人们的日常语言，在银行理财产品、保险产品、互联网金融产品等交易过程中频繁出现。参与金融活动的人们开始自称为“金融消费者”，希望以此获得金融活动中的更多权利。在司法活动中，“金融消费者”作为一个尚未通过立法进入法律体系的语词，开始在相关案件的审判过程中出现。法官在综合运用《消费者权益保护法》《商业银行法》《保险法》等法律规定的情况下，开始在判决书中提及“金融消费者”语词，以此种方式为倾斜保护金融活动中的一方寻得正当性。在执法活动中，“金融消费者”也成为经常被提及的语词，除了出现在监管机关的工作报告中，还被用以冠名单独的监管部门，中国人民银行“金融消费者权益保护局”、银监会“银行业消费者保护局”、保监会“保险消费者保护局”，都是“金融消费者”进入官方话语的表现。在不断运用“金融消费者”语词的同时，人们却对“金融消费者”产生了诸多困惑，包括：“金融消费者”是否为“消费者”；“个人投资者”是否为“金融消费者”；在诸如“银行业消费者”“保险消费者”等语词已存在的情况下，“金融消费者”一词是否还有单独提出的必要。这些困惑和质疑进一步影响人们在金融活动和法律适用中的态度、行动，让人们在金融消费者保护之路上的每一步前行都颇为犹疑。

为了消除人们对“金融消费者”语词的困惑和质疑，经济法学研究者围绕“金融消费者”概念内涵的定义，进行了大量工作，如通过“金融＋消费者”这一“种差＋种属”的路径，定义“金融消费者”概念内涵；或通过“投资者”语词意义的演变来探讨“金融消费者”概念内涵。但至今，概念思维下的“金融消费者”语词认识工作，其成效并不显著：当被问及什么是“金融消费者”时，研究者往往抛开概念思维下得到的定义，转而溯及自己作为法律人所拥有的最为朴素的法律直觉。经济法研究者在认识“金融消费者”语词意义时所遭遇的情形，恰如圣奥古斯丁定义时间所感慨的：“什么是时间？如果没有人问我，我是知道的；如果我希望向问我的人释明它，那我就不知道了。”是什么的问题本就不易获得答案。但回答“是什么”这一问题的艰巨性，并不能成为经济法学研究者在大量工作之后，仍需诉诸感性才能释明“金融消费者”的理由。在研究工作积累过程中，经济法学研究者应能与“金融消费者”之实在不断趋近，并在脱离直觉的情况下，对“金融消费者”形成理性认识。但情形恰恰相反，经济法学研究者在运用概念思维对“金融消费者”进行定义时，不仅没有对“金融消费者”形成清晰认识，反而不断陷入定义的泥潭：“为生活之目的”可否作为定义“金融消费者”的要素，“金融消费者”是否仅限于自然人，“金融消费者”是否需要以财力大小作为区分其他金融活动参与者的要素等问题都未解决。随着定义工作的深入，研究者们站在各自的立场上，对“金融消费者”是什么并没有越辩越明，认识上的混乱也有增无减。

在关于“金融消费者”的争论中，有研究者认为“金融消费者”语词只是中国学者跟随美国金融改革潮流提出的，语词本身没有存在的合理性。对于这一从根本上反对“金融消费者”语词单独提出的观点，维根特斯坦关于“家族相似性”的观点恰可以回应：“如果人们不断积累足够的意义差别，就总能提出令人信服的观点来说明，人们已经在谈论完全不同的两个对象；但如果人们认为仍然有必要维持一个语词来谈论两个完全不同的对象时，就总是能够将二者的区别置于一个语词的笼统框架下。何时划分界线或笼统讨论，仅与讨论的目的和立场相关。”① 面对“金融消费者”语词日益广泛的运用，从根本上反对“金融消费者”语词单独提出的观点，只能被称

① ［德］维特根斯坦：《哲学研究》，韩林合译，商务印书馆 2013 年版，第 13 页。

为一种立场，而不能进入研究的范畴。

逃离因立场而产生的分歧后，其他关于"金融消费者"认识的争论则主要是因不恰当的认识方法或认识路径引发的。由此，想要消除金融消费者认识上的混乱，也即形成关于"金融消费者"语词意义的正确解释，或在恰当的范畴内讨论"金融消费者"语词意义，就需形成获得解释的恰当路径。

本选题并不试图获得关于"金融消费者"语词的周全无虞的定义。从语词的无限衍义性上讲，这是无法完成的：每个语词的解释项最终都衍义至整个文化，人们在社会、文化领域得到的所谓"定义"，只是中止点之前的意义积累，而非终止点上的意义积累。[①] 这同样适用于"金融消费者"语词：从共时的角度讲，随着各国在金融监管上的沟通日益增多，不同语言中的"金融消费者"意义得到澄清，汉语词"金融消费者"的语词意义也会随之得到扩展；从历时的角度讲，随着金融市场的发展，作为金融活动主体的金融消费者所负载的意义，也会随之变化。不管是从共时的角度，还是从历时的角度，在形式逻辑上，对"金融消费者"语词进行周全的定义是无法实现的。

本选题试图获得的，是在"金融消费者"语词无限衍义中，有序探讨语词意义的路径。法学研究不是艺术创作。当一个艺术家或文学家从一粒沙联想到一个世界，法学家却不能进行这样"漂流式"的联想。为了防止法律活动中出现的恣意联想，法律人运用以三段论为基础的概念思维。但由于法律活动本质上是围绕语言展开，而

① 参见赵毅衡：《符号学：原理与推演（修订版）》，南京大学出版社 2016 年版，第 53 页。

语词意义本身又具有无限衍义性，概念思维并未帮助研究者规整其研究进路，反而成为其恣意联想的工具——研究者们借用形式逻辑理性的外衣，任意选取社会学、经济学、历史学上的立场，对“金融消费者”语词进行定义，使得“金融消费者”语词定义活动，在表面上是遵循形式逻辑的理性活动，内里却是不同立场上的主观臆断。因此，本选题跳出概念思维给研究者带来的陷阱，转向探讨类型思维，并运用类型思维认识“金融消费者”这一语词意义。

在选题完成的过程中，不仅要通过类型思维的运用，解决“金融消费者”语词意义的认识问题，更试图推进经济法学方法论问题的解决。“金融消费者”研究作为经济法学研究中的一个现象，揭示了经济法学研究者一直无法绕开的方法论问题：如何“规范”地探讨经济法学问题？① 如何认识经济法学中的主要语词，如消费者、经营者？如果解释法学 / 释义法学是一种“规范”，那么其未在经济

① 张世明教授在其著作《经济法学理论演变研究》中认为：“实事求是地讲，中国经济法学的范畴意识还是比较薄弱的，长期以来处于跑马圈地式的粗放经营状态，在调整对象和范围上花费大量精力进行论战……其实，经济法学经过近一个世纪前哲时贤的辛勤耕耘，如今疆界粗具，阡陌划然，需要调整部署，把握方向，把研究重心转移到经济法学范畴体系建设上来。”参见张世明：《经济法学理论演变研究（第 2 次全面修订版）》，中国民主法制出版社 2009 年版，第 134 页。同样，李建华教授在其论文《我国经济法学研究的反思和深化——关于经济法学研究的几个问题》中指出：“经济法学界对经济法自身究竟应包括哪些基本范畴、每个基本范畴应包含的科学含义是什么、如何构建经济法学的范畴体系这些带有根本性、全局性的问题尚没有给予深入、系统的研究，这固然存在经济法和经济法学产生时间短、研究幼稚等客观方面的原因，但也不能否认，存在于人们主观上对经济法学研究目的的认识偏差和对经济法学基本范畴研究重要性的忽视，同样对经济法学的研究产生了消极影响，致使经济法学界迄今也未能向理论界提供具有充分说服力的、令人信服的、确能体现经济法学自身独立存在和成熟标志的基本范畴，及其范畴体系的框架结构。”参见李建华：《我国经济法学研究的反思和深化——关于经济法学研究的几个问题》，载《法制与社会发展》1997 年第 5 期。

法学中得到广泛关注的原因，是经济法学体系之不允，还是经济法学研究者之不能，抑或是经济法学研究者之不愿？在运用类型思维对“金融消费者”语词进行探讨的过程中，本选题正是试图通过语词意义认识过程的实际操作，反思以上问题，形成对经济法学研究方法的有益思考。

让“理论的归理论，实践的归实践”，显然与强调“知行合一”的法学不相符。在法学研究中，任何一个微小问题的研究，最终都需回溯至一些宏大问题的探讨上。在解决“金融消费者”语词的认识、运用，以及制度建构等问题的同时，本选题试图在法学研究方法上获得方寸新知，为后续的研究者开拓新的研究思路。

0.2 文献综述

（一）金融消费者研究综述

2008 年金融危机后，金融消费者成为金融研究领域的热门词汇。仅以“金融消费者”为关键词，在中国知网中文期刊全文数据库和博士学位论文数据库进行主题搜索，就可找到 18700 篇期刊论文（其中，809 篇为 CSSCI 来源期刊论文）和 73 篇博士学位论文。① 经济学、金融学、社会学、心理学、法学围绕金融消费者定义、金融消费者

① 以“金融消费者”为主题词，中国知网中文期刊全文数据库查询结果见 http：//acad.cnki.net/KNS/brief/result.aspx?dbprefix=CJFQ，访问时间 2019 年 8 月 20 日；中国知网博士学位论文数据库查询结果见 http：//acad.cnki.net/KNS/brief/result.aspx?dbprefix=CDFD，访问时间 2019 年 8 月 20 日。

认知能力、金融消费者教育、金融消费者权利、金融消费者保护制度，以及金融监管改革中的金融消费者保护问题进行探讨。

围绕“金融消费者”语词意义理解，各学科采取了不同的态度：金融学、经济学、经济学和心理学对“金融消费者”语词意义理解问题不甚关注，仅将金融消费者作为研究变量，对金融消费者进行变量上的分解，进而进行实证研究；而法学领域则在聚焦金融消费者权利、金融消费者保护的同时，对“金融消费者”语词本身进行了讨论。从法学领域的研究成果看，目前对“金融消费者”语词意义的研究仍从概念思维出发，试图通过内涵与外延的界定来实现对“金融消费者”的认识。基于概念思维，研究者形成了定义“金融消费者”概念内涵的方式。有的研究者从《消费者权益保护法》规范出发，认为金融消费者是金融领域的消费者，具有传统消费者概念中的要素，即主体是自然人；行为是购买、使用商品或接受服务；目的是满足生活需要。① 由此，“金融消费者”被表述为“金融消费者是为了满足个人或家庭的生活需要而购买、使用金融机构提供的商品或接受金融机构提供的服务的个体社会成员或个人投资者”。另一种定义思路脱离了“消费者”与“金融消费者”的上下位概念的局限，从金融消费者产生的社会经济基础进行论证，认为金融消费者

① 此类观点的代表为王斐民：《金融消费者：界定标准与立法确认》，载《首都师范大学学报》（社会科学版）2013 年第 6 期；邢会强：《金融消费者的法律定义》，载《北方法学》2014 年第 4 期；于春敏：《金融消费者的法律界定》，载《上海财经大学学报》2010 年第 4 期；王建文、彭芮：《论金融消费者概念之否定》，载《河海大学学报》（哲学社会科学版）2014 年第 3 期；刘迎霜：《我国金融消费者权益保护路径探析——兼论对美国金融监管改革中金融消费者保护的借鉴》，载《现代法学》2011 年第 3 期。

是一类独立群体，不应被简单归为消费者之列，并提出金融消费者是“购买或使用金融机构提供的金融商品，享受金融机构提供的金融服务的社会成员”。但最后，这一思路又回到了概念内涵与外延的探讨上，无法得到明晰的概念。[①] 另一些研究者则已经认识到概念思维为描述金融消费者带来的内外张力。他们虽然一开始沿着发现内涵、外延的概念思维前行，但最后都不自觉地开始运用类型思维。如刘媛在《金融消费者法律保护机制的比较研究》一书中提出“金融消费者”，其本意并非通过概念的确定和一体化对金融领域的这一群体进行统辖，而是希望通过将“消费者”这一语词运用于金融领域，以保护传统消费者的理念，给金融领域的弱势群体以倾斜性的特殊保护，进而实现金融交易中的实质公平。[②] 陈洁在《投资者到金融消费者的角色嬗变》一文中论述了投资者内部的分化后，提到“金融消费者已经成为概括一部分市场主体的‘类’的概念”，并认为，在金融法律理念更新的影响下，金融消费者概念也随之提出。在金融法新理念下，对金融交易活动中的一类主体，进行特别的、有针对性的保护，不仅是出于实质公平的考虑，也是出于市场效率的考虑。“金融消费者”这个“类”概念的出现，是有效实现金融法

① 此类观点的代表为阳建勋：《金融创新、权义平衡与风险防范——金融消费者保护的法理分析与制度完善》，载《财经科学》2013 年第 2 期；林越坚：《金融消费者：制度本源与法律取向》，载《政法论坛》2015 年第 1 期；李健男：《金融消费者法律界定新论——以中国金融消费者特别保护机制的构建为视角》，载《浙江社会科学》2011 年第 6 期；廖凡：《金融消费者的概念和范围：一个比较法的视角》，载《环球法律评论》2012 年第 4 期。

② 刘媛：《金融消费者法律保护机制的比较研究》，法律出版社 2013 年版，第 31 页。

新宗旨，促进金融交易活动有序且有效率进行的应有之义。[1]杨东教授在《论金融消费者概念界定》一文中明确提出了“类型化金融消费者概念界定”，并在论述中引入了“动态金融消费者概念界定”的理念。他对“金融消费者”语词进行的动态的、“光谱式”的阐述，表面上依然依赖于概念思维中“种差＋种属”的定义方式，但实质已经突破了概念思维，进入了类型思维。[2]可以这样说，在认识“金融消费者”语词过程中，这些研究者正经历着概念思维向类型思维不自觉的转向。但这种转向并不彻底，研究者们在运用类型思维的同时，仍受到概念思维的影响。他们或执意在论述过程中披着概念思维的“外衣”，或试图用概念思维去“纠正”这种不自觉的转向，最终使得这一思维上不自觉的突破，没有得到它应有的重视，也延滞了“金融消费者”语词意义认识上突破的到来。

与语词认识上的停滞不前相比，关于金融消费者保护制度的研究却进展颇多。这些研究或从金融消费者权利内容出发，全面构建金融消费者保护制度；或从比较法研究角度出发，形成中国金融消费者保护制度构想；或将金融消费者保护与金融监管制度相结合，形成立体的金融消费者保护机制构想。在第一个研究进路上，郭丹在其《金融服务法研究——金融消费者保护的视角》一书中，以金融消费者权利内容为起点，从“权利内容—权利保护—制度构建”的思路出发，为金融消费者立法、保护制度建设提出了理

① 陈洁：《投资者到金融消费者的角色嬗变》，载《法学研究》2011 年第 5 期。

② 杨东：《论金融消费者概念界定》，载《法学家》2014 年第 5 期。

论构想，并将相关立法统称为金融服务法。[①] 颜苏的《金融消费者保护比较研究：以银行法为中心的研究》[②] 一书也是从金融消费者权利内容出发，围绕金融消费者的知情权、受教育权和救济权进行了重点阐述，并在此基础上对金融消费者保护机构的架构、独立性问题进行了探讨。在第二个研究进路上，何颖、张路从单个的典型国家研究出发，对我国金融消费者制度构建提出设想。其中，何颖在其著作《金融消费者权益保护制度论》中，全面展示了日本金融消费者保护制度的全貌，以历史发展为主线总结了日本金融消费者保护制度中可供借鉴的内容，并在分析我国金融法制环境的基础上，对引入日本相关保护机制的适当性进行了论述。在《金融消费者权益保护制度论》一书中，何颖对日本金融消费者保护制度中的适合性规则、冷静期制度、金融机构民事责任进行了引介。[③] 张路、徐原的《从金融危机审视华尔街改革与消费者保护法》一书中，对《多德–弗兰克华尔街改革与消费者保护法案》（以下简称《多德–弗兰克法案》）的立法背景、立法材料、法律文本进行了全面翻译，通过法律条文的展示，对美国金融消费者保护的最新进展进行了引介。[④] 与何颖、张路单个国别研究不同，刘媛、朱淑娣进行了多国别的比较研究。其中，刘

① 郭丹：《金融服务法研究——金融消费者保护的视角》，法律出版社 2010 年版，第 23 页。

② 颜苏：《金融消费者保护比较研究：以银行法为中心的研究》，中国政法大学 2013 年版，第 46 页。

③ 何颖：《金融消费者权益保护制度论》，北京大学出版社 2011 年版，第 32 页。

④ 张路、徐原：《从金融危机审视华尔街改革与消费者保护》，法律出版社 2011 年版，第 36 页。

《刑法规范的形成机理——以类型建构为视角》[①]《刑法学上“类型观”的生成与展开：以构成要件理论的发展为脉络》[②]《刑法解释的另一种路径：以“合类型性”为中心》[③]《基于类型思维的刑法解释的实践功能》[④]一系列文章，对类型思维在我国刑事立法、刑事司法中所起到的作用进行了探讨，认为“类型”对事实的发现、事实与价值的沟通上，发挥着与刑法规范相同的作用。通过“事实类型的发现”“规范类型的构建”“规范类型的补足”“规范类型的运用和检验”等环节，类型思维贯穿刑法的立法和司法全过程。陈坤的《刑法解释中的类型思维与立法意图》[⑤]则提出类型思维在刑法中的运用，必须将类型思维与立法意图进行结合，也即法官在审理案件过程中，需要具备随时回溯至立法意图的能力，才能在刑事案件审理过程中进行应用。程淑娟的《“商人”的类型化思考》[⑥]《商行为：一种类型化方法的诠释》[⑦]以及徐强胜的《商主体的类型化思考》[⑧]都是类型思维在商法学中的运用。但两者对类型的理解不一，其中程

① 杜宇：《刑法体系构建的三种思路——兼论“类型”的体系形成功能》，载《浙江社会科学》2009 年第 7 期。

② 杜宇：《刑法学上“类型观”的生成与展开：以构成要件理论的发展为脉络》，载《复旦学报》2010 年第 5 期。

③ 杜宇：《刑法解释的另一种路径：以“合类型性”为中心》，载《中国法学》2010 年第 5 期。

④ 杜宇：《基于类型思维的刑法解释的实践功能》，载《中外法学》2016 年第 5 期。

⑤ 陈坤：《刑法解释中的类型思维与立法意图》，载《环球法律评论》2012 年第 5 期。

⑥ 程淑娟：《“商人”的类型化思考》，载《河北法学》2013 年第 8 期。

⑦ 程淑娟：《商行为：一种类型化方法的诠释》，载《法制与社会发展（双月刊）》2013 年第 3 期。

⑧ 徐强胜：《商主体的类型化思考》，载《当代法学》2008 年第 7 期。

淑娟的文章主要运用了拉伦茨的类型学说，对商人群体和商行为进行初步探讨；而在徐强胜的文章中，类型仅仅代表着分类和种类，商主体的类型化仅仅是对不同商主体进行分类。经济法学和民法学也对“类型”进行了运用，但值得注意的是，民商法学以及经济法学有误用“类型”的倾向，即单纯地将类型思维作为分类、种类的代名词，造成“类型”一词的“通货膨胀”。如王轶的《论民事法律事实的类型区分》[①]《民法典的规范类型及其配置关系》[②] 运用了“类型”，但本质上仍是在概念思维下，对不同概念进行区分，从而形成一个概念群。杨立新在《类型侵权行为法研究》[③] 一书中虽然提出对侵权行为法进行类型化的研究，但本质上停留在对不同概念进行区分、分类的阶段，其类型化的结果也仅仅是将侵权行为分为一般侵权行为、特别侵权行为。在经济法学中，杨东教授虽然向类型思维迈出了重要一步，但其在《论金融消费者概念界定》一文中中对金融消费者的类型化，仍然受概念思维的制约，最终成为对金融消费者不同类别的，概念思维下的区分。[④] 对民法方法论的分类，以及杨东教授对金融消费者的类型化描述，本质上只是在概念思维上的综合与体系化，并不是严格意义上的类型思维的运用。可见，类型思维的研究在我国仍处于较为初级的阶段，主要存在以下问题：其一，法学理论研究者和刑法学者虽然承继了德国法学研究中对类型

① 王轶：《论民事法律事实的类型区分》，载《中国法学》2013 年第 1 期。

② 王轶：《民法典的规范类型及其配置关系》，载《清华法学》2014 年第 6 期。

③ 杨立新主编：《类型侵权行为法研究》，人民法院出版社 2006 年版。

④ 杨东：《论金融消费者概念界定》，载《法学家》2014 年第 5 期。

的论述，但并未对概念思维、类型思维进行更为深入的探讨，因此也在某种程度混淆概念思维和类型思维的情况下，忽视了类型思维在法学中的应有地位；其二，商法学、民法学和经济法学在一定程度上误用了法学中的“类型”，将“类型”泛化，将类型思维误作为概念思维下的分类方式。

综上，关于“金融消费者”语词进行概念定义的研究工作虽然颇多，但进展缓慢；更多的金融消费者研究者跳过了概念定义工作，直接进行制度建构，这就导致制度建构的理论根基不稳，也很难与实践契合。而在探讨“金融消费者”语词的工作中，经济法研究者仍然只运用概念思维，在大陆法系和英美法系都得到运用的类型思维，却并未进入我国研究者的视野之中。在类型思维的研究上，我国法学研究者仅仅从德国法学研究中，将关于“类型”的理论借用过来，并未从更为抽象的层面，对概念思维和类型思维进行论证，使得关于“类型”的知识没有增量，在运用过程中也显得单薄，使得类型思维多停留在理论层面，而没有解决实际的学术和实践问题。基于此，本书将在两个层面取得突破，一方面是系统运用类型思维，对“金融消费者”这一学术热词的语词意义、制度进行另辟蹊径的探讨；另一方面则从更为根本的哲学和语言学出发，在运用类型思维的过程中，取得相关方法论研究的突破。

0.3 研究方法及材料选取

多学科交叉、诸方法综合是本书研究方法的主要特色。本书运用了语言哲学、语言学和符号学的进路，对基本概念进行厘清。在此基础上，本书结合利益法学、教义法学的研究方法，将类型思维操作化，并运用于“金融消费者”语词认识中。在“金融消费者”语词意义解释过程中，本书通过伦理学、法学中关于正义的论证，将社会学中的风险社会理论引入“金融消费者”语词意义的解释中。具体到研究方法，本书主要运用了语义分析、语用分析、归纳法、演绎法、试推法、经济模型法。此外，规范实证分析法和案例实证分析法也是本书主要运用的研究方法。在制度构建部分，本书还运用了国别间的横向比较分析法。

本书研究所使用的参考资料的载体形式包括专著、教材、学术论文、学位论文、调研报告、电子文献、国际条约、法规资料和其他类型的未公开发表的资料（如研讨会论文集、电子光盘、立法建议稿等）。研究所依赖的外文资料，以英文和德文文本为主。外国法规尽量使用官方文本或官方英文译文，如文中所涉的美国法典和联邦法规汇编，均以美国政府官方网站公布的电子载体资料为准，如遇无法核实的，均以脚注形式标明。国际公约存在中文和外文多种版本时，以中文文本为准，并比对英文文本，略作调整。本书所引外文文献，绝大多数核实了原始资料，少数未能核实的或核实时发现多个文本不一致的，均在当页脚注中标明。

本书将严格执行博士论文写作体例规定，全文行文时，实行引、注分离。凡转述他人观点、相关数据分析结论，均直接脚注“参考文献的作者”、“文献名称”、“版本”（“出版时间”）、“页码”等要素；在直接引用他人论述时，则用双引号表明被引文献的原文表述，并脚注前述四要素。凡对文内有关内容的解释或补充性说明一律采用当页脚注，脚注如涉引文，则用前述夹注方式一并表明。文中所引中国法律一律用简称，即省去“中华人民共和国”字样；外国法律、国际公约在首次出现时用英文或其本国文字注明全称和通行简称；外国人名、地名除在中文中已有通常译法外，一般仅使用原文。另外，为助于理解、增强说服力或便于比较、归纳，还在文中相关部分添加了图、表，图、表按所在章节序号编排。

0.4 研究范围和主要内容

本书将以解决汉语词“金融消费者”语词意义认识问题为课题，预设“金融消费者的语词认识需通过法学中的类型思维来完成”为待证实的主命题。

在具体论证时，主命题被分解如下相互关联的分命题：什么是类型思维？语词、类型与概念三者之间的关系是什么？类型思维与概念思维在法学研究中有何关联？二者孰优孰劣，或者，哪个是认识法学语词的恰当路径？类型思维的具体逻辑步骤为何？在运用类型思维系统认识之前，语用学下的“金融消费者”语词具有哪些解释意义？类型思维如何认识“金融消费者”语词？在通过类型思维获得“金融消费者”的语词意义后，如何构建金融消费者保护制度？

为了回答上述设问，通过分命题的论证完成主命题的论证，本书结构如下。

第一章首先对概念和类型的“外壳”语词，进行了深入讨论。从语言的符号性、任意性、系统性出发，对作为语词的基础语言进行了讨论。随后，第一章对作为区分的语词进行研究，论述了语词“代表项—解释项—对象”三分法，并在此基础上对语词意义的无限衍义进行了论述。随后，从语言学、哲学和逻辑学角度，对什么是概念进行探讨，在此基础上论述了概念思维的主要内容，并对自然科学中的概念思维模式，以及法学中的概念思维模式进行阐释。在围绕类型的探讨中，首先对类型进行了语义考察，在此基础上得出关于“类型”一词的语词意义解释。在关于类型词义的讨论基础上，第一章对类型思维的方式及其在社会科学研究、法学活动中所发挥的所用进行了阐述。

第二章则聚焦于概念思维及其给金融消费者语词意义认识带来的困境。第二章首先从概念思维于法学的重要功用出发，对概念思维在法学中的运用进行了反思。并从黑格尔“方法与内容需保持一致”的辩证法观点出发，提出法学活动的中心，就是在具有无限衍义性的法律语词中，寻得法律的确定性与一致性，而这一活动内容显然与概念思维的“单义性”和“数位性”要求不相一致，从而产生龃龉。第二章进一步论述了概念思维这一方法与法律语词认识活动这一内容产生冲突后，给法学研究和法学实践带来的诸多陷阱。在对二者冲突进行充分探讨后，则详细论述了运用概念思维认识“金融消费者”语词所带来的问题。

第三章承继第二章所提出的问题，首先对类型思维和概念思维进行对比，得出如下结论，即法学研究中所称概念思维，本质上都是类型思维，概念思维只有在极为严苛的条件下，才能得到适用。研究者对概念思维和类型思维的混淆，以及对概念思维的泛化，使得法学研究忽视了类型思维的存在。随后，对类型思维的逻辑基础，“试推法”进行了论述。在运用类型思维认识金融消费者过程中，主要论述了类型的法学分类，并对不同类型在法体系中所发挥的作用进行论述。最后，对类型思维下，金融消费者之类型归属进行了讨论。

第四章则以第三章对金融消费者类型归属的探讨为基础，继续运用类型思维，对类型思维下的“金融消费者”语词认识进行全面展开。第四章首先对类型描述方法，即“意义中心—描述特征”法和对极法进行了详细的总结和介绍。随后，运用“意义中心—描述特征”法，对“金融消费者”语词意义进行阐述。在论述过程中，首先从“金融消费者”整体形象概观出发，提出了“相对弱势”为何的问题。为了回答这一问题，第四章以分配理论、正义理论和风险社会理论为基础，将风险分配模型引入关于“金融消费者”意义中心的认识中，解决了金融消费者、消费者、投资者等语词混淆的情况。最后，运用类型思维，对金融消费者的描述特征进行了总结。

第五章则以第四章中对“金融消费者”语词意义的解释为基础，探讨了金融消费者保护制度建构问题。第五章首先回应的一个前设问题为，在关于金融消费者保护制度讨论颇多的情形下，是否有必要再对金融消费者保护制度进行建构。第五章运用类型思维和利益法学的观点，提出了法律体系等值性观点，从而回答了这一前置性问题。随后，以“金融消费者”语词中所蕴含的风险配置之意义为基础，从风险认知、风险预防和危险处置三个层面，重构了金融消费者保护制度。

0.5 论文拟完成的知识创新

在语言哲学、法哲学、风险社会理论基础上，通过经验案例积累、分析，以及法经济学模型分析，本书实现了以下法学基础理论和应用理论研究方面的创新。

（1）本书澄清了法学研究中概念思维和类型思维的关系，认为类型思维并非概念思维的辅助步骤，而是将概念思维涵盖于其下。在类型思维之下，概念思维只有在条件被严格限定时才能得到法学上的运用。

（2）本书首次将类型思维运用到经济法学语词的描述过程中，通过“意义中心—描述特征”法，尝试解决“金融消费者”语词认识上的难题；并在“消费者—金融消费者—投资者”的类型谱中，解决“金融消费者”与“个人投资者”的关系问题。

（3）本书将风险社会理论从社会学中借用出来，并通过经济活动的金融模型引入金融消费者的类型描述中，对金融消费者、投资者和金融机构三者之间的风险分配进行了法经济学上的论述，从而获得对金融消费者更为深入的认识。

第1章　语词、概念思维、类型思维与“金融消费者”

1.1　语词

1.1.1　语言

我们谈论语词，需首先讨论其所在的系统——语言。人们常称为“语言”的，从广泛的使用经验看，除了字词语言（wortsprache），音乐、绘画、公式、手势、行为举止、工程图纸都可以被称为语言。[①]在更为广泛的意义上，语言等同于符号，人们经常提及的动物的语言、岩石的语言、星体的语言，即为例证。[②]狭义上，语言仅指人类的字词语言。本书所讨论的语言，是指狭义上的字词语言，即用声音表达思想的一套符号系统。因此，在认识字词语言时，本书从三个方面展开，即字词语言是一个符号系统；字词语言的作用是表达思想，因此它必须是解释意义在场的；同时，区别于其他有声音的符号系统，字词语言具有任意性和系统性。

---

① 陈嘉映：《语言哲学》，北京大学出版社2003年版，第13页。

② 陈嘉映：《简明语言哲学》，中国人民大学出版社2013年版，第47页。

（一）语言：一个符号系统

符号的传统定义是“一物代一物”，这一定义是从拉丁文 *Ali quid stat pro ali quo*，以及它的英译 something stands for something else 翻译而来。[①] 但不管是 quid 还是 thing，都不能简单地理解为“一物”，毋宁称为“一个事物”（作为整体出现的某个对象，英文表述为 an entity）：一个手势、一个眼神、一个梦，都不是中文里的“物”，但仍能成为符号。有时，物质的缺失也能成为符号：空白、寂静、无表情、拒绝答复。[②] 有的缺失甚至比在场携带有更为重要的意义：绘画中的留白、音乐中的休止、飞机从雷达上消失、情书久等不来。因此零和空也成为极具意义的符号。如此，符号就不单单是人们常以为的某种“物”或物质。虽然它们或远或近地与“物”、物质相联系[③]，但本质上，符号可以存在于“物质性的”对象之外。符号的传统定义，即“一物代一物”无法成立。

符号学家斯图亚特·霍尔在其著作《表征》中曾给符号一个定义：“我们用于表述带有意义的语词、声音或形象的总的术语是符号。”[④] 可见符号与意义有关。意义是一个符号可以被另外的符号解释的潜力，通过解释，意义得到实现。一个意义包括发出（表达）

① 赵毅衡：《符号学：原理与推演》，南京大学出版社 2016 年版，第 25 页。

② Thomas Sebeok, *Contributions to the Doctrine of Signs*, Lanham, Md.: University Press of America, 1985, p. 118.

③ 可见光来自被激发的物质；空白之所以能被感知，是因为与语境事物对比；形象来源于对物质事物的记忆，来自经验的积累，这些符号不是物质性的，但都与物质性的对象有所联系，只是关系远近不同。

④［英］斯图亚特·霍尔：《表征》，商务印书馆 2005 年版，第 24 页。

与接收（解释）两个基本环节，这两个环节都必须用符号才能完成。从本质上讲，没有意义可以不用符号表达，也没有不表达意义的符号。同时，意义只有通过符号才能解释，符号也是用来解释意义。[①]符号与意义无法剥离，正如一枚硬币的两面：符号的发出与解释，必然以意义为前提，意义使符号成为可能。任何感知，如果不载负意义，其所经验的对象也只能是纯然之物，而无法成为符号，甚至无法被人所理解。人能够理解的世界，不是人的理解之外的自在的世界，而是意义化、符号化的世界。一旦人的理解参与进来，世界就不再是自在的世界，而是人化的世界。世界一旦人化，就变成了符号与物的混合。人的世界，虽然不是为人而设的目的论的世界，却是被人意义化的世界。[②]

基于符号与感知、意义的关系，可以得出符号的如下定义：“符号是被认为携带意义的感知。”[③]符号是被感知者，且是携带意义的被感知者。从经验出发，人们所感知的对象大部分具有物质性的源头，也就是说，大多数的符号是携带着意义的具体物或具体行为。在人们所在的世界中，每一种实用物或有实用目的的行为，都可能带上意义；而每一种供使用的物，也可以变成符号载体。因此，任何物本质上都是“物—符号”双联体。它可以向纯然之物一端靠拢，完全成为物，不表达意义；也可以向纯然符号载体一端靠拢，纯为

① Eero Tarasti, *Existential Semiotics*, Bloomington: Indiana University Press, 2000, p. 7.

② Umberto Eco, *A Theory of Semiotics*, Bloomington: University of Indiana Press, 1976, p. 18.

③ 参见赵毅衡：《符号学：原理与推演》，南京大学出版社 2016 年版，第 27 页。

表达意义。任何物—符号都在这两个极端之间移动，大部分物都是偏移程度不一的表意—使用体，其使用部分与表达意义部分的“成分分配”，取决于在特定解释语境中，接收者如何解释这个载体所携带的意义。[①] 举一个例子，我从家乡的河边拿回一块石头，用来压住纸张和文件，防止它们被风吹走，这时石头具有作为物的使用性；拿回家后，我在清洗石头的时候，发现石头上有精美的花纹，于是我将石头送给朋友，以促进我和朋友的关系，此时石头就具有了符号的实用意义。朋友欣然收下石头，将石头放置在家中的博物架上，石头就变成人工制造的纯符号。朋友每每看到石头，都会想到在家乡的美好时光，石头由此成为具有人工制造实用意义的符号。造访朋友家的人不知道背后的故事，只看到石头的精美花纹和独特外形，欣赏到石头之美，对造访者而言，石头作为符号就只具有了艺术意义。但如果朋友在搬家时，不小心将石头遗落在路边，石头被建筑队捡走，扔到等待被混凝的石头堆里，这块石头又成为只具有使用性的自然物。可见，物（自然物、人造使用物）可能带上意义成为符号，使用性与意义性共存于一事物之中。而原本作为符号被制造

① 符号根据“物源”有三种，第一种是自然事物（如岩石、雷电），它们不是为了“携带意义”而出现的，是被人符号化之后才具有意义；第二种是人工制造的器物（如烹煮的食品、刀叉、碗筷），它们是用来使用的，不是用来载负意义的，只有当人们认为它们携带意义时，才成为符号；第三种是人工制造的纯符号，也即完全为了表达意义而制造出来的事物，如语言、图案、货币、游戏，它们不需要符号化才具有意义，因为它们是为了携带意义才被制造的。参见赵毅衡：《符号学：原理与推演》，南京大学出版社 2016 年版，第 28 页。

语言当作噪声，而是说“听不懂”。听不懂就是人们寻求解释意义的努力结果。[①] 人们为了交流，时常需要寻找安静的地方，一个是避免自己的交流被旁人听到，另一个是避免旁人的对话让自己分心，不管从哪个角度分析，都是在避免解释意义的在场。另外值得注意的是，音乐作为有声的符号系统，只有经过专业学习的人才能获得其解释意义。而字词语言的解释意义几乎是全民的，一个语种内的人，即使是文盲，也在使用语言，也在接收到语言符号时不同程度地获得其解释意义。

（三）语言：任意性与系统性

作为携带意义的符号系统，语言具有任意性与系统性。在语言学家索绪尔看来，任意性并非个体“自由选择”意义上的任意性，而是能指（声音）与所指（感知，也即事物或概念）之间本没有特定关联，经由群体（社群）的无意识协作和约定，形成了结合[②]。语言不是简单地为已经现实存在的事物或现实存在的概念命名，而是创造自己的所指。在语言之前和之外，世界如一团星云，模糊不清。[③] 而在语言的之后和之内，不同语言将世界做出了不同的区分：汉语中只有“雪”一个词来指称六角的水结晶体，而英文中有十几个单词来指称这种水结晶体。语言的任意性可见一斑。

语言的任意性与其系统性相辅相成。在任何领域，系统的功能

---

① 赵毅衡：《符号学：原理与推演》，南京大学出版社 2016 年版，第 51 页。

② ［瑞］费尔迪南·德·索绪尔：《普通语言学教程》，高名凯译，商务印书馆 2014 年版，第 76 页。

③ 陈嘉映：《语言哲学》，北京大学出版社 2003 年版，第 210 页。

都会大于各成分功能之和。虽然系统是由各成分结合而成，但不是各成分的简单相加或累积。一旦进入系统，各成分除了自身本就携带的功能，也都具有了自己独立存在所不具有的功能，即“系统功能”。这在语言中尤为明显，句子是由语词组成，但句子的意思却不是语词意思的简单相加，而具有了作为句子的整体意义。一门外语的初学者时常抱怨，句子中的每个单词都明了，但整个句子的意思却不明白，其根源就在于系统性正发挥着作用。甚至语言正是因为这种系统性才得以发挥其作用，才得以存在：一个音，离开乐曲，本身仍然可以触发人的听觉；一种色彩，离开图画，本身仍然可以触发人的视觉；单个的音或单种的色彩，离开音乐的系统或绘画的系统，仍然能让人感知，但语言无法做到——一个语词离开语言系统就什么都不是。语言系统的力量及其存在都完全依赖于它本身的系统性。

系统性的基础是区分 / 分节。根据索绪尔的研究，区分是系统和各成分的主要维系条件。[①] 在解释系统和区分 / 分节的关系过程中，索绪尔提出了他最为著名的国际象棋的例子：一副国际象棋中的“王后”遗失，可以用其他任何一颗石子来替代，并只需满足两个要求：其一，此石子与其他棋子不同（棋盘上不能有相同的石子）；其二，这颗石子的走法（或称使用方法）与国际象棋中“王后”相同。如此这般，这副丢失“王后”的国际象棋仍然能使用，也即整个系统仍发挥着作用。同时，石子作为“王后”也作为整副棋的组

① 盛晓明：《话语规则与知识基础——语用学维度》，学林出版社 2000 年版，第 114 页。

成部分发挥着作用。人们可以用其他任何东西来充作“王后”，这个东西本身的物理属性，它给人的感知都不会影响这个东西在棋盘中是“王后”，因为“王后”之为“王后”本来就是任意的。①

任意性和系统性又引发了语言中的诸多现象。其中一个现象是，既然语言具有任意性，也即在一种语言中，语词的意思是任意的，那又如何保证不同语言之间能够翻译？语言的系统性就保证了语言的可翻译性：每种语言的所指全域大致相同，一种语言覆盖的意义面，另一种语言也能大致覆盖上。但问题接着出现，既然不同语言覆盖的意义面大致一样，为何翻译如此困难？原因就在于语言系统内的区分/分节：虽然意义覆盖面相同，但不同语言的系统内区分/分节不一样，也即语词的意义划分不一致。就像拼图游戏，不同语言拼出的全图相同，但每一小块的覆盖区域却不同。②

另一种现象则是语言共时上的固态与历时上的变化。既然语言具有任意性，语言作为系统的任何显现方式都是暂时的。但又因为语言的系统性，语言的任何一次变化都是缓慢和微小的，使得整个系统在动态变化中延续。维特根斯坦曾经将语言比作古代的城市：“可以把我们的语言看作古代的城市：它是由错综复杂的狭小街道和广场组成；新新旧旧的房屋，在不同时期作了添补的房屋组成的迷

① [瑞]费尔迪南·德·索绪尔：《普通语言学教程》，高名凯译，商务印书馆2014年版，第76页。

② [美]史蒂芬·平克：《语言本能：人类语言进化的奥秘》，欧阳明亮译，浙江人民出版社2015年版，第89页。

宫；包围着这一切的是街道笔直严整，且房屋整齐划一的新市区。”[①]老城向新城变迁是通过点滴的修补、改建而实现的，在这个过程中，人们很难体会到变化，对城市的认识在一段时间内也是固定的，一种语言体系内的变化与此类似。因此，语言在共时的维度是固定的，而在历时的维度是变化的。

1.1.2 语词

作为一个符号系统，语言与其他符号或符号系统相区别，在于其解释意义的在场，也在于其任意性与系统性。而解释意义的在场，以及任意性和系统性又建立在语言的区分 / 分节基础上。语言的区分 / 分节成为语言之所以为语言的基础，语言区分 / 分节的所形成的就是语词。

在学术探讨和日常用语中，语词、词语、词汇和词这四个汉语词汇时常交替出现，让人们产生如下疑问：这四个词汇所指是否相同，到底哪个词汇才是学术讨论中应该使用的。[②]从已有文献看，语词、词语、词汇和词都可作为学术讨论的对象，其所指也没有区别。但考虑到语言哲学和语言学中对语言和言语的区分，本书仍对这四个词汇进行区分使用，以避免可能出现的混淆。在语言哲学和语言学中，语言是由能指和所指的区分和系统化而形成的，正如索绪尔所言，“语音必须构成一个系统，我们才能区别这个词和那个

① [德] 维特根斯坦：《哲学研究》，韩林合译，商务印书馆 2013 年版，第 13 页。
② 殷寄名：《语源学概论》，上海教育出版社 2000 年版，第 93 页。

词，概念也必须坐落在一个概念系统中”[①]，这种由“形成构成的系统”就是“语言系统”[②]。和语言（系统）相对的，则是言语。更为通俗地讲，言语是运用语言所说出的话。因此，言语是个人的，而语言是社会的；言语是从属的，而语言是主要的。在言语中，中国不同地区的人说同一个词的口音相差很远；但从语言角度看，这些发音相差很远的是在说同一个语词。在言语中，A 说“我”是指 A，B 说“我”是指 B；而在语言中，“我”不指 A，不指 B，而是指讲话者。[③]语言是一个系统，而言语则是依赖这个系统的具体说话行为。在语言和言语的区分基础上，本书认为，语词指语言系统区分而形成的组成成分，而词汇、词语、词都属于言语。

（一）语词：一种区分 / 分节

用字词语言来说话、表达称为 articulation，而 articulation 的另一层意思是分节、用音节清晰地表达。[④]语词是语言区分思想的工具和结果，那一个语词的内部又含有什么，或是它是如何表意的？语词与思想、现实的关系是如何的？对这个问题，不同的语言学家和符号学家做出了不同的回答，但基本都沿着两个方向发展，其中一个方向是索绪尔的“能指—所指”的二分式，另一个方向是皮尔斯的“代表项（representamen）—解释项（interpretant）—对象

---

① [瑞] 费尔迪南·德·索绪尔：《普通语言学教程》，高名凯译，商务印书馆 2014 年版，第 109 页。

② 爱德华·萨丕尔：《语言论》，陆卓元译，商务印书馆 1985 年版，第 94 页。

③ 陈嘉映：《专名问题》，载《论证》1998 年第 2 期。

④ J. L. Austin, *How to Do Things with Words*, Oxford: Oxford University Press, 1962, p. 65.

（object）”三分式。

在索绪尔的语言学理论中，语言通过 articulation，不只将声音流分成了一节节的声音，思想流也被切分。因此一个语词不仅包含着能指和所指，还是二者的合二为一：正如一张纸，“意义是其正面，声音是其反面”，人们“不可能切开正面而不同时切开反面”。不可分节的信号里的某些部分相继取得独立的意义，形成一个个语词，而语词又将信号所指向的事分解成物、物与物的关系。独立的词组成句子，形成对事的完整表达。但语词并不是对已经清晰区分的现实冠以名称、贴上标签，情形恰恰相反，语言“以独特的方式分割声音连续体”，在自己选择的能指之间建立其某种任意的关系，同时又在自己选择的所指之间建立起某种任意关系，形成不同的所指组合——语言以独特因而也是“任意的”方式将世界分成概念或范畴。①

能指与所指都是概念性的，而非简单的名与实的关系。一个语词通常有两层指向，一层是事物，另一层是语词和事物“之间”的，索绪尔的所指即为词和事物“之间”的，是概念性的。如此一来，索绪尔的“所指”就与“指称”区分开来：“所指”的对象是概念，而“指称”的对象是实物；所指是一种形式关系，而指称是现成摆在那里的东西。② 虽然所指与指称相区别，不直接指向实物，但并

① [瑞] 费尔迪南·德·索绪尔：《普通语言学教程》，高名凯译，商务印书馆 2014 年版，第 109 页。

② 陈嘉映：《语言哲学》，北京大学出版社 2003 年版，第 75 页。

不意味着语言与实在完全脱离。语言是具有“所指优势”[①] 的符号系统，即明确地传递意义，与现实相连，通过表意过程将现实呈现在接收者面前。语词一方面受到语言系统内其他语词的限制，另一方面又与现实相连，受到现实约束。陈嘉映就曾这样描述：“语词之间的联系是横坐标，语词和现实的联系是纵坐标。绿不仅和绿颜色相连，而且和蓝、青等语词相连。如果没有蓝、青等词，我们就不知道绿所界定的颜色范围。但另一方面，如果没有现实的颜色，我们就无从区分绿和蓝。”[②] 在索绪尔“能指—所指”的二分式中，语词成为双重区分的结果：一重是能指的区分，即声音或音响形象的区分；另一重则是意义的区分，即对现实所形成思想的区分。语词同现实存在并非一一对应，而是系统与系统的对应——语词所组成的语言系统，与实在所构成的系统在整体上相对应。

索绪尔的“能指—所指”二分式本质上将语言研究和语词研究限定在语言系统之内，切断了语言与客观实在的联系。而皮尔斯的“代表项（representament，或称再现体）—解释项（interpretant）—对象（object）”三分式则将语言与现实联系起来。在皮尔斯的三分式中，“代表项”（“再现体”，representament）是“在某种程度上向意义接收者代表（再现）某一样东西”；“解释项”则是“代表项”

---

① “所指优势”正如朗格所言，“词仅仅是一个工具，它的意义存在于它自身以外的地方。一旦我们把握了它的内涵，或识别出属于它的外延的东西，我们便不再需要这个词了”。“所指优势”与“能指优势”相区别。音乐、绘画等艺术的符号是能指优势，即符号不需要明确指向所指，而是独立形成一种价值。苏珊·朗格：《艺术问题》，中国社会科学出版社 1983 年版，第 128 页。

② 陈嘉映：《简明语言哲学》，中国人民大学出版社 2013 年版，第 47 页。

在意义接收者处所激起的一个相应的语词（符号），或者一个更贴近实在本质的语词（符号）；[①] 而对象则是代表项所代表或再现的东西。在皮尔斯的三分式中，代表项并不是在所有方面重现对象，而是通过指称关于对象的某种观念、意义来代表或再现对象。皮尔斯曾这样进一步解释：“符号替代（standfor）某事物，即它的 object。不是在每个方面都替代那个 object，而是指其理念，有时我称为解释项的理由。理念在此应当大致上理解为柏拉图的意思，也是我们平时习用的意思。”[②] 因此，皮尔斯的三分式与索绪尔的二分式有一定的对应关系：“代表项”即为索绪尔理论中的“能指”；“解释项”“对象”与索绪尔理论中的“所指”相一致。

皮尔斯的三分式并不是索绪尔二分式的简单变体。“解释项”和“对象”的引入，让人们更为深入地认识语词。一个语词（语言符号）指称某个“对象”，但又不是简单地与该对象相对应，而是通过“解释项”完成表达。在一个语言文本中，语词所指称的“对象”较为固定，很难进行进一步的解释和意义延展，而一个语词的“解释项”因需要接收者进行解释的努力，而具有了无限衍义的可能。皮尔斯如此描述这个过程：“（语词的）解释项变成一个新的符号（语词），以至无穷，符号（语词）就是我们为了了解别的东西才了解的东西。”因此，“（语言）符号过程，定义上不可能终结，因为解释（语言）

① [美] 皮尔斯：《论符号》，赵星植译，四川大学出版社 2014 年版，第 89 页。

② Charles Sanders Peirce, *Collected Papers*, Cambridge Mass: Harvard University Press, 1931–1958, vol 2, p. 230.

符号的（语言）符号依然需要另一个（语言）符号来解释”[①]。语词的无限衍义中，语词意义的“封闭漂流”形成：语词如同在封闭空间漂流的筏子，在意义的河流上由一个意义任意漂流到另一个意义，当意义从A漂流到E（也即从A衍义到E），这个过程是不必追溯的，甚至是无法追溯的，因为最终能将A与E连接的只有一点，即二者都属于一个家族相似的网络，而A到E的路径，就如筏子在河面划过的水纹，当到达E时，水纹已经消失，漂流的路径已不可寻。艾柯曾诗意地描述这个过程：“每一步，前一个符号就忘记了，消除了，漂流的快乐在于从符号漂流到符号，除了在符号与物的迷宫中游荡，其他没有目的……已经过去的衍义过程，有可能已经没有痕迹。”[②]

在皮尔斯的三分式中，语词会一直衍义下去，那衍义的结果是什么？按照皮尔斯和艾柯的论述，无限衍义最终会使语词触及文化或知识体系本身。[③]“解释会成为一种符号，所以可能需要一种补充性解释，它和已经扩充过的符号一起，构成更大的符号”，按照这种方式进行下去，“最终符号实际上不是符号，而是结构那样的把混合性衔接并联系起来的整体语意场”，这个“整体语意场”即为文化或

① 用更为平实的语言来描述这一过程就是：1. 符号指向两个不同的东西，一个是对象，另一个是解释项。2. 解释项是“指涉同一对象的另一个表现形式”。也就是说，解释项要用另一个符号才能表达。3. 而这个新的符号表意又会产生另一个解释项，如此绵延以至无穷，因此我们永远无法穷尽一个符号的意义。

② Umberto Eco, “‘Unlimited Semiosis’ and Drift”, The Limits of Interpretation, Bloomington: Indiana University Press, 1994, p.31.

③ Charles Sanders Peirce, *Collected Papers*, Cambridge Mass: Harvard University Press, 1931-1958, vol 2, p. 247.

知识体系。但语词的无限衍义并不能真正“无限”下去[①]，原因有以下几点。

1. “解释项”仅仅是语词“三分式”中的一元，与“解释项”共同构成“所指”的是“对象”。而“对象”就像语词这个筏子漂流的起始岸，不管筏子漂到何处，最终还是要停靠在岸边，在“此岸”结束漂流。

2. “解释项”自身也由两部分构成，其中一部分是语词自身的信息，而另一部分则是接收者面对语词时所联想到的一般知识或生活经验。但由于生活经验远比接收者理解语词所需要的知识广阔得多，接收者在面对语词时，就已经根据具体情况和文本，缩小相关范围，形成了“解释项”中的“注意领域”。“注意领域”的出现限制了无限衍义的潜在可能。[②]

3. 解释需要接收者的努力，但限于接收者的能力、意愿或时间，总会在某个解释阶段停止。同时，解释本身是由意图推动前行，当意图消失，接收者满足于当下已经取得的意义，衍义就会停止，成为接收者眼中的固定意义。[③]

可以说，通过索绪尔的“能指—所指”二分式，语词是分节的结果这一本质得到认识，而这种分节不仅形塑了语言系统，还形塑了人们对实在的感知——语词不仅含有声音或音响形式的分节

① 赵毅衡：《符号学：原理与推演》，南京大学出版社 2016 年版，第 105 页。

② 丁尔苏：《语言的符号性》，外语教学与研究出版社 2000 年版，第 97 页。

③ [法] 罗兰·巴尔特：《符号学原理》，载《符号学文学论文集》，百花文艺出版社 2004 年版，第 296 页。

(articulation)，还含有对感知、意义的分节，二者如一张纸的正反两面构成了语词本身。皮尔斯的"代表项—解释项—对象"不仅将语词是一种区分揭示出来，也揭示了语词作为语言符号的无限衍义性。但这种无限衍义无法真正"无限"，这一方面因为语言通过"对象"与实在相连接，从而受到限制；另一方面则因为"解释项"需要接收者的解释努力，而这种努力最终会受限于接收者的能力、时间与意图。

（二）语词、语言与思想

语词作为一种分节，不仅将声音分节，还将感知、意义与思维分节，进而将人们面对的世界分节，形成人们言语中的物、物与物的关系，以及物之内的元素、元素与元素的关系。人们并不是面对一个清楚分节的世界，然后用语词给这些现成区分而成的事物、概念贴上标签。情形恰恰相反，通过语词，世界和人们关于世界的区分才得以实现。在语言之前和之外，世界如一团星云，模糊不清，正如索绪尔所言："从心理上讲，我们的思维——若除去其语言表达形式——只是一团没有形状无法整理的乱麻……没有语言，我们的思维只会是一团模糊不清的星云。"[①] 而这种观点更激进的版本称为萨丕尔—沃尔夫假说，大意是：语言使用者对世界的看法是由其语言形式决定的，语言怎样描述世界，我们就怎样观察世界。[②] 更进

① [瑞] 费尔迪南·德·索绪尔：《普通语言学教程》，高名凯译，商务印书馆2014年版，第219页。

② 爱德华·萨丕尔：《语言论》，陆卓元译，商务印书馆1985年版，第102页。

一步讲，人们前因后果的思维方式，也是因语言而形成：人的发音器官只能依次发出一串音素、音节和词语，而词语也因此只能一个跟着一个依次出现，在时间的线条上绵延，形成表达，语言的线条性使得得以表达的思维也是前后相接的线性。①

但思想不只通过语言获得表达，还可以通过多种多样的媒介获得表达，音乐、绘图、图纸、手势、行为举止都可表达思想。的确，在获得表达之前，“思想只是一团不定形的、模糊不清的浑然之物”，但这一团浑然之物在音乐的进行中，在绘画的形成中，在图纸的制作中，甚至在拈花一笑中得到定形，② 最终得以表达。甚至在通过任何媒介表现于外之前，思想就已明晰：时常被自然科学家和艺术家提及的“形象思维”，也是思维的一种行进方式。很多文学家、艺术家，如诗人柯勒律治和雕塑家瑟尔斯都曾提出，视觉意象在他们的思考中起到决定性的作用。爱因斯坦则写道：通常在诉诸语言表达之前，他是用形象来思考的，这些“清晰程度不一样的形象”可以由心随意唤起、控制、组合。认知心理学则提出了“思想语”或“心语”（language of thought 或 mentalese）的设想，认为思想语是大脑的某种无声媒介，我们的思想寓处其中，“每当我们要把思想传达给某位听者时才穿上语词的衣裳”。③ 用认知心理学的双重编码理论解

① [美] 史蒂芬·平克：《思想本质：语言是洞察人类天性之窗》，张旭红译，浙江人民出版社 2015 年版，第 78 页。

② 陈嘉映：《简明语言学》，中国人民大学出版社 2013 年版，第 248 页。

③ [美] 史蒂芬·平克：《语言本能：人类语言进化的奥秘》，欧阳明亮译，浙江人民出版社 2015 年版，第 107 页。

释，则是人类的认知由两个独立又彼此联系的基本代码或符号系统负责处理，一个是言语系统，另一个是非言语系统。前者负责处理语言信息并把这些信息以适当的语言形式储存起来，后者负责处理基于表象的信息加工与表征。[①] 而“思想语”或“心语”（language of thought 或 mentalese）就属于两者之间无形的桥梁。日常生活中遇到的词不达意、“找词儿”现象就是“思想语”或“心语”存在的表现：表述者脑海中所浮现的想法，却无法找到合适的词句来通过字词语言传递出来。显然，言语之外，还有“所思所想”的东西。

思维与语言处于双向“锁定”的关系中。虽然思维不只通过字词语言来表达，但思维必须服从既有语言的约束，也需受到语词和语法的约束。即使思维可以通过音乐、绘画、图纸来表达，但人们在“理解”这些表达时，最终都需“穿上语词的衣裳”。[②] 音乐、绘画、图纸时常需要通过字词语言的“转译”，才能获得信息接收者的理解。语言不决定思维，但思维时刻被语言所“牢笼”。表达是一种有标的、有控制的活动，而人们心中的“思想语”无法随意唤起、控制，也就无法用以表达。表达只能通过一套稳定的、系统的表达设施，以及表达程式来实现。思维就像是流逝的水，而字词语言就是让水成形为河流的河床与河岸，让水成形为各种形状的盛水器皿。构成河床、河岸，以及各种盛水器皿的则是语词。思维不但被语言

---

① ［美］凯瑟琳·加洛蒂：《认知心理学：认知科学与你的生活》，吴国宏译，机械工业出版社 2016 年版，第 93 页。

② ［美］史蒂芬·平克：《语言本能：人类语言进化的奥秘》，欧阳明亮译，浙江人民出版社 2015 年版，第 89 页。

所“牢笼”，还反向“锁定”语言。在语言中，每一个语词都可衍义至整个语言系统，甚至整个文化背景，而语词最终在接收者处获得的解释，是被接收者的思维所决定。通过语词衍义的中止，被“牢笼”的思维反而“锁定”了语言。

1.2 概念思维

1.2.1 概念

在汉语言中，概念作为语词，有两层意义，一层是语词的内核，即语词载负意义的工具①；另一层是指运用概念思维的过程②。不同学科对概念也有不同的认识。

在语言学和符号学中，概念是字词语言载负意义的工具。③索绪尔曾这样定义概念：“概念是纯粹表示差别的，不能根据其内容从正面确定它们，只能根据它们与系统中其他成员的关系从反面确定它们。它们最确切的特征是：它们不是其他东西。”④概念是表示差别的形式，是语词对思维分节后所得的那一节意义。而根据皮尔斯的“代表项—解释项—对象”三分式，在一个语词中，解释项和对象共

① 陈嘉映：《简明语言学》，中国人民大学出版社 2013 年版，第 207 页。

② 约翰·齐曼：《元科学导论》，刘珺珺等译，湖南人民出版社 1988 年版，第 46 页。

③ Douglas Patterson, *Philosophy of Language and Logic*, New York: Palgrave Macmillan, 2012, p. 346.

④［瑞］费尔迪南·德·索绪尔：《普通语言学教程》，高名凯译，商务印书馆 2014 年版，第 178 页。

同形成概念。[①] 在语词对意义和实在进行分节后，语词的对象构成概念的外延，也即被所有这一语词直接指称的，都涵摄于概念之下。同时，语词的解释项构成概念的内涵，因此在无限衍义中，内涵获得关于对象的所有属性和暗示意义。概念成为语词对世界分节后，接收者对语词的解释停止时所获得的意义累积。

与语言学、符号学对概念的认识相近的，是哲学对概念的认识。哲学中对概念认识最具代表性的，是黑格尔对“抽象概念”和“具体概念”的认识。黑格尔在其著作《逻辑学》中指出，相对于概念，直观或存在“是第一的东西或条件”。他这样论述道：“依时间的次序，人的意识对于对象已经先形成表象，后方形成概念，而且唯有经过表象，凭借表象，人的能思的心灵方进而达到对于事物之思维的认识和把握”，因此，“直观或存在，按其本性说，的确对于概念而言，是第一的东西或条件”。[②] 基于这一认识，黑格尔提出了“纯概念”，意指从直接性和外在的具体性中解脱以后的“纯知识”“纯本质”，是“解脱了一切感觉具体性的单纯本质”，具体来说，就是指“有”“无”“一”“多”“质”“量”等“最简单最初步的，而且也是人人所最熟知的”“思想规定”。[③] 之所以这些被称为“纯概念”，是因为它们不包含感性的杂质，是“一切事物之绝对真实的基础”。在黑格尔看来，“纯概念”才应该是逻辑学的基础，“就思想的通常

① Charles Sanders Peirce, *Collected Papers*, Cambridge Mass: Harvard University Press, 1931–1958, Vol 2, p. 127.

② [德] 黑格尔：《逻辑学（下卷）》，杨一之译，商务印书馆 1976 年版，第 67 页。

③ 张世英：《论黑格尔的逻辑学》，北京大学出版社 2016 年版，第 79 页。

意义言，我们总以为不仅是指纯粹的思想，因为我们总以为经过思想之物，它的内容或材料必是经验的。而逻辑学中所承认的思想则不然，除了属于思想自身，由于思想自己所产生的思想外，它不能另以别的意义的思想为内容”[①]。黑格尔指出，传统逻辑学中形成概念的方法，是撇开对象的特殊方面，通过分析、归纳，将某一些对象中共同的东西抽取出来。这样形成的概念，是脱离特殊性的一种抽象的共同性，是“与独立自存的特殊事物相对立的共同性”。这样形成的共同性由于孤立于特殊性、差别性之外，因此无法把握事物的本质。[②]在对“抽象概念”进行批判后，黑格尔提出了“具体概念”，认为概念是深刻的、具体的真理，因而应是“自身包含着丰富的特殊东西的普遍”。在“具体概念”中，“具体”并非感性存在或可感触之物，而是指多样性的有机联系的整体，指一种“包含多样性于自身之内”的东西，“包含不同规定的一种东西”，“一种综合的统一”，“包含有殊异于其自身”的同一，是“不同的规定之统一”。[③]具体是指整体、联系、统一、丰富、“亦此亦彼”的意思，抽象就是孤立、片面、割裂、空洞、“非此即彼”的意思。“具体概念”是自我展开的，圆圈式地发展。[④]也就是说，说明任何一个“具体概念”，无论以哪一个环节作为开端，这个开端都不是武断的，其自身都无法得到说明。“具体概念”的每一个环节都和别的环节保

① 张世英:《黑格尔〈小逻辑〉译注》，北京大学出版社 2016 年版，第 136 页。

② 邓晓芒:《思辨的张力：黑格尔辩证法新探》，商务印书馆 2016 年版，第 96 页。

③［德］黑格尔:《逻辑学（下卷）》，杨一之译，商务印书馆 1976 年版，第 98 页。

④ 张世英:《论黑格尔的逻辑学》，北京大学出版社 2016 年版，第 86 页。

相区别，内涵的“一切本质要素”无法在这个过程中列举完全。

逻辑学上获得概念外延的方式有划分、列举、举例。划分只是明确概念外延的方法之一。但相对于列举、举例获得“部分外延”的方法，划分却是“明确概念全部外延的逻辑方法”，因此也成为人们常用的方法。[①] 划分，简言之，是在概念的特有属性基础上，以某一偶有属性为标准，对子概念进行区分和揭示的过程。一般情况下，一次划分只能揭示概念某一方面的子概念，也即一次划分只能明确概念的某一方面外延，而无法明确概念所有方面的外延。这就使得人们在试图探寻概念的全部外延时，就需进行多种划分和连续划分。[②] 如对“人”这一概念进行划分，可以按照性别划分，得到“男人”和“女人”两个子概念，获得一次外延；也可以按照人种划分，获得“白种人”“黄种人”“黑种人”，获得第二次外延。每一次对“人”这一概念的划分，只能以其中一组偶有属性为标准；而不断划分的结果则是，所有被揭示出来的偶有属性，与概念的特有属性一起，组成一个实在的“人”在思维中的“映像”。在划分过程中，被划分概念的偶有属性集，赋予划分后子概念属性，并成为子概念的特有属性。被划分概念和其子概念之间，因此具有了属种关系，被划分概念是各子概念的共同属概念，而各子概念又分别是被划分概念的种概念。由此可见，划分实际上蕴含了逻辑上的三段论演绎，

① [美] 约翰·杜威：《确定性的寻求：关于知行关系的研究》，傅统先译，上海人民出版社2005年版，第65页。

② 陈波：《逻辑学导论》，中国人民大学出版社2014年版，第69页。

其中大前提为“概念 A 具有特有属性 P”，小前提为“概念 a_1、a_2、a_3……具有特有属性 P”，结论为“a_1、a_2、a_3……是 A”。除了这一逻辑上的三段论演绎，划分还需保证 a_1、a_2、a_3……是偶有属性下的区分，互相不为种属概念。

通过抽象化和划分，概念思维似乎在思维和实在之外建立起一个“独立王国”。[①] 通过抽象化这一过程，若干偶有属性被省略，由特有属性形成抽象程度较高的概念；同时，划分这一过程又以某一偶有属性作为标准，区分出一组子概念。上一级概念是下一级概念抽象化所得，下一级概念是上一级概念划分的结果，在这样不断进行的三段论演绎中，所有概念形成一个自我衍生、层级分明的体系，可以无关实在地推演下去。在这个“独立王国”中，同级概念（被同一偶有属性所划分的外延）之间的关系，像是同一条直线上被点区隔而成的线段，分明且无重叠。[②]

以抽象化和划分为主要方法的概念思维，使得原本具体、丰富和具有动力性的概念变得机械、僵硬。但为何人们一边认识到概念的丰富性，一边采用这样的机械的方法？利益法学家海克从概念思维的可操作性、经济性和“科学性”这三方面回答了这一问题。他认为，相对于黑格尔的“具体概念”理念和语言学中解释项的无限衍义，概念思维的抽象化和划分犹如科学试验中的实验步骤，有径可循，具有可操作性。同时，概念思维的大部分工作是在已有概念

① 周建武：《逻辑学导论：推理、论证与批判性思维》，清华大学出版社 2013 年版，第 95 页。
② [德] 黑格尔：《逻辑学（下卷）》，杨一之译，商务印书馆 1976 年版，第 98 页。

基础上进行不断划分、抽象化，节省了人们进行再思辨的时间和精力，具有经济性。更为重要的是，概念思维本质是一种数学思维，而数学思维是科学的起点，这就使得原本具有思辨性的感知与总结活动，披上了自然科学所特有的"科学性"的外衣，从而具有了知识演绎上的"正当性"。①

1.2.3　自然科学研究中的概念思维

康德在《纯粹理性批判》中曾将学术中探寻概念内涵的方式，分为神学的定义和哲学的定义。② 基于康德的分类，千叶正士进一步延伸出了描述性定义和操作性定义两种方式。描述性定义是在初步区分出对象时所使用的定义方式。像是神学中的"神"一样，描述性定义"武断"地提出了关于概念内涵的认识，以其作为先验真理，以演绎的方式将对象的外延明确下来，从而形成关于对象的认识。③ 操作性定义则是以相反的方向探寻概念的内涵，即在描述概念外延的基础上，由外向内地深入分析，以归纳的方式最终达至概念的内涵。操作性定义将待探寻的概念转变为可观察、可测量的变量，通过对变量与概念之间关系的量化检验，从而确定变量能否成为概念内涵的特征之一。④ 可以说，操作性定义是概念思维与经验

---

① [德] 菲利普·黑克：《利益法学》，傅广宇译，商务印书馆 2016 年版，第 25 页。

② 康德：《纯粹理性批判》，韦卓民译，华中师范大学出版社 1991 年版，第 76 页。

③ 张世明：《经济法学理论演变研究（第 2 次全面修订版）》，中国民主法制出版社 2009 年版，第 167 页。

④ 张世明：《推参阐述在经济法中的应用：兼论后金融危机背景下的研究策略》，载《经济法基础文献会要》，法律出版社 2012 年版，第 3 页。

观察（如田野观察、实验等）之间的桥梁。本质上，自然科学所进行的概念思维属于操作性定义，或者康德哲学中的“哲学的定义”：通过科学观察和科学实验，自然科学从外延逐渐深入，获得更为精密、准确的一般性概念。但不得不承认，自然科学的概念思维又具有“神学的定义”的特性，随着研究的继续或修正，结论性的定义永远只是一种假定，可以随时被科学的“试错”推翻，因而任何源于较为一般概念所做出的演绎，并以此形成的学科体系，都必须以知识上的“武断”作为前提。由此可见，自然科学的概念虽属于康德哲学中的“哲学的定义”，但其概念发展的方式，也就是自然科学中的概念思维主要包括归纳和演绎。①

作为自然科学中的概念思维，归纳和演绎的共同特点都是“路径可循而终点不可见”。通过枚举②、排除③、统计④，归纳法从子概念（一般概念的外延）出发，得到对一般概念内涵的理解。其中而演绎法则是从一般概念出发，以此形成对子概念“应当”形式的理解。这两者都是“单向思维”，这就犹如在密林里穿行，每前行一次，都

① [德]康德：《实践理性批判》，韩水法译，商务印书馆1999年版，第76页。

② 枚举有两种形式。其一，从枚举S类事物中一部分对象具有性质P，推出S类的任意有穷数目的对象也具有性质P。其二，从枚举S类事物中一部分对象具有性质P，推出S类（无穷）的所有对象具有性质P。

③ 排除法指这样一种操作：预先通过观察或实验列出被研究现象的可能的原因，然后有选择地安排。

④ 统计是指从关于有穷数目样本的构成的知识到关于未知总体分布的构成的结论的推理，主要形式是：从S类事物经考察的对象中有n%具有性质P，推出在S类的所有对象中n%具有性质P。某些事例或实验，根据某些标准排除不相干假设，最后得到比较可靠的结论。密尔五法（求同法、求异法、求同求异并用法、共变法、剩余法）。

有清晰可见的路径留下，以便后来人沿着同样的路径向前行进，但这条路径到底能到达密林的何处，无法通过归纳和演绎确知。为了留下清晰路径，归纳和演绎的每一次“前行”都需以证明的客观知识为根据，这就使得通过归纳和演绎而获得的概念内涵具有了“指称论”上的特点，也即，定义内涵的语词都有实在的对应。[①]这种“指称论”的特点让自然科学中的概念获得了一定程度上的“自由”：在已证明的客观知识中，概念可以脱离经验观察和实验，进行纯粹由其自身构成的运行。[②]数学和各个领域的理论类分支（如理论物理、理论化学）都是纯粹概念的归纳和演绎。

逻辑学中的概念思维通过抽象化和划分，形成逻辑概念间的“自足体系”。这样的思维方式符合自然科学的内在要求：自然科学获取概念内涵和外延的每一步，都需以客观知识为基础，表达概念的语词即指称实在，自然科学概念如镜像般反映客观实在及其相互之间的联系（区别仅在于清晰度上的差异）。正如黑格尔所言，“唯一真正的方法与其对象和内容是没有不同之处的”，逻辑学的概念思维作为方法（或工具）恰与自然科学中研究取得一致性。[③]

1.2.4　法学研究中的概念思维

逻辑学上以抽象化和划分为要义的概念思维，进入法学中则形

---

① [英]罗杰·斯克鲁顿：《康德》，刘华文译，译林出版社2013年版，第16页。

② [英]卡尔·波普尔：《科学发现的逻辑》，查汝强译，中国美术学院出版社2008年版，第98页。

③ [德]黑格尔：《逻辑学（下卷）》，杨一之译，商务印书馆1976年版，第78页。

成了抽象化和涵摄两大过程。[①] 其中，法学中的抽象化与逻辑学上的抽象化并无差异。拉伦茨曾言，抽象化是“由具体事物中分离出来，将规定具体事物的诸要素个别化”的过程。在抽象化的过程中，思考对象不是所有的构成部分，也并非各个部分所组成的“具体的”、感官上丰盈的客体，更不是独一无二的整体，而是出现在整体中的特性或“要素”[②]。在拉伦茨的论述中，抽象化所得的个别化要素一旦被分离，就可独立出来，因此被拉伦茨称作“确认一般的附加因素”。而抽象概念的内涵“就是这样一组性质，而一词为根据以某种语言的特有方式使用这个名称的人，准备承认某种对象是该名称的被指称者，如果所有这些性质都被提出来的话；否则，如果缺少这些性质中的任何一个，他就会拒绝承认该对象是该名称的被指称者”[③]。

逻辑学上的划分进入法学研究后成为“涵摄”。原初意义上的涵摄是一种法律适用方法，有三个宽度的定义。[④] 最为广义的涵摄指的是确定生活实施与法律规范之间关系的思维过程，这实际上将法律适用中的权衡、类比也都置于涵摄之下，将涵摄等同于法律适用。[⑤] 广义上的涵摄则等同于“法律涵摄推理”，认为涵摄是一个三段论的演绎过程，其中法律规范的构成要件是大前提，特定案件事

① 黄茂荣：《法学方法与现代民法》，法律出版社 2011 年版，第 94 页。

② [德] 拉伦茨：《法学方法论》，陈爱娥译，台湾五南图书出版公司 1999 年版，第 63 页。

③ 顾祝轩：《合同本体解释论：认知科学视野下的私法类型思维》，法律出版社 2008 年版，第 145 页。

④ 雷磊：《为涵摄模式辩护》，载《中外法学》2016 年第 5 期。

⑤ 王泽鉴：《法律思维与民法实例》，中国政法大学出版社 2001 年版，第 200 页。

实是小前提，所得出的法律后果则是结论。在广义涵摄基础上，作为小前提特定案件事实，成为独立的三段论演绎，其中“制定法构成要件所确凿涵盖之案件”是大前提，具体的特定案件事实是小前提，特定案件能否等置“确凿涵盖之案件”是结论。[①]可见，原初意义的涵摄仅指在特定案件中，运用三段论演绎适用法律规范的思维过程。但在法学研究中，特别是拉伦茨对概念思维进行反思后，涵摄获得了更为丰富的意义。在拉伦茨的《法学方法论》中，涵摄被赋予了明确概念外延之过程的意义。根据拉伦茨的论述，只要对象具备定义该概念的全部要素，该对象就可涵摄于此概念下，成为对象的一部分。[②]因此，拉伦茨的涵摄就成为这样一个三段论演绎过程：大前提是定义概念内涵的个别化要素，小前提是对象已经被确知的全部要素，结论则是该对象是否可以被此概念所指，或是否属于此概念。在涵摄过程中，概念内涵的个别化要素被清晰列举，“当且仅当”全部个别化要素在对象上全部重现时，对象才能用此概念所称。通过抽象化和涵摄，位于“金字塔顶端”的概念内涵范围最小，仅需极为简略的要素就可实现抽象化，但其外延最大，包含着大部分其他概念；相反，“金字塔底端”的概念内涵最为丰富，外延最小，也最为接近客观实在。借着增、减若干——规定类别的——要素，可以形成不同抽象程度的概念，并因此构成体系。层层涵摄

① 王鹏翔：《论涵摄的逻辑结构——兼评 Larenz 的类型理论》，载《成大法学》2005 年（总第 9 期）。

② [德] 拉伦茨：《法学方法论》，陈爱娥译，台湾五南图书出版公司 1999 年版，第 256 页。

之后，“金字塔底端”的概念最终与客观实在实现对照与互置，将大量的法律素材归结到少数“最高”概念上。

简言之，法学研究中的概念思维以抽象化与涵摄为其要义：通过抽象化，概念思维可以将客观对象诸要素（特征）个别化，并从客观对象中抽离出来，形成概念内涵；通过涵摄，概念思维将个别化要素“展开”，通过三段论演绎，与客观事物比照齐观，“划定”概念外延。[①] 由此，法学中的概念思维与逻辑学上的概念思维相差无几。通过对逻辑学上概念思维的“平移”，法学研究与自然科学研究更为相似：二者在表面上都可在封闭体系内自我论证，仅在应用和再发现时才与客观实在相连。但问题也因此产生，法学所面对的对象不仅是价值无涉的，已被证明的客观知识，还有大量涉及价值的知识、理念。这就引发了法学研究者对概念本质的探寻，并产生了唯名论与唯实论的争辩。[②] 更为晚近，则出现了纯粹法学派，将价值与法律概念的联系切断，由“概念金字塔”自身内部的逻辑推演实现法律的发展和法学研究的推进，从而使得法律成为自然科学一样的科学门类。[③] 在概念思维的主导下，法官在适用法律过程中，在表面上也成为单向度的“无目的”推理。法官以法律规定的要件为大前提，以案件事实为小前提，最终得以判决。在最为极端的情况下，有学者提出，法官是一台储备法律条文的精密机器，只要输

① 王美舒：《类型思维下的金融消费者保护制度建构》，载《中州学刊》2016 年第 2 期。

② Huntington Cairns, *Legal Philosophy from Plato to Hegel*, Baltimore: Heintins Press, 1978, p. 178.

③［奥］凯尔森：《法与国家的一般理论》，沈宗灵译，商务印书馆 2013 年版，第 167 页。

入个案的案件事实，通过“程序运行”就可得到适用结果。①

1.3　类型思维之界定

1.3.1　类型

从词源上看，“类型”一词源于希腊文，后以Typus的字形成为拉丁字。随后，Typus进入罗马语言，并逐渐在法文中出现，以Tipe或Type的词形记录。18世纪，Tipe和Type进入德文，并从专用语逐渐演变成日常用语。从“类型”一词在各种语言中的使用情况看，Typus、Tipe和Type首先在科学研究领域得到运用。在拉丁语世界，Typus一词在主要出现在神学和医学著作；在法文中，Tipe多出现在动物学研究，而Type主要运用于植物学的专门著作；Tipe和Type也主要是作为专业名词，从法文传至德文，并在德语世界的诸多学科中流行开来。在德国，“类型”一词不再仅仅局限在诸如动物学、植物学等自然科学，还出现在诸如心理学、逻辑学、语言学和社会学。②

从词义上看，希腊文中的Typus经过了一定演变。最初，Typus仅有动词之义，指使用工具的锤击、敲打的动作。随后，Typus又

---

① [美]博登海默：《法理学：法律哲学与法律方法》，邓正来译，中国政法大学出版社2004年版，第265页。

② Patty Jo Watson, Steven A. LaBlanc and Charles L. Redman, *Explanation in Archaeology: An Explicitly Scientific Approach*, New York: Columbia University Press, 1971, p. 126.

演变出名词之义，意为经过工具锤击、敲打而得到的物，特别是以石头、金属为原材料的塑像、浮雕等艺术品。基于这两个原意，Typus 一词在不同学科领域衍义如下：（1）在医学中，Typus 指向疾病增加或减少的规则或秩序；（2）在法学中，Typus 等同于迟延债务诉讼。同时，Typus 在日常用语中的含义也较为丰富，包括：（1）有特征的形体、特性或风格；（2）对事物初步且粗略的描述；（3）典范、模型、范例；（4）内容、主题。随后，柏拉图开始使用 typos 一词，指通过概括所得的实在之物的形态。[①] 在柏拉图的思想中，类型不再仅仅是一组事物中的典范或模型，也具有了一组事物所表现的共同特征之意。由希腊文 Typus 演变而来的“类型”，在各个学科中的特殊意义虽然已经消逝，在日常用语中的含义也逐渐凝练，但它一直保留两种基本含义：一种是典型、范例；另一种则是一组事物所共用的特征，或称基本特征。“类型”一词进入英语，其基本含义有两种：（1）具有某种共同特性的人或事物的集合；（2）一类事物的共同结构形式或典型。古汉语中，“类”具有相似之义；“型”有铸造、形塑之意。而现代汉语中，“类型”一词源于日文的翻译，最初出现在动物学和植物学用语。“类”一般指具有某种共同特性的事物的集合；种类。“型”指：（1）铸造用的模子、模型；（2）按特征归成的类，如典型、血型，“类型”，则指具有共同特征的事物所形成的种类。仅从词义和词源上看，“类型”一词有如下含义：（1）根据某种

① Guttorm Floistad, *Language*, *Meaning*, *Interpretation*, New York: Kluwer Academic Publishers, 1998, p. 253.

标准进行划分、组合的集合体；(2)一组实在共有的特征；(3)具有共性的集合体中的典型。①

但类型放在具体学科中，却具有了不同的意义，其运用方式也差异巨大。在语言学中，有类型学(typology)这一流派。类型学(typology)中的“类型”等同于“分类”(taxonomy 或 classification)，即把研究现象归纳成为不同的类型，尤其是不同的结构类型。②在对类型一般定义的理解基础上，语言类型学分为类型学分类(typological classification)、类型学概括(typological generalization)和功能类型学。③其中，类型学分类是指通过对语言的研究，得到关于语言的全部类型，并将具体语言归入某个单一的类型中。在语言类型学分类中，“类型”一词仅指形式分类。类型学概括的研究对象则是语言的结构或模式(patterns)，在并将这些跨语言的规律形成系统理论。在语言类型学概括中，“类型”一词意指基本的结构模式或共性，也即一个语言现象的典型中所蕴含的特性(但又是所有语言现象的共性)。在功能类型学中，类型则是探寻跨语言共性的路径，也即类型学概括的实现方法。语言类型学的发展促进了其他学科中类型学的发展，并由此衍生出建筑类型学、考古类型学、历史类型学以及文学类型学。在这些类型学中“类型”

① 中国社会科学院语言研究所词典编辑室：《现代汉语词典》，商务印书馆 2016 年版，第 785 页。

② 张莉：《语义类型学导论》，世界图书出版社 2016 年版，第 29 页。

③ Lindsay J. Whaley, *Introduction to Typology: The Unity and Diversity of Language*, New York: Whilisy Press, 2010, p. 573.

一词基本沿用了语言类型学中的含义，即（1）根据某些特征的分类和规整；（2）跨系统的共有结构或模式，即典型中所蕴含的共性；（3）寻求分类和共性的路径。①

在社会学中，类型主要用于马克斯·韦伯的“理想类型”。“理想类型”采“类型”中的“蓝图”、“形象”或“模式”之意，为社会学研究者提供了一个寻找因果关系的图式。通过理想类型，人们可以将某一对象中混乱、相互矛盾的内部关系进行厘清和重构，从而形成关于内部关系某一方面的清晰理解，进而寻找到对象与他者的因果关系。② 马克斯·韦伯在论述“理想类型”时，专门将其与概念作对比，指出概念所反映的是实在的秩序，而“理想类型”形构的是理想的（或称思维中的）秩序。社会学中的“理想类型”是关于某种设想得来的联系的表象，此处的“类型”更贴近于希腊文所指的，“通过凿刻所得的艺术品”之意蕴。

逻辑学中，亨佩尔和奥本海姆在其《现代逻辑观点下的类型》一书中提出，相对于通过抽象化和划分而得到的逻辑概念，类型以相似为思维基础而形成。因此，当概念与概念之间呈界线分明之态时，类型与类型之间则是“光谱般”的过渡状态。③ 类型无法通过三段论的演绎来获得，而是以与整体形象相似的方式来形成。亨佩

① Bernard Comrie, *Language Universals and Linguistic Typology: Syntax and Morphology*, Beijing: Peking University Press, 2009, p. 389.

② [德] 马克斯·韦伯:《社会科学方法论》，韩水法译，商务印书馆 2013 年版，第 52 页。

③ [美] 威廉姆·沃克·阿特金森:《逻辑十九讲》，李奇译，新世界出版社 2013 年版，第 78 页。

尔和奥本海姆进一步提出，类型的内含逻辑是一个二元命题函数，类型概念使得它所联系的对象形成一个序列，这种排列次序的形成需要采用两个基本关系概念“G”“V”：G代表在满足某种条件下，X与Y两个对象在该序列上是处于同一位置的，写成G（X，Y）。V代表在满足某种条件下，X与Y两个对象是出于前后位置的，写成V（X，Y）。在详细论述G与V所必须满足的条件限制之后，亨佩尔和奥本海姆得出结论：许多（有限或无限）数量的对象是次序地排列着的，当这些对象由满足下列条件的关系概念G与V所决定时，G是移转的和对称的，V是移转的和非对称的，G和V是相互联结的。

法学研究中对“类型”一词的运用出现了两种情况：一种情况是将“类型”泛化，仅采一般含义中的分类之义，以一定标准将论述对象分成不同的集合体，并将这个过程称为“类型化”；另一种情况则将“类型”专用化，沿袭社会学和逻辑学对类型的论述，提出了相对于概念的类型。在第二种情况中，类型是围绕意义中心的一组特征弹性结合而成的整体形象。① 类型之下，观照对象以相似的方式形成一定次序，从典型形象渐进式地过渡到一般形象。在过渡过程中，一般形象逐渐“丢失”特征，最终与整体形象完全相异，从而成为另一种类型。从“类型”使用的两种情况看，第一种情况下的“类型”和“类型化”本质上概念思维的产物，也即，通过三段论演绎做出是否属于某一集合体的判断。第二种情况下的“类型”

① [德] 卡尔·拉伦茨：《法学方法论》，陈爱娥译，商务印书馆2013年版，第317页。

本质上是反思概念思维运用于法学后的产物，展现了与抽象化和涵摄相区别的思维模式[①]。本书所探讨的类型是第二种情况中的“类型”，也即“围绕意义中心的一组特征弹性结合而成的整体形象”。

1.3.2 类型思维

基于对“类型”词义的选取，可以得到关于类型思维的两个描述。

第一，类型不具有如原子内核一样的内涵，而是一组特征的弹性组合，因此无法运用抽象化将所谓内涵特征“穷尽列举”，而只能加以描述。[②]围绕一个意义中心，对象的特征有机组合起来，形成一个整体，从而成为类型。类型的这种形成方式与概念相异：在概念中，对象的特征累积式地排列，机械地“粘合”成概念内涵；而在类型中，意义中心并不是一种实在，毋宁说是一种理念、认识或判断，围绕意义中心的特征，如人的机体一般，有机地组合为整体。[③]作为一个“意义—整体”，类型的特征无法被列举完全，而是以直观的状态相互协作，这就使得把握类型的思维不是抽象的，而是具体的。当概念通过抽象化，不断舍弃本就孤立的个别化要素，形成概念的一般内涵；类型只能通过“深描”的手法，用语言将特征和特征间的联系描述出来，使得整体形象呈现于外。在这个层面上讲，

---

① [德]阿图尔·考夫曼：《法律哲学（第二版）》，刘幸义译，法律出版社 2011 年版，第 147 页。

② [英]彼得·温奇：《社会科学的观念及其与哲学的关系》，浙江大学出版社 2016 年版，第 73 页。

③ [芬兰]冯·赖特：《解释与理解》，张留华译，浙江大学出版社 2016 年版，第 86 页。

概念是语言对存在分节的产物，而类型则是运行于语言之前的“形象思维”和“思想语”的产物。当概念通过抽象化，逐渐远离表征于大脑中的现实映像时，类型却通过描述，使得自身趋近于这个映像。概念和类型虽然最终都必须披着语言的外衣才得以被人们接纳，但概念因抽象化的方法而被语言所牢笼；类型却通过描述，虽栖身于语言之中，但又突破了语言的限制，与实在无限贴近。①

第二，类型没有封闭的外延，这种开放性使得对象只能以相似方式归于类型，而无法以划分或涵摄的方式来求得所谓外延。②类型是一组特征围绕意义中心的弹性组合。所谓弹性组合，是与概念内涵特征的机械粘合相区别的组合形式，是一连串具有不同强度的个别特征所形成的有机联系。在一个类型中，典型的或标准的形象意味具备最为齐全的个别特征。③而类型中的一般形象，其个别要素的显现则部分的较弱或欠缺。当类型中一般形象的个别要素逐渐被其他个别要素所替换，这个一般形象就进入另一个类型的“视域”中。通过不同个别要素的显现与隐退，类型与类型开始转化，形成类型间的“流动过渡”。在这个过程中，类型间的界限是暂时的，也是相对的，以至于每个类型都如水彩晕染的色块，仅存在“轮廓”，而不存在“边界”。类型因此无法具有封闭的外延。就像不同颜色的

① [德] 卡尔·恩吉施：《法律思维导论（修订版）》，郑永流译，法律出版社 2014 年版，第 56 页。

② [德] 阿图尔·考夫曼：《法律哲学（第二版）》，刘幸义译，法律出版社 2011 年版，第 121 页。

③ [德] 卡尔·拉伦茨：《法学方法论》，陈爱娥译，商务印书馆 2013 年版，第 317 页。

光源所散发出的光，当人们远望时，看到的是不同色彩的圆形；当人们靠近时，却无法看到彩色圆形的边界，而只能观察到不同色光交错的情形。因此，当组成概念内涵的个别化要素通过划分、涵摄，而取得封闭外延时，类型却能以一种直观的，甚至略带直觉的方式来判断对象的归属。当对象出现时，类型思维下的人们会从整体概观出发，判断此对象与哪个类型的表征更为贴近，并将其归入此类型中，被此类型所指称。这种判断方式，本质上突破了逻辑。逻辑所依赖的是“是”或“非”，而类型思维所依赖的是“像”与“不像”的概观性体认。①

1.3.3 社会科学研究中的类型思维

类型思维以描述的方式获得某一类型的概观，又以相似性程度实现归类。这种更为直觉、感性的思维方式会引发如下疑问，即类型思维是否可以运用于科学？在康德哲学中，“任何科学认识都是有前提的认识”，而前提最基本的成分是“概念”。② 也即，康德哲学中的科学需要以概念为基础，并进行以三段论为基础的逻辑推演。人们对科学的认识也概化成此：科学是在逻辑基础上形成的“是”与“非”的判断。③ 这样的认识对于自然科学而言是准确的，但对于社会科学而言却极为偏颇。在自然科学中，逻辑推演所基于的概

① [德] 古斯塔夫·拉德布鲁赫：《法哲学》，王朴译，法律出版社 2013 年版，第 37 页。
② [德] 汉斯·阿尔伯特：《批判理性论》，应奇译，浙江大学出版社 2016 年版，第 75 页。
③ [英] 罗杰·斯克鲁顿：《康德》，刘华文译，译林出版社 2013 年版，第 16 页。

念，是实在的纯然反映，甚至可以说是“镜像”，概念之间的关系也就可以等置于它们所指之物存于实在的关系。而在社会科学中，实在本身就具有无限多方面的联系，任何一次所谓的抽象，只能反映实在的某一方面，这就使得社会科学中的概念无法成为逻辑上所要求的严格意义的概念，也使得社会科学中的每一步逻辑推演都根基不稳，甚至已经无法称之为“逻辑”。可以说，当人们试图在社会科学中运用自然科学的概念思维时，也在证明概念思维并不适用于社会科学。①

马克斯·韦伯提出的“理想类型”，是类型思维运用于社会科学的典型例子。理想类型是作为与自然主义相对立的方法提出来的，韦伯以此作为对抗自然主义偏见在社会科学领域内影响的手段。②自然主义的本质是将社会演变等同于自然演变，将自然科学的概念思维直接套用至社会科学研究中，使人们认为历史实在的“根本的”内容和“本质”必定记录在那种理论的概念中，进而将这一概念误作为推动社会历史的“真正的”实在和“实际的”力量。③但在社会研究中，社会历史中并没有“本质”。所谓的“本质”，只是人们注意到的“具有独特文化意义的”因素，加之历史有自己的本来面目，人们借以作为描述标准的“本质”也只是某种“私人化”的历史感官。④马克斯·韦伯指出，社会科学研究所面对的实在，自身具

① ［德］马克斯·韦伯：《韦伯方法论文集》，张旺山译，联经出版社 2013 年版，第 297 页。

② ［德］马克斯·韦伯：《社会科学方法论》，韩水法译，商务印书馆 2013 年版，第 52 页。

③ Max Weber, *The Methodology of The Social Sciences*, New York: The Free Press, 1968, p. 287.

④ Max Weber, *Economy and Society: An Outline of Interpretive Sociology*, 3 vols, Berkely and Los Angeles: University of California Press, p. 275.

有无限多方面的联系，“这种无限多的联系对于任何无前提的认识者来说都是一个混沌的世界”，“理想类型”是人们认识这个混沌世界的着眼点和大致范畴。

“理想类型”是围绕一定的认识目的，通过思维所形构起来的一组特征的集合体。在“理想类型”中，这组特征反映的是实在的某一方面，因此只能称之为“描述”。[①] 随着认识的深入，相关的特征得到“深描”，甚至会得到与最初“理想类型”相异的类型。以马克斯·韦伯对基督教的论述为例：现实中的基督教（或称实在的基督教）内部充斥着混乱的、相互矛盾的观念，想要对基督教对中世纪社会发展的影响进行研究，就需先构想出一个内在清晰、无矛盾的基督教观念，并在此理想类型与中世纪社会发展的比较中，梳理出其中存在联系的线索。在这个梳理过程中，也会形成对“理想类型”的基督教观念的进一步描述，甚至重构。

由此，社会科学中的类型思维与自然科学中的概念思维具有了明显差异。自然科学中的概念思维，如在密林中前行，“路径可见而终点不可见”。而社会科学中的类型思维，如在水域泛行，预先提出一个理想终点，在向终点前行的过程中寻求路径，以及对“终点”的观察。更进一步讲，自然科学中的概念思维（归纳和演绎）是单向的，思维的起点只能是一个确证的实在；而社会科学中的类型思维，起点则是一种带有价值判断的理想化设想，并从此点开始，进

① Max Weber, *Critique of Stammler*, New York: The Free Press, 1987, p. 95.

行"试推"。[①] 正如试推法的提出者皮尔斯所论述的，"在围绕一个题目的复杂论断的纠葛种，假定代表了一个概念……在假定推断过程中，一个单独的强度较高的感觉，代替了这种线索无穷的感觉，只有对这个假定的结论进行思考才有这个感觉"[②]。

1.3.4　法学研究中的类型思维

法学中的类型思维综合了社会学和逻辑学关于类型的论述，形成了学科内关于类型思维的独立的理论体系。

类型及类型思维在法学中经历了三个阶段的发展。在第一个阶段，拉德布鲁赫提出将类型和类型思维引入法学。受亨佩尔和奥本海姆的启发，拉德布鲁赫首先批判了概念思维，提出概念思维是一种"分离式思维"，这种"非此即彼"的判断模式，将生活中随处可见的"或多或少"的模糊地带抹去，也将原本丰富、完整的生活现象在表述中破坏殆尽。[③] 拉德布鲁赫曾这样描述："生活只知道奔腾不息的流动，但概念却为这流动划出清晰的界限。生活只表明'或多或少'，而概念却要求做出决定，'要么这样——要么那样'。"[④] 拉德布鲁赫进而提出，类型是具有模糊界限的形体，类型间的流动式过渡，让被表述的生活事实得以完整保全。因此，拉德布鲁赫主张

---

① Alexander Peter, *On the Logic of Discovery*, London: Ratio Press, 1998, p. 246.

② [美] 皮尔斯:《论符号》，赵星植译，四川大学出版社 2014 年版，第 89 页。

③ [德] 古斯塔夫·拉德布鲁赫:《法哲学》，王朴译，法律出版社 2013 年版，第 68 页。

④ [德] 古斯塔夫·拉德布鲁赫:《法律智慧警句集》，舒国滢译，中国法制出版社 2016 年版，第 36 页。

将类型引入法学，并以英美法系为例，提出判例法是从“事物之本性”中去发现法，是一种类型思维的运用，因此能在法律安定性之外，兼顾个案的公平正义。①

类型思维在法学中的第二阶段代表人物是沃尔夫、恩吉施、拉伦茨和考夫曼。恩吉施首先从思维过程出发，提出通过类比的、直观的思维，人们通常会在一般概念和个别实在之间得出一个有关对象的整体性概观，这个直观的整体就是类型。基于其对类型的理解，恩吉施提出了平均类型和整体性类型这两种类型形态。②拉伦茨则是在黑格尔“具体概念”的基础上，提出了抽象概念和具体的个别事物的区分，认为类型位于抽象概念和个别事物之间。在拉伦茨看来，“类型与具体事物的趋近有关”，通过对围绕“意义中心”的特征进行描述，形成关于整体的丰盈的认识。③但零散的特征如何形成一个整体，拉伦茨由此提出“意义中心”的论点，即认为只有基于预先的目的或价值取向（即“意义中心”），特征才能依序显现，形成类型。同时，拉伦茨还提醒，类型中的特征是有机联系、相互依存的，但这些特征并不一定都显现于类型下的每一个形象中。只需整体相似，特征的缺少并不影响某一对象的归类。拉伦茨在其关于类型的论述中，还根据逻辑学中的类型分类，提出了法学的三种类型，即规范性的真实类型、法的构造类型和规范的理念类型。考

①［德］古斯塔夫·拉德布鲁赫：《法学导论》，米健译，商务印书馆 2013 年版，第 79 页。

②［德］卡尔·恩吉施：《法律思维导论（修订版）》，郑永流译，法律出版社 2014 年版，第 64 页。

③［德］卡尔·拉伦茨：《法学方法论》，陈爱娥译，商务印书馆 2013 年版，第 317 页。

夫曼对类型的探讨主要集中在“事物之本性”的视角。考夫曼首先提出，法律中除了数量概念，即“包含一个通过一定数目的封闭且单义的特征”的概念，绝大部分法律概念是不清晰的。在法学中，概念无法以非此即彼的方式来涵摄具体的生活事件，而只能以或多或少的方式显现于生活事件之中。考夫曼据此指出，法学中的绝大部分所谓“概念”，本质上是“类型”。在考夫曼的眼中，类型是“建立在一般及特别间的中间高度”，是通过类比而非抽象化得到的“存在与当为的结合点”。①

类型思维在法学发展的第三阶段，类型进入商法学和宪法学研究中。其中，莱嫩提出了类型的开放性、意义性、直观性和整体性观点。莱嫩认为类型之间是“流动的过渡”，因此边界模糊；类型的各组成分子是“弹性地有机组合”，组成分子在类型下的对象中仅是或强或弱地呈现，对象仅以整体相似性归于类型之下，因此类型具有开放性。对于意义性的论述，莱嫩则是从类型的“意义中心”开始论述，认为意义或评价是法律的建构性因素，同类型范围内的事物是具有“同意义性”的。而对于直观性，莱嫩强调的是关于类型归属的判断，无法通过逻辑推演，而需要通过直觉去领会类型与事物的“意义”是否相通。对于整体性莱嫩强调了围绕意义中心各个特征是有机统一的整体。莱嫩对类型的功能也进行了深入论述，提出类型是“价值向生活事实具体化，生活事实向价值一般化”的中转站，因此具有“一般化”

① [德] 阿图尔·考夫曼：《法律获取的程序：一种理性分析》，雷磊译，中国政法大学出版社 2015 年版，第 176 页。

和“具体化”的双向功能。对类型思维的运用，莱嫩则提出了实质正义优先性问题，即当法律安定性成为法律制定的首要目标时，概念思维成为优先运用的思维方式；而当实质正义维护成为法律制定的首要目标时，就应优先运用类型思维。①

根据类型思维在法学中发展的三个阶段，可以得到关于法学中类型思维的如下观点。

（1）法学中类型思维的提出是为了应对僵硬化的概念思维在法律制定、实施过程中所引发的问题，针对的也是概念思维对生活事实“非此即彼”的划分。因此，法学中的类型具有开放性、整体性和直观性的特征；而类型的归属与否也是以相似性进行判断，而非三段论演绎进行判断。

（2）法学中的类型思维也试图解决概念思维可能带来的价值剥离问题，提出了类型的“意义中心”这一内核。只有“意义中心”的出现，类型的特征才能成为一个集合体，才能构成有机联系且协作的整体，并由此演变出类型体系。而“意义中心”从一开始提出就是涉及价值的，因而也使得类型在形成和实现过程中是价值导向的。

（3）虽然类型思维的提出是为了克服概念思维的缺陷，但法学并未完全抛弃概念思维。在法律体系中，虽然绝大部分所谓概念实质上是类型，但法学家并未否认形式逻辑学的抽象概念在法学中存在的可能。对抽象概念和类型的关系，或是认为类型是抽象概念和

① 吴从周：《类型思维与法学方法》，台湾大学法律研究所1993年硕士学位论文，第74页。

生活事实之间的中间点，或是认为抽象概念与类型并存。按照考夫曼的总结，“问题不能这样被提出：概念或者类型？……概念没有类型是空的，类型没有概念是盲目的”[①]。莱嫩对类型思维运用时机的论述，本质上也是在承认法律中类型思维、概念思维并存的情况下，何者优先的问题。[②]

1.4 “金融消费者”源流考

探讨“金融消费者”之源流，是应先从词源开始考察，还是先从现象开始考察，并非能够简单直接地得出结论。一方面，没有“金融消费者”这一语词，现实世界中的“金融消费者”也就无从区分；另一方面，没有“金融消费者”现象，“金融消费者”语词就没有依托，或无从提出。正如前述对“语词”的探讨，“金融消费者”语词和“金融消费者”现象如一张纸的两面，人们切开一面的同时，另一面也必然被切开。[③] 从语词和思维的关系来审视这一问题，“金融消费者”现象早已存在，由于没有“金融消费者”这一语词进行思维上的分节，人们关于“金融消费者”的思想才混杂在消费者、投资者等相关知识的理解中，面对“金融消费者”而不识“金融消费

① [德]阿图尔·考夫曼：《法律哲学（第二版）》，刘幸义译，法律出版社 2011 年版，第 189 页。

② 吴从周：《论法学上之“类型”思维》，载《法理学论丛——纪念杨日然教授》，月旦出版社股份有限公司 1997 年版，第 338 页。

③ [瑞]费尔迪南·德·索绪尔：《普通语言学教程》，高名凯译，商务印书馆 2014 年版，第 76 页。

者”。可以这样说，“金融消费者”语词如同黑暗中的探照灯，照向金融活动参与者这面巨墙，其光束所投射的范围，就形成了人们所发现的“金融消费者”群体。基于这一点，本节首先对“金融消费者”进行词源考，再对“金融消费者”进行现象考。

1.4.1 “金融消费者”语词源流考

（一）语词源流考之辨

汉语词“金融消费者”最早源于何处，一直是经济法学的“未解之谜”。2008年金融危机后，“金融消费者”开始频繁出现在经济法学人的研究视野中，成为学术热点。此时，有学者提出，“金融消费者”一词最早源于英语国家，是financial consumer的直译。并以美国《多德-弗兰克法案》的出台为标志，论述金融消费者出现的必然。[①] 但随后，有学者对英国和美国的金融立法进行考据，提出“金融消费者”一词源于英语的直译是一种误传，相关立法中并未出现financial consumer的组合。[②] 据这些学者的考察，英语中出现的是financial consumer protection、consumer financial protection、consumer protection in financial services，其直译是“金融领域的消费者保护”、“消费者金融保护”和“金融服务中的消费者保护”。学者们据此对“金融消费者”

① 如李健男：《金融消费者法律界定新论——以中国金融消费者特别保护机制的构建为视角》，载《浙江社会科学》2011年第6期；又如曲一帆：《我国金融消费者的法律界定与立法路径》，载《郑州大学学报》（哲学社会科学版）2014年第4期。

② 首次提出这一观点的，是廖凡：《金融消费者的概念和范围：一个比较法的视角》，载《环球法律评论》2012年第4期。

持有两种态度：一种是直接否认“金融消费者”，认为“金融消费者”是汉语言世界的学者跟随英美国家实践提出的语词，如果英美国家并未有专门称谓，那么汉语中的“金融消费者”也不应存在[①]；另一种则是对这种翻译导致的混乱语焉不详，虽有涉及或勘误，却是从历史、社会、法律制度等角度出发，对“金融消费者”一词在英文中没有直译做辩解。[②]

将汉语词“金融消费者”存在与否，寄于其他语言中是否有可以直译语词的做法并不可取，甚至是不可理喻的。各种语言在思想上分节的过程，如同在一幅图画上进行切割，形成拼图的过程。思想所涵盖的客观实在大致相同，因此每种语言分节的对象，即作为“图画”的实在，也覆盖了大致相同的内容。正如一幅画可以形成不同的拼图纹路，不同语言对大致相同的覆盖内容，所进行的分节也不同——不同分割纹路形成了不同的拼图碎块，不同语言区分形成了不同语词。翻译的问题就在于此：虽然不同语言的语词“拼块”最终“拼成”的思想“图画”是一致的，但人们单独拿出两种语言的语词“拼块”来比对，二者不管是在形状上，还是在所载负的“图画”内容上，都无法完全相同。因此，翻译时常借助认知科学中所提及的“思想语”来完成，即阅读语言 A

① 在经济法学界，这种观点并未形成正式出版的学术成果，但仍有学者在不同场合，以口头形式提出这种观点。

② 如廖凡：《金融消费者的概念和范围：一个比较法的视角》，载《环球法律评论》2012 年第 4 期；杨东：《金融消费者保护统合法论》，法律出版社 2013 年版，第 36 页；林越坚：《金融消费者：制度本源与法律取向》，载《政法论坛》2015 年第 1 期。

写就的内容后，在大脑中形成关于语言 A 所承载思想的内容，然后依据大脑思想语所表达的内容，披上语言 B 的"外衣"，向外叙述。[①] 在这个层面上说，翻译是第二次创作并不为过。因此，学者拿着汉语言中"金融消费者"的语词拼块，到其他语言中寻找完全相同的语词拼块，是不能成功的。而以没有对应的直译语词为由，否认"金融消费者"也是错误的。正如因纽特人有二十几个语词来表述"雪"这个对象，却没有一个语词是总称"雪"，人们并不能因此说，因纽特人的世界中没有"雪"这个东西。再如西班牙语用不同的语词来表示"延续时间较长的病"和"持续时间较短的病"，但没有一个西班牙语词来总称"病"，或对应汉语词中"病"一词，人们也不能以此来说，西班牙人的世界中没有"病"这个东西。同样，法律人不能以其他语言中没有一个语词来指称（或直译）"金融消费者"，就认为汉语言中的"金融消费者"没有存在的根基，否认其存在和语词的提出。

另外，通过历史、社会和法律制度的论述，为其他语言中没有"金融消费者"语词的直接对应进行辩护，也是不可取的。在语言学中，语词的能指与所指之间具有任意性。人们现在所称的"柳树"，如果以其他语词（如垂树）来指称，并不影响其所承载的意义。[②] 同样，"金融消费者"所指称的形象或现象，如果以其他从未使用过

① [美] 史蒂芬·平克：《语言本能：人类语言进化的奥秘》，欧阳明亮译，浙江人民出版社 2015 年版，第 109 页。

② Umberto Eco, *Semiotics and the Philosophy of Language*, London: Macmillan Press, 1984, p. 89.

的语词来指称，也能够负载相同的意义。换句话说，“金融消费者”语词和“金融消费者”形象、现象之间不具有必然联系。以历史必然性来论述“金融消费者”语词出现的必然，毋宁承认是法律人隐约感知到如下情形后“任意”而提出的，即在金融领域，存在着需要“倾斜保护”（甚或是日常语言中的“特殊保护”）的群体，而这个群体的保护规则似乎无法被其他保护规则所涵盖，或是这个群体的保护需要在当下得到强调。① 可以说，“金融消费者”语词是法律人基于法律感觉，近乎直觉地（或感性地）提出，甚至连法律人自己在提出时，都无法确定“金融消费者”到底指的是什么。② 从历史角度，特别是从消费、消费者发展角度来论述“金融消费者”语词提出的必然性，本质上是在“金融消费者”语词提出后，以语词来限定思维，因此显得牵强。

但从另一方面看，“金融消费者”语词的提出虽然不具有法律人所以为的历史必然性，但也并非全然任意。从语言学上讲，每个语词都存在于一个双重坐标中：语词一方面与其他语词相连，受到其他语词约束；另一方面与现实相连，受到现实约束。③“金融消费者”语词的提出并非学者的臆想。特别是当各个金融领域中已然存在这一语词所指称的对象时（如银行业中的存款人、保险业中的投

① 郭丹：《金融服务法研究——金融消费者保护的视角》，法律出版社 2010 年版，第 67 页；刘媛：《金融消费者法律保护机制的比较研究》，法律出版社 2013 年版，第 37 页。

② Peter Cartwright, Consumer Protection in Financial Services, New York: Kluwer Law International, 1999, p. 6.

③ 陈嘉映：《简明语言哲学》，中国人民大学出版社 2013 年版，第 198 页。

保人），“金融消费者”作为一个单独语词提出，并不是法律人纯粹偶然的思想产物。在符号学中，“意义不在场才需要符号”①。当语词的意义被解释出来，语词存在与否也就变得不重要；而当一个语词反复在场，就说明语词所携带的需要解释出来的意义没有在场。更进一步讲，当人们觉得意义已经在场，说明人们还未明白符号的真正意义。②正如古代官员出现，总要举出“肃静”“回避”的牌子，并非仅仅要求百姓做出相应行动，而是在一次次举牌中宣扬作为官员的权威。“金融消费者”语词在汉语世界中从不在场变为在场，正说明其所承载的意义在金融领域、法律体系和日常生活中的缺失。也正是这种缺失，促使“金融消费者”从法律人的脑海中浮现出来，形成独立的在场的语词。

论述到此，以其他语言的语词来论述“金融消费者”语词的出现已然行不通，盖因不同语言的语词“拼块”不具有等置性，而相关语词的获得，本质上也是通过汉语词“金融消费者”管窥所得；而从社会、历史发展角度来论述“金融消费者”语词的提出同样行不通，必然性的“历史规律”也仅是法律人在对“金融消费者”语词形成概观后，才“从后向前”地选择性梳理而得，将“金融消费者”语词的提出归结到历史必然性上，显然言过其实。对“金融消费者”语词进行考察，仅能从“金融消费者”在当下汉语言中的使用出发，以此为“视镜”一窥其他语言中的相关语词，才

① Eero Tarasti, *Existential Semiotics*, Bloomington: Indiana University, 2000, p. 7.

② Roland Barthes, *Elements of Semiology*, London: Cape Press, 1967, p. 58.

可得到不偏颇的认识。

（二）汉语词“金融消费者”的提出及其语用考

汉语词“金融消费者”的最早使用情况，并未被完全记录下来。据“金融消费主体”的提出者徐孟洲教授回忆，“金融消费者”在被书面记录前，就已经出现在经济法学研究者的讨论中。[①]在一些金融案件中，经济法学研究者模糊地意识到，金融活动参与者中出现了一部分需要得到“特殊保护”的群体，遂以“金融消费者”加以笼统称呼。由于经济法学界内部对这一语词认识不一，“金融消费者”并未流行开来。此时，徐孟洲教授从其“以消费者为中心”的经济法基础理论中出发，认为金融法作为经济法的一部分，其主体理论也应承继经济法基础理论中的主体理论。[②]对应经济法主体理论中的“消费者”，徐孟洲教授在金融法领域中提出了“金融消费主体”。[③]据徐孟洲教授口述，“金融消费主体”的本意即为“金融消费者”，但碍于学界对“金融消费者”意见不统一，为避免引发歧义和争论，遂提出“金融消费者主体”的折中说法。

2006年12月，“金融消费者”一词首次出现在官方话语中。原中国银行业监督管理委员会（以下简称银监会）颁布的《商业

① 在徐孟洲教授历年的金融法课堂上，徐孟洲教授都会向学生展示2006年发生在东部沿海某省的金融案件情况。正是在这个案件的学术讨论会上，徐孟洲教授第一次提出了“金融消费者”这个汉语词。但随后，这一提法被其他学者质疑、反对。

② 徐孟洲：《耦合经济法论》，中国人民大学出版社2010年版，第32页。

③ 徐孟洲：《金融法》，高等教育出版社2014年版，第68项。

银行金融创新指引》（以下简称《指引》）中，第4条规定：“金融创新是商业银行以客户为中心，以市场为导向，不断提高自主创新能力和风险管理能力，有效提升核心竞争力，更好地满足金融消费者和投资者日益增长的需求，实现可持续发展战略的重要组成部分。”《指引》第18条规定：“商业银行开展金融创新活动，应遵守职业道德标准和专业操守，完整履行尽职义务，充分维护金融消费者和投资者利益。”这是“金融消费者”最早一次在规范性文件中出现。①

2006年《商业银行金融创新指引》的实施，并未引发人们对“金融消费者”的关注。此时间段发表的学术论文中，也未对“金融消费者”展开广泛讨论（见图1.1）。根据中国知网学术趋势统计，2006年以金融消费者为主题词，且被中国知网收录的中文文献为14篇；2007年，16篇；2008年，17篇；2009年，30篇。随着2008年金融危机的爆发，以及金融消费者全球化的浪潮，自2010年起，以“金融消费者”为主题词的文献开始呈明显上升趋势，其中2010年有90篇，2011年则上升至243篇。自2012年起，以“金融消费者”为主题词的文献，一直保持在每年300篇左右的数量，并于2013年达到392篇的文献数量峰值（见图1.2）。从文本看，在2006年至2009年间，“金融消费者”并未引起争议，不只是普通人群，研究者对“金融消费者”也处于模糊认识。换句话说，“金融消费者”还

① 银监会官方网站：http：//www.cbrc.gov.cn/chinese/home/docView/2893.html，访问时间2017年5月7日。

像日常语言一样，概括地指向了一个方向，却并未展现其所指图景的清晰面貌。

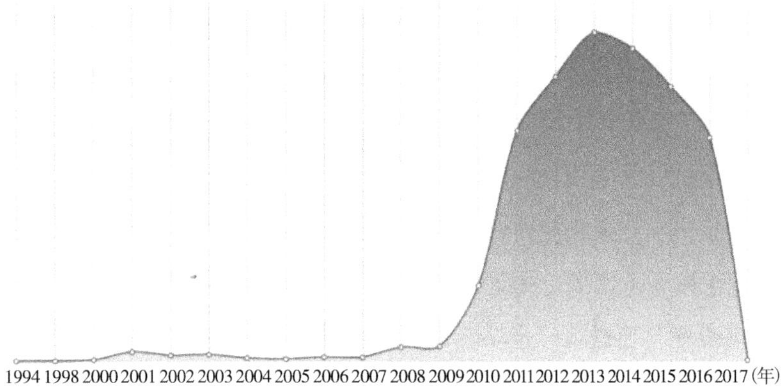

图 1.1　“金融消费者”词频统计

数据来源：百度指数

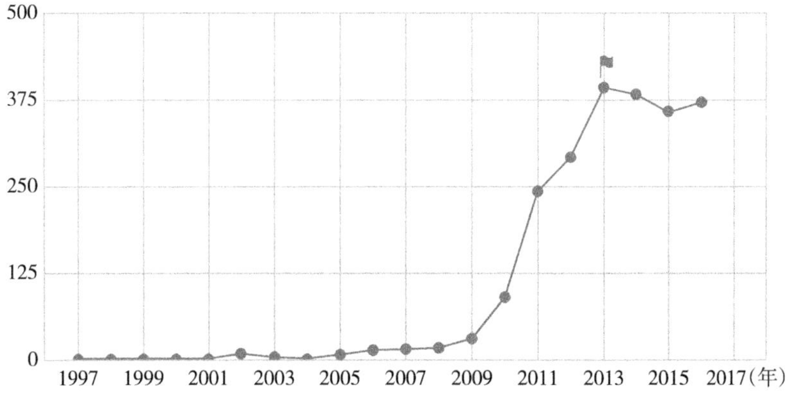

图 1.2　以“金融消费者”为主题词的文献统计分析

数据来源：中国知网中文期刊全文数据库

进入2009年，“金融消费者”语词热度在学术研究中骤升，并在“权益保护”“法律保护”“消费者保护”“消费者权益”“消费者权益保护”“金融消费者保护”“金融监管”“金融机构”“金融产品”“金融消费”等研究领域中频繁出现（见图1.3）。其中，与权利、权益保护相关的领域有6个，并在2013年之后呈扩张趋势（如与“消费者权益”领域相关的“金融消费者”研究成果，近五年来一直处于增长中）。“金融消费者”还与“金融监管”和“金融机构”两个研究领域联系起来，在金融监管改革的语境下得到运用。此外，“金融消费者”还进入“金融产品”“金融消费”的研究领域中，但这些研究最终将“金融消费者”语词放在权益保护的语境中运用。从各学科的研究主题看，法学中运用“金融消费者”语词较多的研究主题分别为“金融消费”“消费者权益”“金融机构”“消费者保护”；理论经济学研究者较多将“金融消费者”语词运用于“全球金融危机”“消费信贷”“中国金融”“次贷危机”“消费者教育”中；应用经济学研究者将“金融消费者”语词运用于与“人民银行”“金融产品”“金融监管”“金融市场”“金融服务”“消费者”相关的主题研究中；管理学研究则从“金融资产”“销售行为”“信息披露”“风险防控”等主题出发，展开对“金融消费者”一词的运用。较少受到关注的，则是教育学和农林经济管理这两个学科对“金融消费者”展开的研究，其中教育学将“金融消费者”一词运用于“金融教育”和“公众教育”的主题中；农林经济管理学则主要关注“金融消费者”在“农村金融”和“普惠金融”中的意义。

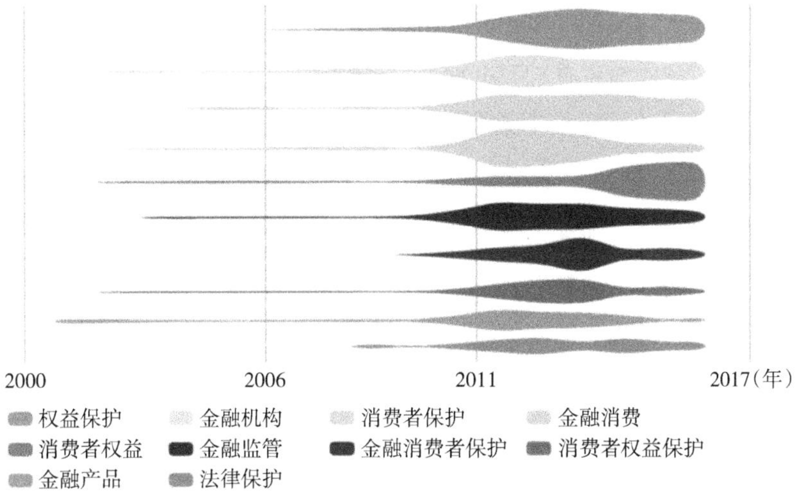

图 1.3 “金融消费者”语用学统计分析

数据来源：百度指数

从“金融消费者”得到运用的研究领域或研究主题看，“金融消费者”一词在学术研究这一语境下，所承载的意义有如下几种。

1.“金融消费者”是需得到保护，甚至是需“特殊保护”（相对于其他金融活动参与者）的一个群体，且对其保护之前并未受到关注，因此在学术研究上有价值。虽然“金融消费者”语词并未得到澄清，但研究者凭借其研究直觉，也将“金融消费者”作为一个需要被倾斜保护的群体，并将其放在“权利（权益）保护”的语境中使用。因此，忽略“金融消费者”语词本身的争议，研究者们依然能够展开对“金融消费者”保护的研究。“权利（益）保护”主题、“消费者权益”主题、“金融消费者保护”主题、“信息披露”主题，都是在这一语义下对“金融消费者”一词进行运用。

2.“金融消费者”的出现与金融监管变革相关，而此前“金融消费者”在金融监管框架中的位置并未得到明确，因此目前在学术研究上有价值。“金融监管”“金融产品”“金融服务”“金融危机”主题，都是在“金融消费者”的这一语义下展开研究。

3.“金融消费者”还与金融获得的公平权有关，“普惠金融”“农村金融”即在这一语义下运用“金融消费者”语词。

2010 年，“金融消费者”语词再度进入官方话语。温家宝在 2010 年 1 月的全国金融工作会议上两次提及“金融消费者”，提出“加强金融消费者保护立法”，“把金融消费者权益保护放在更加突出位置，加强制度和组织机建构设。加强金融消费者教育，为金融消费者提供高水准的信息咨询服务，积极开展金融知识普及宣传工作，提高金融消费者的安全意识和自我保护能力”。[①]2012 年，中国人民银行获批成立金融消费者保护局，并在银办发〔2012〕146 号文中规定其职责为“综合研究我国金融消费者保护工作的重大问题，汇通有关方面拟定金融消费者保护政策法规草案；会同有关方面研究拟定交叉性金融业务的标准规范；对交叉性金融工具风险进行检测，协调促进消费者保护相关工作；依法开展人民银行职责范围内的消费者保护工作”[②]。这是“金融消费者”第二次进入官方话语。2015

① 参见《金融工作会解读》，人民网官方网站：http：//finance.people.com.cn/GB/1045/5310933.html，访问时间 2017 年 5 月 7 日。

② 中国人民银行官方网站：http：//www.gov.cn/gongbao/content/2015/content_2838183.htm，访问时间 2017 年 5 月 7 日。

年 11 月，国务院办公厅发布《国务院办公厅关于加强金融消费者权益保护工作的指导意见》（国办发〔2015〕81 号）（以下简称《金保工作指导意见》），提出“金融消费者是金融市场的重要参与者，也是金融业持续发展的推动者”，要“坚持市场化和法制化原则，坚持审慎监管与行为监管相结合，建立健全金融消费者权益保护机制和保障机制，规范金融机构行为，培育公平竞争和诚信的市场环境，切实保护金融消费者合法权益，化解金融风险”，并在这一工作思路基础上，对金融监管机构、金融机构和金融领域相关组织提出不同的工作要求。[①] 至此，“金融消费者”语词虽然在官方话语中出现，但并未得到官方定义。从使用语境看，“金融消费者”语词与权益保护（“建立健全金融消费者权益保护监管机制和保障机制”“切实保护金融消费者合法权益”）、金融监管改革（“坚持审慎监管与行为监管相结合”）的议题紧密相关，即在官方话语中，“金融消费者”语词是在需要政府加以保护的群体这一语义下使用的，并负载金融监管的意义。

“金融消费者”语词第一次在官方话语中得到明晰，是在 2016 年 12 月颁布的《中国人民银行金融消费者权益保护实施办法》（以下简称《金保实施办法》）中。《金保实施办法》第 2 条第 2 款规定：“本办法所称金融消费者是指购买、使用金融机构提供的金融产品和服务的自然人。”对此款中的“金融机构”，第 2 条第 1 款做出规定：

① 国务院官方网站：http：//www.gov.cn/zhengce/content/2015-11/13/content_10289.htm，访问时间 2017 年 5 月 7 日。

“在中华人民共和国境内依法设立的为金融消费者提供金融产品和服务的银行业金融机构，提供跨市场、跨行业交叉性金融产品和服务的其他金融机构一击非银行支付机构（本办法统称金融机构）适用本办法。”① 与其他官方话语、文件不同，《金保实施办法》不再对“金融消费者”是什么这一问题遮遮掩掩，而是开宗明义，直接给出定义。但《金保实施办法》中的“金融消费者”语词，并非人们一直探讨的“金融消费者”，而是中国人民银行履行职责语境下使用的“金融消费者”。根据《金保工作指导意见》，“人民银行、银监会、证监会、保监会（以下统称金融管理部门）要按照职责分工，密切配合，切实做好金融消费者权益保护工作”。在此监管分工的工作要求做出之前，人民银行就已经对自己所承担的金融消费者保护职责进行的限定，即对“交叉性金融业务”中的金融消费者进行保护。再向前回溯，人民银行的承担职责是货币发行和宏观经济调控，更为细致的工作包括存贷款的宏观调控、第三方支付监管和交叉性金融产品监管。由此，第一个以“金融消费者”为主题词的规范性文件，在文件题目中以“中国人民银行”限定“金融消费者”，并在定义中将金融产品、金融服务限定为银行业产品、服务（主要是存贷款、银行业理财产品）、交叉性金融产品和服务，以及第三方支付服务，就不足为奇。它表明，此规范性文件中的“金融消费者”，只是中国人民银行在行使职责中所使用的“金融消费者”语词，而非日

① 中国人民银行官方网站：http：//www.pbc.gov.cn/jingrxfqy/145720/index.html，访问时间2017年5月7日。

常语言、学术探讨中的“金融消费者”。

从日常用语、学术探讨和官方话语的不同语境中，可以得出“金融消费者”语词在使用过程中的以下几个语义：（1）“金融消费者”语词是与权益保护有关的一个群体，在某种程度上，其受保护性与汉语词“消费者”所处境遇有相似之处，但这种相似又不足以让此群体直接被称为“消费者”；（2）“金融消费者”所指向的权益保护，与其他已得到保护的群体不同，或者在近期需得到强化，因此“金融消费者”的出现要求金融监管机构、金融机构和其他组织都需做出行动上的变化；（3）“金融消费者”语词与金融监管制度变革有关，对“金融消费者”这一群体的关注，引发了金融监管结构上的变化，且这种变化在2008年金融危机后得到制度上的实践；（4）“金融消费者”语词所载负的意义也被其他语词分享，在我国官方话语中，与“金融消费者”语词直接相连的是中国人民银行所承担的本部门职责范围内的金融消费者保护工作，但这种具有同样意义的权益保护也被其他金融监管部门所承担，只是不以“金融消费者”语词加以直接表述。

如前所述，解释项具有无限衍义的可能。“金融消费者”语词的解释项也处在无限衍义中，人们看到“金融消费者”完全可以衍义至“基金购买者”“股民”“金融产品信息的获得”“防上当受骗”“购买有风险”“反悔期”“得到政府保护”“向金融监管机构投诉”等。在这无限衍义过程中，根据上述数据分析，可以确知的是，即使所指是何尚未形成共识，“金融消费者”语词出现在人们脑海中时，其解释项所获得的主要解释意义如下：（1）金融活动参与者，区别于金融机构、金融监管机构的群体；（2）需要得到保护，这种保护与以前的保护方式不同，或需要得到强调；（3）与日常语言中的“消费者”处于相似情形中，但又有不同（也即似乎是“消费者”在金融领域的延伸，但又有所差异，而这种延伸与差异只存在于人们的感性之中，还未得到理性的澄清）；（4）是金融制度或金融监管制度变革的一部分内容。

1.4.2 “金融消费者”现象源流考

可以确知的是，“金融消费者”现象的出现远早于“金融消费者”语词的出现。“金融消费者”现象是在“金融消费者”语词提出后才获得呈现。基于汉语词“金融消费者”解释项所获得的主要解释意义，人们才能透过“金融消费者”语词的视镜获得“金融消费者”现象的大致图景。

（一）汉语言世界中的“金融消费者”现象

在汉语言世界中，银行业于21世纪初，将“消费者”一词“借用”至本行业中，形成“银行业消费者”的形象（见图1.4）。从已有文献看，2004年至2009年间的“银行业消费者”主要指的是在银行办理存、贷款业务的自然人和进行消费信贷的自然人。在此之前《商业银行法》中专列“对存款人的保护”一章，规定“商业银行应当保障存款人的合法权益不受任何单位和个人的侵犯”，并在第29条规定了商业银行在个人存款业务中所应坚持的原则（存款自愿、取款自由、存款有息、为存款人保密），第30条规定了商业银行对存款人的保密义务，第31条规定了向存款人公布存款利率的义务，第32条规定了商业银行交存存款准备金的义务，以及第33条规定了商业银行支付存款本金和利息的义务。[①]《商业银行法》虽然规定了“贷款和其他业务的基本规则”，但并未涉及商业银行对借款人负有何种义务，而是规定了商业银行在贷款活动中，相对于金融监管机构所应承担的义务。[②]值得注意的是，银监会在《商业银行金融创新指引》中，直接使用了“金融消费者”这一语词，并将其与“投资者”并列。但这一语词使用方法并未在银行业内普及，“金融消费者”到底指向哪些群体也没有明示。总结来看，在“金融消费者”语词出现之前，银行业中的“金融消费者”形象主要是存款人、个人借款人和银行业金融创新产品的购买人（但与“投资人”相区分）。

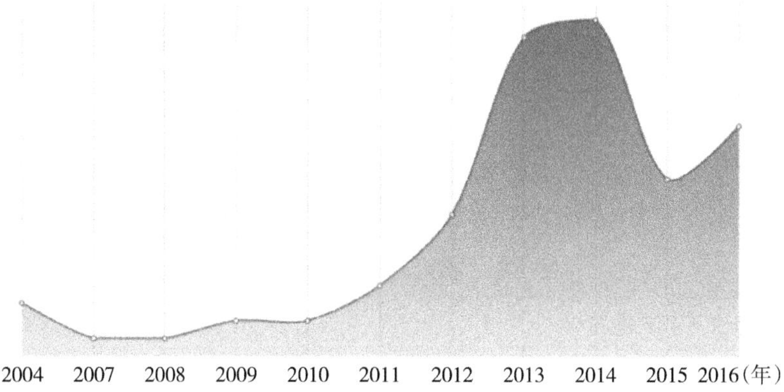

图 1.4　“银行业消费者”词频统计

数据来源：百度指数

①《中华人民共和国商业银行法（2015 年修订版）（含草案说明）》，中国法制出版社 2015 年版，第 4 页。

②《中华人民共和国商业银行法（2015 年修订版）（含草案说明）》，中国法制出版社 2015 年版，第 4 页。

在保险业中，“保险消费者”语词早在 1990 年就被用于学术论文中（见图 1.5）。从已有文献看，从 1990 年至 2006 年，“保险消费者”可以与“投保人”等置，即保险合同中相对于保险人和被保险人的一方。如姚飞在其 2006 年完成的博士学位论文《中国保险消费者保护法律制度研究》中，从消费者权益保护和保险合同中的不对等地位切入，阐述了“投保人”向“保险消费者”演变的历程。①

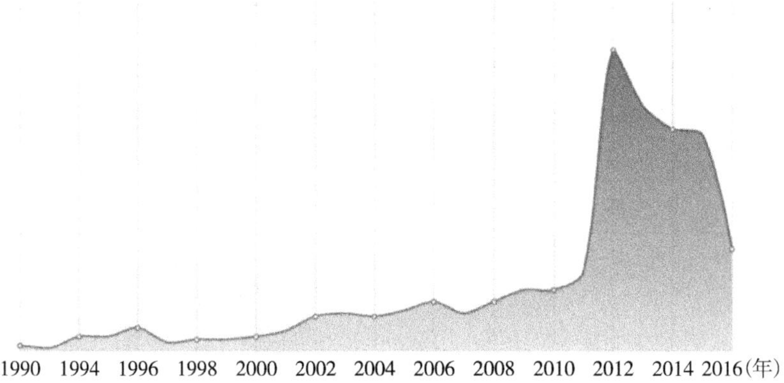

图 1.5 “保险消费者”词频统计

数据来源：百度指数

在证券行业，“消费者”一词并没有被“借用”。证券业一直使用“投资者”这一语词来强调上市公司的信息公开义务，以及个人投资者获得分红的权利。“证券消费者”“证券业消费者”等语词极少被提及，“金融消费者”所涉及的语义也没有在这一时期涉及②。

① 姚飞：《中国保险消费者保护法律制度研究》，中国政法大学 2006 年博士学位论文，第 76 页。
② 王雄飞：《欧盟金融消费者保护的立法及启示》，载《上海金融》2009 年第 11 期。

随着英国《金融服务法》的引介，一部分研究者开始提出（个人）投资者向金融消费者演变的观点，并以韩国《证券市场和金融投资服务法》、日本《金融商品交易法》为例证，将（个人）投资者归为金融消费者；而另一部分研究者则对这一观点存疑。“个人投资者”是否是“金融消费者”现象，一直处于不同观点的循环论证中：认为“个人投资者”是“金融消费者”现象的研究者，用“个人投资者”反过来定义“金融消费者”语词；而认为“个人投资者”不是“金融消费者”现象的，也用不含有“个人投资者”意义的“金融消费者”语词，来评价“个人投资者”群体。可以说，对“金融消费者”不同语境下感性语义的总结，已经无法解决证券行业中“金融消费者”现象与“个人投资者”现象之争。“金融消费者”语词作为视镜，在证券行业活动中变得模糊。

（二）其他语言世界中的“金融消费者”现象

基于人们对汉语词“金融消费者”的意义解释，通过“金融消费者”可以窥探到的其他语言世界中的“金融消费者”现象。

在美国，“金融消费者”现象早在20世纪60年代就被立法者注意到。1968年的《消费者信用保护法》（Consumer Credit Protection Act，CCPA）对消费信用价格揭露、禁止扣押债权、信用美化机构、信用报告机构、公平信用机会（Truth in Lending Act，TILA）、债务催收行为及电子交易规范七部分内容进行了规定。[①] 这七部分内容在后

① ［美］肯尼思·斯朋：《美国银行监管制度（第五版）》，中国银行业监督管理委员会译，复旦大学出版社2008年版，第80页。

续修订过程中，分别形成了《公信信贷法案》（Truth in Lending Act，TILA）、《公平信贷结账法案》（Fair Credit Billing Act，FCBA）、《平等信贷机会法案》（Equal Credit Opportunity Act，ECOA）、《公平准确信用交易法案》（Fair and Accurate Credit Transactions Act，FACT）和《电子资金转账法案》（Electronic Fund Transfer Act，EFTA）。这些法案在不同程度上对美国当时的“金融消费者”群体进行了保护。其中，《公信信贷法案》制定的目的是确保债权人有效地披露信用条款，以利于消费者比较不同的信用条款，并避免在未被告知的情况下使用信用条款，防止消费者不会因不准确的和不公平的账单和信用卡消费记录受到损失。为达到以上目的，该法案对贷方向消费者提供的信息披露（包括广告）的内容、格式、语言做出了严格明确的规定，其目的是使消费者对信贷产品的成本和条款有真实可靠而且统一可比的了解，以便能在各家提供的各种信贷中选择适合自己需要的产品。《公平信贷结账法案》和《电子资金转账法案》则主要保护了作为借款人的“金融消费者”权利，对借款人的重要债务责任上限进行了规定：如果因卡失窃造成损失，信用卡卡户的责任上限为50美元，而其他卡则视卡户报失快慢定出不同上限。如果因卡号被盗造成损失，信用卡卡户不需要承担责任，而代币卡卡户只需承担记录第一次盗卡号者用卡支出的账单寄给卡户60天之后的损失。《平等信贷机会法》则是保护“金融消费者”中的受歧视群体（基于种族、性别、国别、婚姻状况），规定贷方在作出任何不利于消费者的决定时，比如拒绝贷款申请、关闭账户或降低信用额度，贷方必须以书面形式通知借方，向借方说明作出该项决定的根据，并规定了对贷款歧视现象的处罚规定。《公平准确信用交易法》则要求法规监管机构设计标明身份盗窃的红旗警告标志。在监管机构定期监察银行和金融机构的运作时，如果金融机构无视红旗标志的警告所做的决策导致消费者的损失，将被罚款。该法案还要求借贷机构和信用报告机构在得知犯罪之前就要采取防范行动，制定一些具有指导意义的政策条例，以协助识别身份盗窃的可疑模式，创建一些方法以在损失发生之前就制止伪冒。进入 20 世纪 90 年代，美国出台《金融服务现代化法案》，并在法案中对金融领域的“消费者”语词进行规定：“为个人、家庭成员或家务目的，从金融机构获得金融商品或服务的个体。”《消费者财务隐私保密最终规则》则规定，“一般银行消费者是指从银行已经获得或正在申请获得金融商品或服务的家庭消费者个人（包括个人的代理人）”[①]。随后，在《多德–弗兰克法案》中，美国金融领域的消费者再一次得到规定：“消费者是指个人或其代理人、受托人或代表人。”并对“消费者金融产品与服务”进行了列举，包括：提供信用和贷款服务、提供不动产租赁服务、提供不动产处置服务或股价业务服务；从事吸收存款业务、传递或兑换资金，代表消费者或以供其实用为目的，充当资金或金融工具保管人；出售、提供或发行处置工具或支付工具；提供支票现金、支票托收或支票担保服务；托收与任何消费者金融产品或服务有关的债务。可见，美国“金融消费者”现象主要集中在银行业领域。

在英国，“金融消费者”现象最先被学者注意到。20世纪80年代，

---

① 祁斌：《美国金融监管改革法案：历程、内容、影响和借鉴》，载《金融发展评论》2010 年第 9 期。

消费者主权理论进入英国金融领域。[①]1994年，道恩·伯顿于其书《金融服务与消费者》中介绍了这一现象，并分析了消费者主权理论对金融法律制度变革的影响。1995年，迈克尔·泰勒提出“双峰理论”（Twin-PeaksTheory），认为行为监管应纳入监管体系，与已有的审慎监管构成监管的“双峰”体制。根据其论述，行为监管本质上金融监管为保护金融消费者权益，在监管方式上的革新。[②]虽然英国在2000年的金融体制改革过程中并未采纳“双峰理论”，但在《金融服务与市场法》中涉及了消费者保护的内容，提出要根据金融产品、金融服务自身风险、消费者专业与经验程度、消费者对精确咨询或建议的需求，以及消费者承担风险的能力，为判断标准，以区分出对消费者保护的程度。2010年颁布的《金融服务法》中，英国对金融领域的消费者进行了较为全面的总结，将所有受英国金融监管的机构所提供的产品、服务，纳入消费者的接受范围内。

本章小结

从语词的符号性、系统性与意义携带出发，本章对语词、概念、概念思维、类型、类型思维以及“金融消费者”语词进行了梳理。沿着语词的符号性、语词的“能指—所指”二分法、语词的“代表

---

① 王昀、孙天琦：《英国金融行为监管局最新动向及启示》，载《金融时报》2014年1月27日。

② 李敬伟、周仲飞：《英国金融服务监管及其对我国的借鉴》，载《外国经济与管理》2002年第2期。

项—解释项—对象”三分法，本章对语词意义所具有的“无限衍义”进行了探讨。通过对比语言学、逻辑学和哲学关于概念的不同认识本章提出，法学中所认为的概念仅仅是形式逻辑上的概念，与语言学和哲学中的概念相比，法学和形式逻辑上的概念有很强的“单义性”和“数位性”倾向，与自然科学对概念的使用更为相近。基于概念的“单义性”和“数位性”，法学中的概念思维形成了以三段论演绎为基础的抽象化和划分两大语词意义的探寻过程。基于对类型、类型思维的总结，本章认为类型同概念一样，都是语词对思想和实在进行划分后，获得的意义载负。但相比起概念，类型是丰富的、开放的、内部流动的，其更能凸显人类在无限衍义过程中对语词意义的探讨过程，因此也就无法运用形式逻辑上的三段论来获得，而只能运用与围绕意义中心一组弹性特征相似的方式来获得。在本章的最后，本书根据语用学原理，对“金融消费者”语词在不同语境下的意义进行探讨，并在此基础上探寻语词视镜下的“金融消费者”现象。

第2章　概念思维下的“金融消费者”

2.1　概念思维之陷阱

2.1.1　概念思维之功用

法律人对概念思维的“偏爱”，主要源于概念思维在法学中所发挥的重要功用。博登海默曾提出，“概念是解决法律问题所必需的和必不可少的工具”。在法学研究和法律实践中，没有严格限定的概念，法律人便无从对法律问题展开有序思考。如果回归到概念的本意，即具有内涵和外延的丰富部分，或语词中解释项与对象共同形成的部分，我们就可看到，没有概念，法律人将丧失对法律加以交流、形构的可能，“整个法律大厦就会化为灰烬”。①

概念是语词对世界和思想分节后，所承载的那一节思维或实在。借由语词的分节，概念也在辨识和区分社会现象。比语词分节更进一步，概念通过逻辑上的抽象化和涵摄，将纷繁的生活事件“简化”为自然科学研究的对象，对复杂的社会现象进行内在无矛盾的归类，

① [美] 博登海默：《法理学：法律哲学与法律方法》，邓正来译，中国政法大学出版社2004年版，第265页。

对多面而又无序的生活形成秩序化的简洁表达。通过概念思维的运用，关于生活事件和社会现象的描述一再简化，在极端情况下，形成一个一个的“生活公式”。[①] 这种秩序化、公式化的表达正是法律所需要的。在法律世界中，法律人需要将“大量彼此不同，而且本身极度复杂的生活事件，以明了的方式予以归类，用清晰易变的要素加以描述，并赋予其中法律意义上的‘相同者’同样的法律效果”。概念思维的运用恰恰可以将对象抽象化，找到现象中所蕴含的关系或过程的一致成分，形成个别化要素，使其涵摄于法律世界中的相应语词，完成对复杂生活事件的描述和分类。依靠概念思维，法律人能够迅速在多种多样的现象中，得到一个可以用语言复刻的概念图，赋予其中法律意义上“相同者”同样的法律效果。[②]

法律概念被认为是组成法律规定或整套法律的基本单位。在法律研究者的眼中，法律概念像原子组成分子，再由分子组成物质，物质构成世界一样，建构起一整套法律体系。这一认识在纯粹法学时期达到顶峰：纯粹法学为了实现法律体系的自足，将所有条文纳入封闭的法律体系，从个别的规定开始，逐步舍弃其中的具体特征，一层层抽象化，最终形成一个或几个基本概念。从具体规定到基本概念，纯粹法学依靠概念思维的三段论演绎，形成了一个完整且封闭的体系，其中上一层概念的内涵由下一层概念抽象化而得，下一层概念由上一层概念划分所得，上一层概念和下一层概念通过涵摄

① [德] 菲利普·黑克:《利益法学》，傅广宇译，商务印书馆 2016 年版，第 25 页。
② [德] 卡尔·拉伦茨:《法学方法论》，陈爱娥译，商务印书馆 2013 年版，第 378 页。

相连。纯粹法学将此描述为概念的金字塔：最为基本的概念位于金字塔的顶端，俯视其余，取得涵盖最广的鸟瞰；如果从金字塔底层拾级而上，就可以随着其步伐，逐步升高高度，缩小该金字塔所属高度的底面积。在法学的概念金字塔中，底面积越小，位阶越高，鸟瞰度越佳；反之，底面积越大，位阶越低，鸟瞰度越差。底面积相当于一个抽象概念的内容，位阶之高度则相当于其适用范围。① 如果能将一切的概念逐次涵摄于较高位阶的概念，然后最后涵摄于一个最高，也是最一般的概念之下，那么一个理想的逻辑体系就可以形成。通过概念思维，法律人既可以通过具体条文之综合、抽象，形成法律概念，也可以通过一个法律概念，演化出一整套法律制度。在抽象化和涵摄过程中，法律得以体系化。

概念思维在法律中发挥的作用还不止于此。从语词的三分式（代表项—解释项—对象）可知，解释项具有无限衍义之可能，在概念中即转化为对概念内涵无止境的探求。一个语词最后可以衍义至整个文化，同理，对一个法律概念的探寻最后也必然会走出法学。有学者言，法学的本质是伦理学，或言法学最终需与伦理学相连，这都是解释项无限衍义的结果：每一个法律概念探寻最终触及的公平、正义，乃至“民族精神”，只能由伦理学回答。② 无限衍义是语词解释无法避免的，也是法律概念解释无法避免的。但无限衍义的

① [奥] 凯尔森：《法与国家的一般理论》，沈宗灵译，商务印书馆 2013 年版，第 167 页。
② 张世明：《法律、资源与时空构建：1644—1945 年的中国（第四卷）》，广东人民出版社 2012 年版，第 79 页。

“恣意”会引发法律概念研究和运用的无序，正如艾柯提出的“封闭漂流”：一个法律概念的内涵可以从一个语词（更为本质的是语词的解释项）“漂流”到另一个语词，“漂流”结束时，从起点到终点的路径也随之恢复成平静的水面，无法循迹，而联系起点和终点的仅仅是因为二者属于一个家族相似的网络。“封闭漂流”会导致两个问题：其一，在运用中，概念的“漂流”会造成概念的发出者和接收者对内涵的不同理解，从而引发立法者、司法者、执法者对同一条规定“明确”的法条的不同理解，还会引发司法者内部对同一概念的歧义，破坏法律所具有的权威性和安定性；其二，在研究中，概念的“漂流”还会将法律研究引向政治争论，将学术争论演变成相互的政论攻击，导致法学研究的无效率。据此，概念思维的引入就像在语词的水域中放置浮标，以标出一条明晰可见的路径，让法律概念的运用和研究摆脱恣意、无序的境地。①

进一步而言，概念思维通过“漂流路径的标明”使得法学具有了自然科学的神韵。法学概念的运用不再是漂流式的联想，而具有了三段论演绎的外衣。虽然，人们对法律概念的解释、运用作细致考察后会发现，法学概念的逻辑推演只是表面上的粗糙推演，其最内里依然是基于家族相似的类比，但又必须承认，逻辑上概念思维的引入，使得法学规整起来，也使法学成为一门“科学”。

可以说，概念在法学研究和法律实践中发挥着重要作用。概念

① Umberto Eco, *Semiotics and Philosophy of Language*, Bloomington: Indiana University Press, 1984, p. 145.

为法律提供了区隔、规整实在的工具，让纷繁复杂的生活事实得以恰当地归类和体系化，并被法律赋予不同的法律意义。借助概念，法律形成体系，并将不必要的价值探讨隔离在法学研究和法律实践之外。

2.1.2 法学研究与概念思维之龃龉

黑格尔曾断言，方法需和内容保持一致，“唯一真正的方法与其对象和内容是没有不同之处的”，“方法就是逻辑内容的内在自我运动的形式之觉察”。①这个理念最早由斯宾诺莎认识到，他曾指出，“世界的最高原则必须是自我说明的”。但斯宾诺莎的哲学并没有贯彻这种一致性，他的哲学体系转而向几何学求助。这一理念最终被黑格尔运用到说明和认识“具体概念”中。②在对“具体概念”的阐述中，黑格尔提出，“具体概念”的认识方法，其实也就是对“具体概念”自我展开、自我发展的途径和形式的描述。“具体概念”自成一个整体，其所包含的各个环节间“圆圈”式地联系和相互转化，那么认识和说明“具体概念”的方法就不应是直线式的方法，而是一种以自身说明自身的方法。因此只要阐明了“具体概念”所包含的各个环节是如何相互转化的，如何内在地联系成一个整体，也就找到了“具体概念”的说明方法。③进一步讲，不需要“具体概念”

① [德] 黑格尔：《逻辑学（上卷）》，杨一之译，商务印书馆1976年版，第69页。

② 张世明：《经济法学理论演变研究（第2次全面修订版）》，中国民主法制出版社2009年版，第257页。

③ 邓晓芒：《思辨的张力：黑格尔辩证法新探》，商务印书馆2016年版，第89页。

之外的“他物”来说明“具体概念”，也不需要“具体概念”所自明的方法之外，另外设计或寻找一种方法来说明“具体概念”。“具体概念”是怎样，说明和认识它的方法也就怎样。

方法与内容的一致性要求，反映内容之方法，是内容所自明的。以此来审视引入法学的概念思维，却不得不承认，法学内容自身所自明的方法，并不是概念思维。作为方法的概念思维与作为内容的法学，二者并不一致，也产生了诸多龃龉。

法学的内容是什么？法学内容所自明的方法又是什么？如果追溯到法学产生的源头，就会发现，法学的出现并非对知识和真理的追索，毋宁是由“技艺”培养系统化而形成的，而这种“技艺”的中心则是法律符号及其意义的传递和解释。当古希腊的哲学家们徘徊于街头，用最质朴，也是最生活化的语言追问关于“真”、“善”以及“人”的基本问题时，也会有一群辩术士在自己的家里传授法庭技巧，特别是法庭语言和逻辑的运用，以便求学者日后可以法庭辩论谋生。[①] 至罗马帝国时期，成文法律的发展促使专门从事法律的人增加，并形成相对独立的职业群体。这个职业群体主要负责解答有关法律条文的问题，传授法庭语言运用的技巧，以及研究法律原则。他们对法律的阐释和适用系统化，形成了“法学”。正如唐纳德·凯利所指出的：“罗马法的教育是修辞学的教学……关于法学的

① [美] 诺内特·萨尔兹尼克：《转变中的法律与社会》，张志铭译，中国政法大学出版社1994年版，第76页。

学问实际上就是训练学生参与市民问题讨论的娴熟技巧。”[①] 进入中世纪，法学的内容与神学研究融合在一起，通过对神学经典的注解，讨论法律是否与神意相一致，并以此解决法律的正当性问题。同时，为了对抗教会对话语的垄断，中世纪的市民阶层则从社会、经济和政治运行的角度，论述法律规则，对成文法进行系统解释和运用。在这一阶段，法律人形成了一套以法律名词和法律格言为主要组成部分的法律专用语言，使法律成为“用拉丁文表述”的形式化体系。近代以降，起源于古希腊的法学出现了两大转变：法律语言不再仅仅用拉丁文表述，出现了语言“本土化”的转向，法律知识也逐渐因为语言的本土化而成为“地方性”知识；在法律成为“地方性”知识的同时，民族国家也开始运用本土化的法律传递其意识形态，法律人成为意识形态的“零售商”。在这一时期，法律人不再仅仅关注法庭辩论技巧和法律条文的解释，而开始关注法律语言如何更好地表达民族国家之精神。法律人不断将日常语言转化为法律话语，使得法律成为社会生活和政治生活的“元语言”。[②]

法学的传统与发展始终围绕着法律语言进行。作为一个符号系统，法律语言面临着所有符号体系都面临的问题，即意义在“发送者—符号—接收者”上的不一致。陆机《文赋》中的一句话很好地形容了这种情形：“恒患意不称物，文不逮意。盖非知之难，能之难

① Donald Kelley, The Human Measure: Social Thought in the Western Legal Tradition, Oxford: Harvard University Press, 1990, p. 68.

② Richard Rorty, “Solidarity or Objectivity?”, in *Relativism: Interpretation and Confrontation*, New York: Dotre Dame Press, 1989, p. 76.

也。”人们对符号意义的解释，无法保证从发送者到接收者的一致性。意义在这三处不仅很难一致，也无法同时在场。符号过程只能暂住于某一个意义：起始的意图意义，被携带的文本意义，轮流在场，最后（如果符号过程进行到解释环节的话）被取消在场，不在场的解释意义，最后要落实为在场。因此符号的三种意义时刻处在后一个否定前一个，后一个替代前一个的过程中。① 一般而言，不同符号活动对三个意义的侧重不同：在文化活动中，符号的解释意义更为重要，绘画、电影、诗歌，其意义在于接收效果，也即观赏者、观影者和阅读者的个体体验；在自然科学研究中，符号的文本意义更为重要，所有科学研究论文，都必须让同领域研究者能够在同样条件下重复实验，并得到同样结果，何人所做的实验，何人重复的实验，实验者的本来意图等主观因素在所不问；在政治活动中，符号的意图意义则成为重中之重，政治家在议会上时常以“我的原意并非如此”为自己辩护，就是在强调自己说话时的意图意义，并试图让政敌的解释意义与此一致。②

法律实践时刻都处在符号过程中。表面上，法律活动在不同阶段侧重不同意义：一个法律语词在立法阶段侧重的是意图意义，立法者花费大量时间、金钱去斟酌每一个可能写入文本的语词，皆是试图将法律语词在己处的意义，准确无误地呈现于文本；到了律师

① Charles Sanders Peirce, *Collected Papers*, Cambridge Mass: Harvard University Press, 1931–1958, vol 2, p. 247.

② Umberto Eco, “‘Unlimited Semiosis’ and Drift”, The Limits of Interpretation, Bloomington: Indiana University Press, 1994, p.31.

活动中，法律语词侧重的则是解释意义，律师都试图以最有利于己方当事人的角度来解释法律文本；在司法阶段，法律语词的侧重又变为文本意义，面对原被告双方的不同意义解释，法官试图通过文本意义的重申，让众多案件中的相似者得到相似判决。[①] 本质上，法律活动的中心是法律符号在接收者处的解释意义。当立法者的思想落于纸面，其作为符号发送者的意图意义，就已被成文法律的文本意义所替代。当法律携带自身的文本意义到达法律人处，法律人各自的解释意义替代了法律的文本意义。法律人一次次重返意图意义和文本意义，并不是在寻找真正的意图意义和文本意义（这样的尝试也是无法成功的，因为二者早已被最后的解释意义所替代），实质是在求得解释意义的一致性。因此，法律文本的字面意思在司法活动中可以被立法意图、法律原则所替代，甚至也能被抽象的公平、正义所替代。而以解释意义为主要内容的判例法，或是最高司法机关的司法解释，也能够独立于立法者目的和法律文本之外，自成体系，与成文的法律文本处于同样重要的位置。这皆因法律活动的中心是求得解释意义，更进一步讲是求得解释意义的一致性。

解释意义本是极具“私人性”的。一片叶子落地，有人想到的是季节变换，有人却想到了死亡，这正是解释意义“私人性”的表现。人文学科试图激发这种“私人性”，以达到解释意义的多样化；自然科学极力摒弃这种“私人性”，使得解释意义只存在一种可能；而法学，则是在多样的“私人性”中寻求一致性，它既不否定解释

① David Crystal, *Investigating English Styly*，*Bloomington: Indiana University Press*, 1969, p. 79.

意义的“私人性”，也不会让这种“私人性”过度恣意，有些时候，法律人可以通过各种途径，使得自己的“私人性”变为普遍的“一致性”。对于这种区分，哲学家和法学家时常借用“价值”有无或“价值”涉及与否来解读。在人们目光所及的世界中，实在与价值混杂在一起。[①]价值的来源并非被观察的对象，而是作为观察者的人自身。本无意识的万物，在人的眼中具有了不同价值：人们从蜜蜂重复进行的采蜜、酿蜜活动中，看到大量可以食用的蜂蜜，蜜蜂因此是勤劳的，是工作者的“榜样”；人们在有毒植物中，看到了它的毒素，并将这种毒素视为道德上的瑕疵。[②]实在映入眼帘的一刻，无法与价值相区分。而使自身退出，将混杂的价值与实在分离，是人精神的第一行为。一方面，人们开始无视自己的价值，从现实与价值交错中提炼出“纯然的”实在，成为自然领域；另一方面，人们也在有意识地运用价值，将其置于周身的一切之上，形成审美判断和道德判断。由此，人们形成了价值无涉的自然科学，以及价值评判的伦理学和美学。而法学既无法直接无视价值，也无法完全由价值主导。法学是“涉及价值”的，它时刻“无视价值”，但又必须“回溯价值”；它时刻寻求解释意义的“一致性”，但又无法舍弃“私人性”。[③]

法学在解释意义的“私人性”中寻求“一致性”的动力性源于何

---

① Janet Ainsworch, “In a Different Register: The Pragmatics of Powerlessness in Police Interrogation”, 103 Yale Law Review Journal, 1993, p. 86.

② [德]古斯塔夫·拉德布鲁赫：《法律智慧警句集》，舒国滢译，中国法制出版社2016年版，第36页。

③ [德]阿图尔·考夫曼：《法律哲学（第二版）》，刘幸义译，法律出版社2011年版，第79页。

处？如果只想寻求解释意义的“一致性”，可以像自然科学一样，从文本意义开始，就摒弃多样性和私人性的可能，也即像自然科学培养研究人员一样，训练所有人使用同一套语言（公式、方法），让符号在每一个接收者处都不具有歧义。① 纯粹法学的企图就是在符号被接收时，解释意义就达成一致。因此，纯粹法学才提出法官应像运行法律条文的机器一样，输入案件后，就可输出判决结果。但如果沿着纯粹法学的思路，连司法都没有存在的必要：法律文本在每一个接受者处都具有同样的解释意义，不管是法官、普通律师还是普通的守法人，人们只需按照同样的解释意义行事，对解释意义不会产生争议，也就不需要对解释意义进行再解释和求得一致的场所。

为何纯粹法学的设想会失败？为何法学在解释意义的“私人性”产生之后才去寻求“一致性”？根源在于法律是一种“人造的客观性”。正如拉德布鲁赫所言，“法律是人类的作品，并且像其他的人类作品一样，只用从它的理念出发，才可能被理解”。马克斯·韦伯则在《施塔姆勒之“克服”唯物论的历史观》一文中指出，在人类社会生活中“找出或建立具有因果关系的客观规则”的努力无法成功。与自然实在的运作方式不同，人类行动的外部特征与主观意图并不一致。换句话说，即使真正发现了人类社会运行的一般规律，这个规律也会因为人的自由意志，随时变为特殊的规律。因此对人类社会的探寻必须是“理解”或“解释”的，而非“抽象”和“总结”的。同时，马克斯·韦伯还从“习俗”、“习惯”、“惯例”和“法

① Umberto Eco, Semiotics and the Philosophy of Language, London: Macmillan Press, 1984, p. 69.

律”的互相转化、流动这一现象出发，指出法律是人们赋予正当性的社会秩序，而正当性的来源可以是情感的（狂热的沉迷或信服）、价值的（审美或伦理上的有效性）、宗教的（获得救赎的信念）、利益的（保证外在后果的实现）。[①] 当一种秩序被赋予正当性，成为法律，人们就开始主动遵循、维护，并为此建立制度。也就是说，法律的起点是主观性的，但当法律形成后，却成为人们主动适应的客观存在。[②] 一个主观的产物，反而成为不受任何主观因素任意左右的“客观”。“人造的客观性”使得法律中每一个语词所承载的意义，都不仅仅是实在的纯然“映像”，而是包含了人的价值判断和自由意志，也就包含了人类社会的整个文化。当法律符号被接收者所解释，不可避免地产生“私人性”；但又因为法律形成之后，又具有不被主观所左右的“客观性”，人们也就必须在已经产生的“私人性”基础上，求得“一致性”，才能维持这种“客观性”。

法律作为“人造的客观性”，导致每一个法律语词表面上符合概念思维所得出的严格意义上的“概念”，但实际上却无法通过概念思维获得。概念思维强调通过抽象化，将内涵的所有特征一一列举，形成封闭的内核，并依据已被全面概括的内涵得到周延的外延。但在取得解释意义的“一致性”过程中，法律人一直要面对法律符号解释意义的“私人性”，这也就使得所谓的法律概念，其内涵时刻处于开放状态。正如符号学家皮尔斯所言：“内涵是可

① [德] 马克斯·韦伯:《社会科学方法论》，韩水法译，商务印书馆 2013 年版，第 59 页。

② Max Weber, *The Methodology of The Social Sciences*, New York: The Free Press, 1968, p. 279.

能被社团认同的新知识。”也即，内涵永远无法被抽象化所“封闭”，而是处在不断被解释、被描述的可能性之中。[①]随着“开放”内涵不断被解释出，法律语词所指称的对象也被固定为外延。因此，相对于潜在的处于变动不居的内涵，“法律概念”的外延具有固定性，也即“已经得到社团认可的知识”。这种现象被诸多法学家所觉察，哈特在《法律的概念》中直言：“当我看到一只大象时，我可以认出它，但是我无法定义它。”哈特还引用圣奥古斯丁关于时间的名言来印证自己的观点：“什么是时间？如果有人问我，我是知道的；如果我希望向问我的人阐明它，那我就不知道了。”[②]解释意义的“私人性”是概念思维在法学中随时遇到，也是无法解决的。当法律人借用自然科学中的“概念思维”，求得解释意义“私人性”之后的“一致性”时，就不得不面临内容与工具不一致带来的痛楚。

2.1.3 法学研究中概念思维之陷阱

作为工具的概念思维，与法学内容所自明的不一致，进而产生龃龉。但概念思维“化繁为简”的功用不断“引诱”法律人在法学中重复运用这种形而上学的抽象方式，在寻求法律符号“私人性”基础上的“统一性”时形成“路径依赖”，最终陷入概念思维的陷阱。

① R. A. Posner, *The Problems of Jurisprudence*, Mass: London, Harvard University Press, 1990, p. 46.

② [美] 哈特：《法律的概念》，许家馨译，法律出版社2011年版，第56页。

（一）价值忽视

法律人陷入的第一个概念思维陷阱是在法学中忽视价值。法律是“人造的客观性”，如果一定要给法律一个起点，它一定是包含价值的；如果一定要检视每一个法律现象，就会发现它们都多少涉及价值，没有“纯然”之物。拉德布鲁赫在《法哲学》中一再强调，“法律是人类的作品”，无视人类作品的，也即“无视人类作品的价值”对法律进行思考是无法成立的。“如果一个价值关系构成的概念”，“与一个通过无视价值的思考而获得的自然概念能够取得一致”，则是最为惊人的奇迹。[①] 根据价值在法学活动中发挥的作用，拉德布鲁赫提出了法律科学和法哲学的分野，认为涉及价值的思考，是“作为法律事实的法律思考”，是法律科学的任务；而评判价值的思考，是“作为文化价值的法律思考”，法哲学围绕此内容展开。不管是法律科学还是法哲学，法学不能与价值剥离，也无法与价值剥离。法律作为一种文化现象，只有在“涉及价值的立场框架”中才能被理解，法律中的语词也只能在“有意识地去实现法律理念”的探讨中被确定。[②]

法律被“人造”之后，脱离了人，成为自我证成的“客观”，反而需要人能动地去适应。这种客观性让人们误认为法学可以像自然科学一样被探寻。法律语词被视作法律世界的原子，以一种“客观的”或“实在的”方式，像是原子组成分子，分子组成各色物质一样，组成法律规定、整套法律，以及整个法律制度。在这个过程中，一

---

① 洪汉鼎主编：《理解与解释：诠释学经典文献》，东方出版社 2001 年版，第 70 页。

② ［德］古斯塔夫·拉德布鲁赫：《法哲学》，王朴译，法律出版社 2013 年版，第 37 页。

个法律语词既可以由其他法律语词抽象化概括而得，也可以由其他法律语词在划分或涵摄过程中得到。从形式上而言，一个法律语词到另一个法律语词只需进行严格的三段论演绎即可，无须进行涉及价值的活动。但这种概念思维的严格运用需满足这样一个前提条件：每一个语词在接收者处都无法“私人化”。① 当一个化学家的论文中出现字母 O（Oxygen），其他化学家会没有歧义地认为 O 是氧元素；但当一个法学家的论文中出现“物”这个字时，如果不加以限定，其他法学家会对此“物”产生彼“物”的理解。在运用概念思维进行逻辑推演时，为了防止解释“私人化”的产生，必然会将法律语词中的可能涉及价值的部分裁撤，将每个法律语词所指当作客观存在的“纯然”之物。② 从一个语词到另一个语词是逻辑的因果关系，这种实然的逻辑关系。而实然与价值（应然）之间的分野无法依靠概念思维的逻辑推演来跨越，经由法律语词的概念、制度建构只能成为价值的“彼岸”。概念思维使得接收者没有解释的可能，在最为极端的情况下，法律语词物化为一个信号：法律人只是简单地接收信号，按照信号去行动，没有解释、判断和评价的空间。没有“私人化”的基础，所谓的求得“一致性”，不再是个人自由意志之上的共识，而成为一种实然法律的“独裁”。③

① Richard Kettridge, *Sublanguage: Studies of Language in Restricted Semantic Domains*, Berlin: W. de Gruyter, 1982.

② [美] 爱德华·萨丕尔:《语言论》，陆卓元译，商务印书馆 1985 年版。

③ Max Weber, *Economy and Society: An Outline of Interpretive Sociology*, 3 vols, Berkely and Los Angeles: University of California Press, p. 275.

但这种实然法律的“独裁”很容易被概念思维所维持。相比起无法琢磨的价值评价，概念思维可以提供完整的“操作流程”。法律人只需要从一个概念出发，以三段论演绎为基础，就可到达另一个概念。从法律语词到生活事件，只需进行特征与特征之间的比照；而从生活事件到法律语词，也只需寻找种差，即可进入概念与概念之间的逻辑推演。价值判断在其中无须被考虑，因为逻辑推理无法将价值纳入过程之中。甚至可以说，法律人在对概念思维产生路径之后，开始懒于进行价值判断。概念思维在向法律人提供易于掌握的工具的同时，也将价值从法律中剥离。

（二）体系僵化

法律人有建立体系的冲动。罗马法学家整理法学阶梯，可以说是法律人将实体法、关于法律的理论、法律实施等多方面融合，建立体系的第一次尝试。随后，法学经历了注释时期、后注释时期、人文主义时期、自然法时期和历史法学派等阶段，概念法学成为主流。概念法学在 19 世纪渐进入发展的顶峰，其哲学依托是康德哲学。[①] 康德认为，体系的一致性可以促使法律人形成对法律科学的共同认识。在康德的论述中，法律体系可以使得归纳更为快捷，因此简化了立法的工作。体系也有利于法律新知识的产生：从众多确定的案件中，归纳出此类案件的规则，基于规则的普遍性，再从新规则中推演至尚未被涵摄的案件。在这一理念基础上，康德运用自

① 张世明：《经济法学理论演变研究（第 2 次全面修订版）》，中国民主法制出版社 2009 年版，第 334 页。

已建构起来的体系，以租赁权为人格权为起点，推演出“买卖破租赁”的法律命题，成为概念思维在法学中的第一次运用。随后，萨维尼将“历史的方法”与“体系的方法”相连接，形成体系化思想的具体成果“法律制度论”。基于萨维尼的研究，Puchta 则建立了概念金字塔。在金字塔中，从顶端最为一般的概念，到底层最为具体的概念，法律概念依次排序，不管法律人从金字塔中的何处出发，都可沿着概念的阶梯到达金字塔的最顶端或最底层。通过概念金字塔，法条在体系上的关联性可以被认识，相互衍生的法条能够使得法学从“个别的谱系学”追溯至法的一般原则，再由法的一般原则衍生至最外部。在 Puchta 的理论基础上，概念法学迅速发展起来，至耶林思想转变前，概念法学的发展臻于成熟。①在最为鼎盛的阶段，概念法学发展出概念思维作为工具所具有两大任务：简化法律和确保法律实用性。这两大任务的实现伴随着法律体系的建立，即从法律的分析，发展至逻辑的集中，最后实现体系的建构。②

虽然概念法学家一再强调，体系是实然法最完美的体系，也是法律新语词、新规则形成的源泉，更是“法律继续发展的钥匙”，但不得不面对这样一个状况：通过概念思维形成的法律体系是僵硬的体系。③概念法学家一再试图运用抽象化和涵摄，从继受而来的罗马法中获得新概念和新法条，以适应早已变化的社会现实。基

① 吴从周：《概念法学、利益法学与价值法学：探索一部民法方法论的演变史》，中国法制出版社 2011 年版，第 94 页。

② [美] 哈特：《法律的概念》，许家馨译，法律出版社 2011 年版，第 56 页。

③ [德] 菲利普·黑克：《利益法学》，傅广宇译，商务印书馆 2016 年版，第 78 页。

于对概念思维的信赖，概念法学认为法律体系是无漏洞的，“一个法律，当它几乎不包含任何规定的素材时，就是一个无漏洞而完整的存在物。谁可以不自居于法源地位而补充法律呢？法律绝不需要从外在加以填补，因为它在任何时刻都是圆满的，它的内在丰富性，它的逻辑延展力，在自己的领域中任何时刻都涵盖了判决的整体需要”[①]。也正是这种对法律体系无漏洞的教条主义，让概念法学派仅在实然法的体系内，进行概念思维的“运算”：法律概念在不断的回溯与被回溯中，建构起自足的法律体系，从而否认了以类推和事物本质进行体系完善的可能，也是的法律体系僵化。正如概念法学家 Windscheid 自己所言：“这样的逻辑体系只是一种简单的概念要素的综合体……不是法律制度或政体法律领域的伦理意义的意义关联。”

（三）概念混乱

法学有一种“成为科学的冲动”，这种倾向也普遍存在于其他社会学科之中，甚至是哲学中。维特根斯坦曾这样反思，“使我们难以采取（语言游戏）这条研究路线的是我们对普遍性的渴望”，“我们深陷于科学方法；在数学中，则是通过普遍化把不同的论题加以单一处理的方法……这种倾向实际成了形而上学的根源，并引领哲学家们进入完全的黑暗”。这种对“科学性”的追求使得法律人对单义概念和形而上学极为偏爱，因为只有依靠无歧义的语词和形式逻辑，

① 吴从周：《概念法学、利益法学与价值法学：探索一部民法方法论的演变史》，中国法制出版社 2011 年版，第 156 页。

才能获得公式推演式的法律推理，从而保证法律实施的目的。[①]

源于这样的理念，法律人对法律概念之间的形式逻辑转化怀有期待。耶林在他的概念法学研究阶段曾言：“概念是有生产力的，它们自我配对，然后生产出新的概念。”[②]但即使将概念思维运用到极致的概念法学也未能实现。法律概念的自我生产无法实现，根本原因在于法律语言不是单义性的，考夫曼曾言：“法律语言是一种活生生的、两个面向化的语言。”法律语言是在生活语言之中，形成的相对“精确”的语言，但这并不代表其抽象程度已经到达仅运用“逻辑程序”就可实现创制、适用的情形。“技术性的概念法学，所提供的只是表象逻辑，只能提供表象说理，所有的法律适用并非只是或主要是逻辑程序，而是评价。”

在这种表象逻辑下，概念思维下所获得的语词意义不仅没有更加清晰、精确，反而更为模糊了。黑格尔曾言，“习惯于形而上学思维的人，往往采用一种直线式的方式来说明和认识世界”，当概念思维下的法律人获得关于一个概念的定义时，他就将其当作法规范中确定的某物，并用这“确定”之物来说明他物。由此形成如下形式逻辑情形：用甲之外的另一事物——乙以说明甲，用乙之外的另一事物——丙以说明乙，用丙之外的另一事物——丁以说明丙……如此类推。但正如哈特在其《法律的概念》中所言，这种逻辑方法“并不总是能够找到这种定义”，即使能够找到，也“并非总是一清二

---

① 黄茂荣：《法学方法与现代民法》，法律出版社 2011 年版，第 94 页。

② [德] 耶林：《法学的概念天国》，柯伟才译，中国法制出版社 2009 年版，第 34 页。

楚”的。造成这种情形的主要原因在于，法律人运用概念思维进行内涵定义时，时常运用最为简单的“种差+种属”的方法，这就要求法律人对关于种属的知识有清晰认识，并且能在种内指明定义对象。但法律人时常碰到的情形是，对于某一事物家族的属性仅有“含糊、混乱的”观念。在这种含糊、混乱的种属知识上形成定义，无异于建造“空中楼阁”，存在根基不稳的问题。[①] 在法学中，法律人也许不会依据事物的种属进行定义，而是根据规则的一般范围来定义法律概念，但这同样引发概念混乱的问题：规则本身与概念一样，是同样令人困惑的。在法体系内的循环定义，最终只能演变为一种空洞的逻辑运算，而“无法增进法律人对法律的进一步理解”。更为糟糕的情况是，由于法律人缺乏关于对象的细致观察，将定义对象错归于错误的种概念之下，因此在本就模糊的种属基础上，导向错误的逻辑推演方向，从而形成错误的定义。

2.2　概念思维陷阱中的“金融消费者”

2.2.1　概念思维下“金融消费者”的认识理路

法学中的概念思维以抽象化和涵摄为其要义，通过归纳和演绎两个方向上的三段论逻辑推演，获得一个语词逻辑结构中的内涵和外延。当法律人面对一个新语词时，他除了通过法律直觉获得关于

① T. O'donoghue & M. Rabin, Studying Optimal Paternalism, Illustrated by a Model of Sin Taxes. 93 American Economic Review, 2003, pp.86-191.

这个语词的感性认知，还会走上“理性”逻辑之路，运用法律概念金字塔，在上层概念和下层概念之间进行抽象化和涵摄，通过“种差＋临近属概念”的方式获得内涵，通过划分的方式获得外延。[①]

（一）内涵定义路径

经济法学研究者对“金融消费者”语词的认识，正是沿着概念思维进行，以“内涵＝种差＋临近属概念”为基础，形成了如下内涵定义路径。

1.“金融消费者”内涵＝金融＋消费者

在这一路径中，“金融消费者”语词是“消费者”语词在金融领域的延伸，消费者成为金融消费者的临近属概念，金融消费者与其他消费者（诸如耐用品消费者）的差别仅在于“金融”这一语词。由属概念“消费者”的内涵定义出发，“金融消费者”的概念内涵应首先包括以下要素：（1）为生活消费之目的；（2）相对于经营者，是购买、使用产品与服务的一方；（3）自然人。[②]

接着，采取这一路径的研究者开始对“金融”进行抽象化。此时，研究者一般会避开对“金融”是什么的回答，转而将“金融”偷换为“金融产品、服务”。为了完成对“金融产品、服务”的内涵定义，研究者又会走上两条不同的道路：其一，将“金融产品、服务”的内涵定义为“金融机构提供的产品、服务”；其二，试图通过穷举的方式，完成“金融产品、服务”的内涵定义。

① 刘媛：《金融消费者法律保护机制的比较研究》，法律出版社2013年版，第58页。

② 颜苏：《金融消费者保护比较研究》，中国政法大学出版社2013年版，第79页。

第一条道路通常陷入语词解释项的无限衍义中，研究者不断被追问，或不断自我追问，从“金融消费者”追问至“金融产品、服务”，再追问至“金融机构”。至此，第一条道路上的研究者常“武断地”中止衍义，提出“金融机构”是受金融监管机构监管的法人。那么，什么是金融监管机构？研究者就直接从行政机关架构中寻找答案，在我国，即为中国人民银行、银监会、保监会和证监会。“武断地”定义“金融监管机构”之后，研究者再从各监管机构的职责范围内寻找被监管对象“金融机构”的范围，并以此定义“金融机构”的内涵，最终得到关于“金融产品、服务”的内涵。从现有研究成果看，研究者通常将定义工作停留在定义“金融机构”这一步，随后就笼统地将金融机构提供的“东西”称为“金融产品、服务”。[①]由此，研究者将对知识探索的“权利”，交到了行政机关手中，源于“金融消费者”语词定义的学术批判也就不复存在。第二条道路试图通过穷举的方式，完成“金融产品、服务”的内涵定义。但由于日常生活中出现的“金融产品、服务”繁多，穷举不能完成。[②]同时，“金融产品、服务”通常又与“金融”“金融机构”“金融监管机构”形成循环定义，所谓的穷举就变成列举。

在对“金融”一词进行定义后，这一路径上的消费者又需面临一个问题，即金融活动是否“为生活消费之目的”，或者“为生活消

① 何颖：《金融消费者权益保护制度论》，北京大学出版社 2011 年版，第 68 页。

② 马国泉：《金融消费者保护研究》，法律出版社 2013 年版，第 37 页；邢会强：《金融消费者纠纷的多元化解决机制研究》，中国金融出版社 2012 年版，第 79 页。

费的目的”这一要素如何在金融活动中划定范围。于是，研究者又要开始对“生活消费”进行定义。此时，“金融”与“消费者”之间的冲突就产生了。不管是何种金融活动，它距离其他产品所能提供的满足“生活消费”的意义都太远。因此，运用这一路径的消费者或者对“为生活消费之目的”语焉不详，或是转向第二种路径，通过探讨“金融＋消费＋者”来进行内涵定义。

同时，哈特对“种差＋种属”定义方式所指出的问题在此凸显出来，即法律人对作为种属的“消费者”也认识不清晰。“消费者”这一语词更多时候是在未被清晰定义的情况下，为了便利而使用。如在日本，“消费者”被模糊描述为“最终的购买人”，且不为再销售的目的而进行的购买。为此，在日本，研究者对“消费者”进行了不同的描述，如“消费者，是指为消费生活购买、利用他人供给的物资、服务的人，消费者是与供给者相对立的概念”；“消费者是指，以与营业没有直接关联的目的做出行为的人”；“消费者是指，既是生活者，又是普通国民的同时，在交易过程的末端，以购买人的身份出现的人”；“可以说消费者是把普通国民从消费者生活这个市民生活的侧面捕捉的概念”。在欧盟，“消费者”首先被表述为“消费者是基于非行业或职业目的而购买或接受服务的人”；随后，又被表述为“为了行业、业务或职业以外的目的购买商品或接受服务的任何自然人”；最后被表述为“消费者是出于非职业目的缔结合同的自然人”。在我国台湾地区，消费者则直接被表述为“为了消费而购买、接受服务者”。依据我国《消费者权益保护法》第2条规定和相关司法实践，我国的消费者经常被表述为“为生活消费目的购买产品或接受服务的自然人”。针对这一定义中的“为生活消费目的”“自然人”这两个要素，研究者有诸多争议。而《消费者权益保护法》第62条规定：“农民购买、使用直接用于农业生产的生产资料，参照本法执行。”此条本质上突破了“为生活消费目的”，而是根据“消费者”所包含的“对相对弱势一方进行倾斜保护”的价值而列出的例外条款。在这个自身定义不明晰的“消费者”种概念之下，以“种差＋种属”的方式对“金融消费者”进行定义，“金融消费者”自身也变得模糊不清。①

2.“金融消费者”内涵＝金融＋消费＋者

在这一路径中，研究者对“金融消费者”概念和“消费者”概念是否为种属关系并不确定。研究者避开直接采用“消费者”概念的三个要素，从“消费”出发，试图重新认识消费者，并在此基础上定义“金融消费者”的内涵。

研究者首先就“消费”进行词源、词义上的探讨，对“消费”内涵的定义也从法学延伸至其他学科。在这一认识过程中，研究者首先需要解决的问题是“消费”内涵的本来定义是什么。《辞海》中关于“消费”的定义：“人们消耗物质资料以满足物质和文化需要的过程，是社会再生产过程的一个环节，是人们生存和恢复劳动力的必不可少的条件，”以及《现代汉语词典》对“消费”的定义：“为了生产和生活需要而消耗物质财富，”都被作为定义“消费”的素材。此外，经济学上对“消费”的理解也被纳入研究者的视域中，即“消

---

① 抗红：《消费者概念的法律思考》，载《行政与法》2005年第10期。

费是指人们小号一定的资源以满足物质和文化生活需要的过程”。但对“消费”词义的考察并没有帮助研究者理解“消费”到底为何。最终，研究者还是跳到“消费者”的“为生活消费之目的”这一层面来理解“消费”，在“生活消费”和“生产消费”的区分下结束了对“消费”的理解。[①] 在“消费”还未获得全面理解的情况下，研究者就开始探讨在金融领域中通过交易获得什么的过程是否是“消费”。此时，研究者开始跳出逻辑推演，从历史和日常生活经验出发，论证在金融领域中通过交易获得什么是“消费”，或者是与“消费”极为相似的活动，被称为“金融消费”并不为过。较为流行的论证思路，从“消费”到“金融消费”的演变，即为此路径的典型。[②]

也有研究者更进一步探讨了“消费”中“生活消费”的问题，认为“生活消费”是为了维持人类生存和延续的基础需求，是基于人的自然需求而产生的社会活动。[③] 基于这一认识，研究者们也开始走上不同的道路。有的研究者进一步对“人的需求”进行探索，认为金融活动满足了人的个人结算需求、个人信用供与需求，个人信用运用需求，而这些需求都是现代人的生活必需，因此“金融消费”是一种“生活消费”。

围绕“消费”的定义路径并没有关注“金融”的内涵问题，其

① [日] 井上匡子、町村泰贵、今井弘道：《法哲学观点看日本消费者问题及立法之解决》，赵莉译，载《金陵法律评论》2007 年秋季卷。

② 李斌：《试论个人金融消费者的权益及其法律保护——从农业银行金穗通宝智能卡谈起》，载《理论观察》2006 年第 2 期。

③ 张严方：《消费者保护法研究》，法律出版社 2003 年版，第 80 页。

主要工作集中在将金融活动与“消费”连接起来。一种连接方式是直接依赖对历史的片段式描述和生活经验，将部分金融活动归为消费活动；另一种连接方式则是通过“个人的基本需求”这一桥梁实现。在获得关于“消费”和“金融消费”的部分认识后，这一路径上的研究者开始讨论“金融消费者”中的“者”的问题。也即，“金融消费者”是否仅限于自然人，法人、非法人组织是否可以为“金融消费者”。之所以会引发此问题，原因在于，这一路径上的研究者并未将“消费者”当作“金融消费者”的属概念，而是以“消费”为起点定义“金融消费者”的内涵。[①]沿着形式逻辑的推演，“金融消费者”概念内涵就不需包含“消费者”内涵的所有要素，对于“金融消费者”中的“者”，也就可以作不同于“消费者”的理解。从已有文献看，对“者”的理解，这一路径上的研究者也出现了分歧，有的坚持“自然人”作为定义要素之一，而有的则认为“金融消费者”既可以是自然人，也可以是法人或非法人组织。但其中的逻辑，两方都没有进行充分的展示，只是从信息不对称、财力大小等方向进行“武断的”表态。[②]

3.“金融消费者”内涵 = 消费金融 + 者

这种路径在我国经济法学研究中较为少见。与第二个路径上的研究者不同，运用这一路径的研究者并未从“消费”推演至“金融

---

① 兰振光、周海林:《我国银行消费者权利保障制度之建构》，载《江西金融职工大学学报》2007年第4期。

② 陈文君:《金融消费者保护监管研究》，上海财经大学出版社2011年版，第89页。

消费”，而是直接采用英文词组 consumer finance 的中译词汇“消费金融”作为定义的起点。因此，“金融消费”的内涵也就直接源于英语国家对 consumer finance 的定义，即 consumer finance is that business within the consumer credit industry which makes small cash loans to individuals。因此，这一路径上的研究者，直接将“金融消费者”限定为参与汽车信贷、住房信贷、消费信贷的自然人。这一路径存在如下两个缺陷：其一，金融消费为何被置换为消费金融，其间并不存在逻辑上的联系，在经验上也讲不通；[①] 其二，英语国家对 consumer finance 有极为丰富的探讨，其中根据金融功能理论，将 consumer finance 进行了多面向的描述，但为何在借用这一英文词组的中文译词后，没有将金融功能理论引入讨论中，而是直接转向了我国现有的三大消费金融领域，也并没有在逻辑上进行解释。[②] 因此，将“金融消费者”内涵等同于“消费金融＋者”的路径，在“金融消费者”成为研究之后，就逐渐淡出研究者的视线。

（二）外延涵摄（划分）路径

在内涵没有得到清晰定义的情况下，就开始对“金融消费者”外延进行划分，经济法研究者给自己带来更多问题。

从严格的形式逻辑看，一次划分只能从一个方面来揭示子概念，这就要求每次划分都有一定的标准。那么“金融消费者”外延划分的标准是什么？经济法研究者们没有回答这个问题，也并未尝试回答这

① 潘锋、骆玉鼎：《澳大利亚金融服务改革及其启示》，载《证券市场导报》2002 年第 5 期。
② 陶长高：《次贷危机前后美国的金融监管》，载《国际金融》2009 年第 9 期。

个问题。从已有研究成果看，研究者关注的重心是“金融消费者”概念内涵的获得。在通过不同路径定义内涵后，研究者就对“金融消费者”概念外延语焉不详，似乎内涵的“武断式”确定，可以将外延自明于他人。从不同内涵定义路径出发，可以总结出如下外延划分路径。

1. 以“金融消费者”中的“金融”为标准，按照金融行业的分类，将金融消费者划分为银行业消费者、保险消费者和证券业消费者。但由于在证券业中，相对于金融机构的一方已被称为投资者，故这种划分方法就得出了“金融消费者”外延为银行业消费者、保险消费者和投资者的结论。① 此时，这种划分方法就带来了问题。其一，投资行为与“为生活消费目的”的意义距离较远，不仅普通人，连经济法研究者在感性上也很难接受将“投资”与“消费者”联系起来。其二，“投资者”一词在生活经验中可以指称多个对象，不仅自然人可以成为投资者，法人、非法人组织也同样可以是投资者，甚至在一些市场中，法人、非法人组织成为投资者的主要组成部分。这样一来，一些大型公司也就可以被称为“金融消费者”，这与经济法研究者通过法律直觉获得的“金融消费者”形象并不一致。由此，人们对投资者是否为“金融消费者”争论不休，并通过叙述投资者内部分化的历史，以解决这一划分标准下的争议。②

2. 以“金融消费者”中的“消费”为标准，按照“金融产品、服务”的分类，将金融消费者进行划分。从现有研究看，没有经济法学研究

① 施鹏鹏：《法国金融市场监管管窥》，载《证券市场导报》2006 年第 5 期。

② 林越坚：《金融消费者：制度本源与法律取向》，载《政法论坛》2015 年第 1 期。

者通过这一路径，实现“金融消费者”概念外延的周全，而仅是通过对部分金融产品的探讨，讨论购买此类产品的金融消费者权益保护问题。出现这种情形的原因有二：其一，“金融产品、服务”内部架构极为复杂，以何种标准划分“金融产品、服务”本身就是一个庞大课题，解决这个问题，不仅需要对金融活动极为熟稔，也要有较好的理论建构技巧；其二，采用此途径的研究者时常为了避开对金融产品、金融服务的细致考察，再次回到金融行业划分上，以行业来划分产品，仓促结束这一路径上的外延划分。但这种方式进而引发一个问题，在金融活动迅速发展的今天，为了寻求利益最大化，也为了尽可能地规避风险，金融从业者创造了诸多突破分业监管的金融产品，这些产品的分类问题显然无法用分业监管下的行业划分来解决。例如，我国金融市场上较为流行的理财产品，其架构就横跨了银行业、保险业和证券业，不能简单地分为银行业理财产品、保险理财产品。由此，通过划分“消费”的对象“金融产品、服务”，来对“金融消费者”概念外延进行划分的方式同样没有取得智识上的进展。

2.2.2 概念思维下“金融消费者”认识之冲突

对经济法学研究者通过概念思维认识“金融消费者”语词的过程进行梳理后，可以发现，经济法学研究者越试图通过概念思维来对新语词形成清晰认识，就越无法得到答案，甚至陷入了思维的泥潭。研究者们越想说清楚“金融消费者”是什么，反而越不得要领。

（一）经验认识与概念认识之脱离

当语词在接收者处获得意义解释后，语词本身的存在就不再得到关注。朗格曾对这一情形进行描述：“词仅仅是一个记号，在领会它的意思时，我们的兴趣会超出词本身，而指向它所载负的意义。词本身仅仅是一个工具，它的意义存在于它自身以外的地方。一旦我们把握了它的内涵，或识别出属于它的外延的东西，我们便不再需要这个词了。”艾柯基于他的“封闭漂流”理论这样描述：“内涵扩散就像癌症，每一步，前一个语词就忘记了，消除了，漂流的快乐在于从语词漂流到语词，除了在语词与物的迷宫中游荡，其他没有目的。”语词之间的封闭漂流，扩展为一个事件的传播，就会形成如下四个阶段：第一个阶段，事件本身作为零度事件，进入传播介质（媒体）；第二个阶段，零度事件在媒体的传播过程中成为媒体事件，被抽象化为信息；第三个阶段，若干媒体对同一事件的报道形成若干媒体事件，在不同角度、方法、技术手段的作用下，形成含有不同侧面内容的媒体事件，越来越多的信息出现，掩盖了事件本身退出传播过程的这个事实；第四个阶段，媒体与事件已经不再有联系，事件消失于传播过程中，人们获知的只是被媒体“拟像”的事件。①

法律人在概念思维下对“金融消费者”的认识过程，类似于媒体事件的“拟像”过程。存在于经验认识中的“金融消费者”进入不同经济法学研究者的论述中，被抽象出概念内涵，并形成一定的外延划分，成为概念认识中的“金融消费者”。不同经济法学研究者对“金融消费者”概念采取不同的定义和划分方式，经验上的

① Umberto Eco, *A Theory of Semiotics*, Bloomington: University of Indiana Press, 1976, p. 18.

“金融消费者”不再重要，退出研究者的视线，取而代之的是概念上的“金融消费者”。研究者争论的不再是“金融消费者”本身，而是关于“金融消费者”的碎片化知识。最后，研究者所争论的，不再与“金融消费者”本身有联系，而只关涉不同知识的金融消费者“拟像”。①

在“金融消费者”的知识拟像中，经济法学研究者脱离了对金融活动中“金融消费者”的经验，开始只关注知识与知识的关系，不断用碎片知识去反驳他人关于金融消费者的碎片知识。当以“自然人”为定义要素时，金融活动中因信息不对称而遭受巨大损失的法人、非法人组织，就会被当作论据，去否认这种结论；当“自然人”不作为定义要素时，法律人又会以自然人和法人、非法人组织之间悬殊的财力为论述起点，驳斥这种观点。最终，经济法学研究者获得的，不再是贴近经验的“金融消费者”形象，而是越来越碎片化的观点。这也就导致，随着讨论的深入，经济法学研究者越来越需要回溯最初的感性认识，才能说出金融消费者是什么。

（二）“金融消费者”“消费者”“投资者”概念间的冲突

与经验认识脱离的“金融消费者”拟像，即使在概念层面也遭遇了诸多冲突。

1. 金融消费者与消费者的紧张关系。概念思维下，金融消费者与消费者之间的紧张关系引发了两个争议，一是金融消费者是否仅限于自然人，是否包含法人或其他组织；二是金融消费者是否有目

① 赵毅衡:《符号学：原理与推演》，南京大学出版社 2016 年版，第 49 页。

的上的限制，如为生活消费之目的。

最新修订的《中华人民共和国消费者权益保护法》第 2 条规定：“消费者为生活消费需要购买、使用商品或者接受服务，其权益受本法保护；本法未作规定的，受其他有关法律、法规保护。”[①] 依据此条，学界将消费者界定为“为生活需要而购买、使用商品或者接受服务的自然人”。由于“金融消费者”中带有“消费者”一词，研究者的争论在这一问题上就集中于，金融消费者是否涵摄于消费者，即“金融消费者”是否是“消费者”概念的延伸。在研究者的争论中，如果消费者涵摄金融消费者，则金融消费者也应具有消费者的要素，即（1）为生活消费之目的；（2）自然人；（3）相对于经营者（在金融消费者的概念中，则是金融机构），是购买、使用产品与服务的一方。因此，在认为金融消费者是消费者概念延伸的研究者眼中，金融消费者仅限于自然人，不包括法人或其他机构，且购买、使用金融产品和服务应仅为生活消费之目的。还有学者认识到“生活消费”在金融领域中的不合理性，支持了金融消费者“自然人”这一要素，但对“生活消费”这一要素，则修改为“非营利性”“非专业性”或其他近似描述。[②]

有的学者则突破了消费者概念，认为金融消费者不仅包括自然人，还应包括法人或其他组织，并认为生活消费之目的不足以定义

---

① 中国法制出版社编：《中华人民共和国消费者权益保护法》，中国法制出版社 2009 年版，第 68 页。

② 钟瑞华：《论消费者权利的性质》，载《法大评论》（第 4 卷），中国政法大学出版社 2005 年版，第 72 页。

金融消费者。由此出现了两种观点，一种认为金融消费者不是消费者，而是另一种形态的市场主体；另一种认为金融消费者是消费者，但我国对消费者概念的界定应改进，这样才不致被金融消费者概念突破。

2. 在概念思维下，"金融消费者"与"投资者"之间也产生了紧张关系，这一紧张与"金融消费者"和"投资者"的紧张关系紧密相连。研究者们对投资者这一概念已经基本达成共识："即指具有一定资金来源，从事以证券为介质或手段的投资活动，对证券投资收益享有所有权并承担风险的证券市场主体，包括机构投资者与自然人投资者。"认为金融消费者应限于"生活消费"，则会认为投资者，包括个人投资者不应归入金融消费者中；另一部分则认为"生活消费"可以做扩张解释，即个人投资者即使不为了维持正常生活而购买、使用金融产品，其最终目的也是更好地生活，因此还应属于生活消费的一种。[①] 还有消费者则从投资者的内部分化进行阐述，从而提出一部分投资者进入金融消费者概念下的观点。但哪一部分属于金融消费者，哪一部分又应该保留其投资者身份，其间界限并不明晰。更进一步讲，投资者与消费者之间出现了一个模糊不清的中间过渡阶段，这个过渡阶段的主体，一方面具有类似于消费者"弱势"之特征，另一方面又在表面上不似存款人、投保人、受益人等表现出财力、信息的"绝对弱势"。在概念思维下，研究者一方面试

① 李海霞、张熙、杨少英：《论消费者弱势地位的法律平衡》，载《法制与社会》2011 年第 20 期。

图在金融消费者与投资者之间划出一条明显的界限，另一方面却又不得不承认，这两者又有融合部分，出现了既属于金融消费者，又属于投资者的部分。①

3. 概念思维下金融消费者的内在张力。如果以弱势为金融消费者衡量标准时，我们发现，金融消费者概念内部也存在张力，即使我们将金融消费者限于最狭隘的范围内，我们也会发现，诸如财力雄厚、有专业咨询队伍的个人，是否也应在保护范围之内这样的争论。② 确实，“人们总是在寻找词与物的关系，然而，词就是关系，词是物与物之间的关系”。金融消费者中也内涵了诸多生活现实形象之间的关系，如果用概念思维去界定金融消费者，其语词内涵的诸多关系也必然产生冲突。

本章小结

本章首先对概念思维在法学中所发挥的作用进行了论述，认为概念思维通过“漂流路径的标明”，使得法学具有了自然科学的神韵。法学概念的运用不再是漂流式的联想，而具有了三段论演绎的外衣。虽然，人们对法律概念的解释、运用作细致考察后会发现，法学概念的逻辑推演只是表面上的粗糙推演，其最内里依然是基于家族相似的类比，但又必须承认，逻辑上概念思维的引入，使得法

① 杨东：《金融消费者保护统合法论》，法律出版社 2013 年版，第 97 页。

② 马国泉：《金融消费者保护研究》，法律出版社 2013 年版，第 80 页。

学研究更贴近“自然科学”。正是概念思维的功用，使得法律人更偏爱运用这种更为“科学”的思维方式。但当概念思维运用于法学活动中，就出现了内容与方法之间的龃龉。主要原因在于，法学活动是在语词的“多样化”“私人化”的解释意义中寻求一致性，并在这一过程中，彰显法律所承载的公平正义。这种于多样化中求得一致性的活动，无法通过以三段论推演为形式，以语词的“数位性”计算为内容的概念思维来获得，也就使得概念思维下的法学体系价值缺失、体系僵化、概念混乱。进入“金融消费者”语词的认识中，研究者通过对“金融”“消费者”等语词意义的刻意限定和相加，获得“金融消费者”的定义，最终导致“金融消费者”“消费者”“投资者”三个语词之间的张力，使得人们对“金融消费者”的认识陷入概念的泥潭。

第3章　类型思维下的"金融消费者"

3.1　类型思维之功用

3.1.1　类型思维：与概念思维之对比

类型思维的提出，针对的是概念思维给法学带来的诸多陷阱。而类型思维自身在法学中的运用也曾受到质疑，德国法学家魏德士、库伦就分别从法学实践和语义学传统对类型和类型思维进行批判。魏德士指出，"类型"给法学带来了诸多模糊。① 其一，类型自身到底是"特定事实"还是"特定概念"并未分清；其二，类型描述概念的方式，到底是通过简单"添加"特征，还是通过"直接连接"各项特征来实现，也是不清晰的。魏德士进而指出，认为类型具有开放性的论断也是站不住脚的，通过"丰富特征"之间灵活组合以得到"多样性"中的"统一性"并不能实现，有关此点结论的论据也只是表面论据。魏德士还得出这样的结论：类型实际上是法官造法的"遮羞布"，通过类型的弹性思维，法官可以没有顾忌地将自己对法律的认识，与变化

---

① [德] 马克斯·韦伯:《社会科学方法论》，杨富斌译，华夏出版社 1999 年版，第 86 页。

中的社会状况、价值观进行匹配，在隐藏作为解释者的意图同时，贯彻自己臆断的法观念。魏德士总结道："确定一类案件，以及法律判断的特征的不是类型（即被法律适用这类型化了的事实），而是解释者。"库伦则提出，拉伦茨、考夫曼提出的类型，是对逻辑学上分类概念和次序概念区分的错误继承。库伦运用语义学理论，提出法学中以内涵是否明确来区分类型和概念，是一种忽视语义的做法。在不同语义环境中，作为谓语的概念，其内涵也无法封闭。以边界明晰与否来评价类型和概念的优劣，是将概念形式与语义学现象混淆的结果，这种分类在法学上因此也无法成立。①

任何社会科学观点，都有其潜在的主观性起点。魏德士和库伦的论述虽然有其严密性，但他们的理论起点是对概念思维的主观维护。他们对类型和类型思维的反驳，反而成为法学必须运用类型思维这一工具的论据。②

从语言学和符号学出发，每个语词所载负的意义是无限的。即使源于自然科学中的语词，如氧气，在自然科学领域，就是指氧气这种物质；但进入社会科学和人文学科，氧气就具有了人们不可或缺的物质的意义。当剧本中的男主角对女主角说："你是我的氧气。"此时，我们就无法再用概念思维来对此处的"氧气"，进行诸如"由氧元素构成的物质"的定义。语词解释项带来的无限衍义的可能，

① ［美］华勒斯坦等：《学科·知识·权力》，刘健芝等译，生活·读书·新知三联书店 1999 年版，第 26 页。

② Thomas A. Sebeok et al, *Biosemiotics*, Berlin & New York: Mouton de Gruyter, 1992, p.87.

是概念思维在自然科学之外所无法把握的。库伦所谓“概念形式与语义学混淆”的情况即为此。[1]

从本质上看，概念思维是自然语言公式化的工具。正如海克所指，德国法律人之所以会形成概念法学，一个重要原因是德国人对公式使用的偏好。在公式推算中，每个符号都不具有衍义的可能，这正是以抽象化为内容的概念思维所擅长的。概念思维的根源是数学、物理学等规范严格，体现“纯粹理性”的学科。在这些学科中，每一个学科符号都不具有衍义的可能，也就能通过抽象化来获得整体概观：H_2O 即为两个氢元素，一个氧元素组成的物质；只要仅有两个氢元素和一个氧元素构成的分子组成的物质，就属于 H_2O，即使形态不同、颜色不同，也都成为 H_2O 的外延。[2] 基于概念思维的逻辑学，也是将语词的意义流截断，形成封闭内涵和固定外延后，才进行自然语言的公式推演。概念思维作为工具的使用范围，只能限于以公式为核心表达方式的“纯粹理性”学科。一旦跨出这个范围，概念思维面对的就是无法进行抽象化的庞大意义网络，其作为工具的效用也就消失殆尽。

魏德士所谓类型思维是对概念内涵特征的不断添加，是在混同语词、概念与类型的基础上产生的。而大部分对类型思维有所论述的法学家，也是在宽泛意义上使用概念，如将概念分为分类概念和次序概念，其中次序概念即为类型；或是将在概念（抽象一般性的

---

① ［法］布迪厄等:《实践与反思》，李康、李猛译，中央编译出版社 1998 年版，第 89 页。

② J. L. Austin, *How to Do Things with Words*, Oxford: Oxford University Press, 1962, p. 65.

概念）之下引申出次序概念、功能概念和类型概念，将其中以“或多—或少”进行判断的概念称为类型。在这些论述中，概念即为语词对思想分节后所形成的意义体，语词仅是这些意义体的外衣，概念则是语词外衣下的真身。此时，概念等同于语词：任何一个语词都能作为被定义的对象，从而成为概念。此种情形下的概念是丰富、生动的，也是有内在动力的。但吊诡的是，法学家们一旦提到运用概念进行思考，又会循至逻辑学上的抽象化和划分（涵摄），并以此与作为思维方式的概念画等号。基于这种混用，魏德士提出“类型”自身模糊不清也不足为奇，因为“概念”也是模糊的：它可以是语词，从而与任何一个正在获得意义的语词等置；它也可以是逻辑上对自然语言的公式化过程；它还可能仅仅是逻辑上抽象化和划分（涵摄）所得，具有封闭内涵和固定外延。① 因此，探讨“概念”和“类型”时，法学家时而用“语词”这一层面上的“概念”来进行概念和类型的关系探讨，时而又用“公式化思维”层面上的“概念”来比较“概念”和“类型”之优劣，并形成对“概念”的批判或维护。这就造成法学家时而批判“概念”和“概念思维”，时而又将“类型”置于“概念”之下，并在此基础上对概念思维和类型思维的选择、运用产生了迷茫。②

① Osborne, G. 2010. Chancellor's Speech at the annual Mansion House Dinner. Mansion House. London.

② Slovic, P., Finucane, M. L., Peters, E. & Macgregor, D. G. Risk as Analysis and Risk as Feelings: Some Thoughts about Affect, Reason, Risk, and Rationality. 24Risk Analysis: An International Journal, 2004, pp. 311-322.

为了避免这种不断出现的混乱，应将语词、概念和类型做出区分：语词仍是思想和声音分节的结合；而思想分节的载体，通过抽象化、划分和三段论的严格逻辑推演所得的，是概念；通过描述、整体相似性和意义中心回溯所得的，是类型。也即，在语词的外衣下，概念和类型是通过不同方式加以认识的外衣下的本真。更进一步讲，或者是带有循环定义地讲，通过严格的概念思维得到的是概念，通过类型思维得到的是类型，概念和类型都通过语词表达于外。①一个语词属于概念还是类型，就需从其语境种判断：粗略而笼统地说，同一个语词出现在自然科学中，成为概念的可能性更大；一个语词出现在非自然科学的学科中，更多的属于类型。

在这样的区分下，法学中所谓的概念，本质皆为类型。在法学中，绝大部分语词都无法通过抽象化得到封闭的内涵。正如考夫曼所言，除了“包含通过一定数目的封闭特征”的概念，在法学中，特别是在一个真实的判决中，没有“抽象的一般的单义概念”，都是类型（考夫曼称之为“次序概念”、“功能概念”和“类型概念”）。从根源上讲，法学中的每一个语词皆来源于自然语言。自中世纪起，法学摆脱拉丁文的束缚，通过法律语言本土化，具有了使用各自民族国家官方语言表述的内容。法学自此开始面向市民生活，通过自然语言向日常延伸出一条“延续线”，法律语言因此也无法“任意地远离”日常语言。自然语言（日常语言）中的每个语词都具有无限

① Hayek, F. A. 1945. The Use of Knowledge in Society, 35American Economic Review, 1965, pp. 519-530.

衍义的可能，每个语词都可在接收者处铺张开一个“家族相似”的网络。在“家族相似”的网络中，从语词到语词的路径，并非依靠三段论的严格推演，毋宁是一种基于联想和形象思维的“漂流”。① 伯尔曼曾在《法律与革命》中这样形容20世纪的法律：不管是在理论研究中，还是在法律实践中，法律不再被视为“一个严密结合的整体”，而是一个大杂烩，需要借助共同的技巧才能“统一起来的”，由“特定的判决和相互冲突的规则”组成的零碎东西。这种法律体系外部的庞杂与内部的零碎、冲突，正是语词解释项的“无限衍义”，以及语词间“封闭漂流”在法学中的体现。

法学中的类型，是法学在语词无限衍义和封闭漂流过程中，形成的中止点处的“意义累积”：在法学中，类型既不可能一直衍义下去，像语词在人文学科中无边际地展开（这种无限制的奇思妙想也是人文学科所倡导的）；也不能在中止点处“故步自封”，像概念在自然科学中一样，成为“凝固”的符号，因为法学需要时刻面对充满价值冲突的日常生活。②

类型思维的意义此时凸显出来。通过类型“意义中心”的确定，类型思维为法学在语词的“意义洪流”中找到了站立的支点，从而构筑起法学在语词“无限演绎”中的水坝。类型的“意义中心”让法学不像是人文学科，在语词的水域中漫无目的地行进；也不像自

① Richard H.Thaler，and Shlomo Benartzi，“Save More Tomorrow：Using Behavioral Economics to Increase Employee Savings.” 112（1，Part 2），Journal of Political Economy，2004，S164– S187.

② M.Friedman& R. D. Friedman，Capitalism and Freedom，Chicago：University of Chicago Press，2002，p. 79.

然科学，在概念间的小道上单向前行。类型的“意义中心”让法律人在一段语词间的流域内，依航道来回穿行。类型围绕“意义中心”所描述的特征，给法律人指明了到达“意义中心”的航线。在明确的航线之上，类型思维并不排斥运用简洁的（虽然是公式化的）概念思维来推行航行；但大部分时候，法律人在一段流域内并没有明确的航线，或者位于没有航线的起点，此时，类型思维就以“整体相似”的方式，让法律人在“家族相似”的水域网中，到达“意义中心”。① 正如在刑法中，硫酸被当作“武器”来认定，并非因为它可以被放在一般抽象的武器中来看，而是因其整体相似于抢劫罪中的“武器”。

类型思维的意义还在于，强调围绕意义中心的特征只能以“描述”的方式获得，而不能通过抽象化（也即定义的方式）获得，本质上是对语词无限衍义的承认，也是对法律人有限理性的承认。对于有限理性，康德哲学曾从人的认识能力出发，认为只有在“现象”范畴内，人的认识能力才能发挥作用，也即在可“经验”的世界中，才有人认识的余地。“可经验”的之外，是“自在之物”，也是人不可认识的。② 语言学对语词的认识，实际上就承继了康德哲学的“有限理性”观点，认为语言之外是不可说者：未经验的对象，语言无

① World Bank, Finance and Private Sector Department of the Europe and Central Asia Region, Azerbaijan: Technical Note on Consumer Protection and Financial Literacy, Updated June 2009.

② Merton, Robert C., “Operation and Regulation in Financial Intermediation: A Functional Perspective”, in Operation and Regulation of Financial Markets, ed. Peter Englund, (The Economic Council, Stockholm, 1993), 17-67.

法描述；而语言未能描述的，也是人们所不能经验的。因此，任何一个语词都是有限理性的产物，其“无限衍义”也只是在“经验”内的“无限衍义”。概念思维强调“非此即彼”，或是“全或无”（all in or all out）。在自然科学中这是自洽的，因为知性决定着科学，概念思维所能抽象的，在自然科学中也是人们所能经验的存在。但在社会科学中，实践理性所面对的还有“自由意志”，也即在经验之外的“是”与“不是”，那些“好像”存在或“似乎”（as if）存在的。因此，在法学中或在社会科学中运用概念思维，是对有限理性的否认，也是一种“知性傲慢”。而类型思维，却通过类型的开放性、流动性，体现了法律人对有限理性的承认。[①]围绕意义中心的描述特征，只全部存在于类型之下的典型形象中，大部分类型之下的具体形象只是“或多或少”地具有这些特征。在类型思维中，描述特征只是让纷繁的生活事实以一种规整的方式，在法学中得到描述，而非代表法学人对此类事实已经有了全面无虞的认识。这一方面暗示，法律人在法律条文和生活事实之间“来回巡视”的时候，可以继续探寻类型的特征；另一方面也暗示了，任何具有相同意义中心，与类型整体相似的经验对象，可以不囿于已经成型的体系，而进入法学体系。

如此看来，贯穿整个法学的是类型思维，而非概念思维。法学并不排斥概念思维，但它也只能当作类型思维中的一段过程来运用。类

① Choi, James J., David Laibson, Brigitte C. Madrian and Andrew Metrick. 2009. “Reinforcement Learning and Savings Behavior,” Journal of Finance, 44 (6): 2515-34.

型思维并非概念思维的补充，也并非对概念特征进行补充的手段，更不是与概念思维相对立的思维体系。用不准确的语言来描述，在法学中，类型思维“涵盖”了概念思维。面对无限衍义的解释项，类型思维代表的是一种开放的、无止境的描述过程。类型思维不再将人类理性的有限遮掩下去，而是在承认有限与无限之间差距的同时，将这种差距缩小的努力体现在一个思维过程中，并试图将其体系化。[①]

考夫曼为了反对将类型思维与概念思维对立的观点，将类型区分为二阶构造：其中一阶是概念思维，由于其通过抽象化和涵摄来实现，体系上就具有了封闭性和僵硬性；另一阶是概念的“前理解”，即类型思维。在考夫曼的理解中，概念思维一旦离开作为前理论的类型思维，就无法在法学中前行；而类型思维一旦离开概念思维，就无法实现法律的规整和安定。[②]概念思维和类型思维是相辅相成的。考夫曼还进一步阐述道，类型仅存在于法的底部，是具体的不断变化发展中的对象，因此立法者只能无限接近类型，而无法将其纳入立法中，“立法的目的就是要将所有类型概念化”；对于法律适用者而言，类型思维是一种通过“目的”对生活事实进行“捕捉”的过程，并依靠“捕捉”过程，修正制定法中的概念定义。针对考夫曼的观点，拉伦茨和莱嫩曾提出了部分反驳。他们认为类型可以出现在立法中，立法者需要从生活事实和已有的“纯粹经验”这二

① Kahneman, D. & Tversky, A. 1979. Prospect Theory: An Analysis of Decision Under Risk Econometrica, 47, 263-292.

② Loewenstein, G., T. O'Donoghue and M. Rabin, "Projection Bias in Predicting Future Utility," Quarterly Journal of Economics 118(4): 1209-1248, 2003.

者中获得立法素材。而法律适用者对类型描写的适用，不仅是一种基于目的的捕捉，也是一个价值判断的过程。[①]

如前文论述，这些对类型思维，及其与概念思维关系的认识都是不全面的。从微观层面看，从生活事实到法律语词，从法律语词到法律语词，即使一开始进行价值无涉的三段论推演，到了一个环节，就再也无法只运用逻辑进行，而必须借助价值判断、整体相似等隐含于思维深处的类型思维来进行。（时常，类型思维在微观层面的运用中过于隐蔽，让法律适用者常将这个过程，粗糙地归为三段论的逻辑推理。）[②] 在宏观层面，法律体系内部的冲突、发展与演变，其动力源于类型自身的开放性、流动性，也源于类型思维对生活事实和法律语词的再发现。概念思维只有在即为严格的限定条件下，才能被法学真正运用：在类型思维所建构起的法律体系中，两个法律语词之间如果具有可计算性的因果关系，才是运用概念思维的情形。在更为“粗糙”的情况下，当类型思维寻找到的意义中心成为“客观性”的存在后，依靠这个客观性的存在，法律人可以在一定范围能进行极为表面的抽象化和涵摄。但显然，这两种情况都很难在法学中出现。

3.1.2 类型思维：试推法在法学研究中的运用

在康德哲学中，理性是最高的认知能力，所有具有自我认识特

① Akerlof, G. A. 1970. The market for “lemons”: Quality uncertainty and the market mechanism. Quarterly Journal of Economics, 84, 488–500.

② [德] 康德：《实践理性批判》，韩水法译，商务印书馆 1999 年版，第 76 页。

征的能力都归于理性。康德以“上帝的归上帝，恺撒的归恺撒”原则，将纯粹理性和实践理性截然分开。纯粹理性，是以不受直觉能力约束的方式应用概念；实践理性，则是引导人们思考，“我可以理性地思考去做什么”，“我的行动可以是这个过程的合理结果”。纯粹理性是一种趋向形而上学的经验应用，而实践理性则是自由意志下的判断。[①] 当人们试图为有条件（范畴）的认识寻找绝对性，并使得有条件者得以统一时，纯粹理性就逾越了经验的界限，走向二律背反。此时，实践理性具有了发挥的空间，也必须被运用，否则，“纯粹理论”会代替知性，使得范畴由知识工具变为幻觉。[②] 根据康德对纯粹理性和实践理性的分野，施塔姆勒提出：“那些探讨人的社会性生活的科学，今日出于某种不确定且摇摆的境况中。我们的社会性生存之种种未被制服的问题之洪流，势如破竹般滚滚而来，未能在调节坝上获得消解：这种调节坝，唯有某种以科学的方式奠定的技术，才能建立起来；而那些社会性的挤压与追求之不断涌现的波涛，却以盲目的厄运威胁着：神不知鬼不觉地以它们那最终的、决定着的合法则性威胁着。在这里，要紧的就是此一基本的洞见。”施塔姆勒因此提出：“所有精确的研究，都唯有当它与某种普遍的合法则性处于依赖性的关联，并受到知识之某种普遍有效的准则引导时，

---

① Avgouleas, E. 2008. Reforming Investor Protection Regulation: The Impact of Cognitive Biases. In: Faure, M. & Stephen, F. H. (eds.) Essays in the law and economics of regulation: in honour of Anthony Ogus. Antwerpen: Intersentia.

② 张世明：《经济法学理论演变研究（第2次全面修订版）》，中国民主法制出版社2009年版，第167页。

才会有某种真正的价值。若无与这样的一种基本的合法则性、与某种对所有个别考察都有效之统一的、无条件的观点的关联，所有个别考察便将都无法证明自己的存在理据。”施塔姆勒进而提出，社会科学所要探讨的问题是：人的社会性生活是受到哪个基本的、形式性的合法则性所支配的？也即，对于人的社会性生存而言，可以被必然地且普遍有效确定的是什么？施塔姆勒由此得出结论，社会科学研究的目标是对那些统一地适用于所有的社会性生活的概念与基本原则的知识。①

面对康德对纯粹理性和实践理性的分野，以及施塔姆勒根据康德哲学对社会科学做出的论断，韦伯认为，关于不同类的社会现象彼此之间的“制约”方式与程度，人们是无法“先天性”说出任何东西的；而透过相似事件的比较，人们固然在表面上获得某些通则性“规则”，但无法获得关于“社会性生活”的一般洞见。韦伯针对施塔姆勒“客观法则”的观点，提出了经验性的与应然的考察方式。在韦伯看来，以下观点是站不住脚的，即只有经验的考察方式才属于“科学”，应然的考察方式则完全根据一些主观上的有效的价值判断，以及种种“伦理的原则”被执行。②韦伯进一步阐释道：“我们既不能说‘那在经验上受到制约的体验乃是完全可以在因果上加以理解的’，相反地，我们也不可以说‘作为规定性的原则的理念，仅

① Black, J. 2001. De-centring Regulation: Understanding the role of Regulation and Self-Regulation in a “Post-Regulatory” world. Current Legal Problems, 54, 103-146.

② Benston, George, Regulating Financial Markets: A Critique and Some Proposals, American Enterprise Institute for Public Policy and Research, 1999.

仅属于意愿’。毋宁说‘无论是知觉还是追求，都是在相同的方式下，在经验上受到制约的；它们二者首先都可以某些固定的方法在概念上被加以规定：前者以自然考察的种种范畴，后者以目的设立的种种基本概念’。”[①]

韦伯因此认为，对历史和社会的认识无法脱离对文化的理解。与自然科学的工作不同，社会科学面对的不是自然规律下的事物之间的联系，而是有意义的人类生活。何谓“人类生活的意义”？韦伯对“意义”的理解来源于狄泰尔和李凯尔特的文化论。[②]狄泰尔对形而上学的时间观念进行了反驳，认为钟表所显示的自然时间，并不是人类生活的时间结构。人类对“过去的觉醒和对未来的参与”，融入每一刻中，从而形成了包括感觉经验、思想、情感、记忆和欲望在内的时间结构。这个人类社会意义上的时间，其内里就是“生活的意义”。通过关于“生活的意义”的交流，人们在彼此交往中，相互唤起思想和感情，并引发自己和他人的行动，由此，融入时间的生活样式，从个人衍生至社会，在历时和共时的相互作用下，形成了人类历史。狄泰尔基于此认为，对历史和社会的认识，不仅要从外部运行状况来展开，还要从人的内部展开，要凭借“神入”（Einfühlen）他人的内在状态来理解人类生活。李凯尔特则以“价

① Benartzi, Shlomo. 2001. “Excessive Extrapolation and the Allocation of 401 (k) Accounts to Company Stock?” Journal of Finance, 56 (5): 1747–1764.

② Jeffrey R.Brown, Nellie Liang, and Scott Weisbenner. 2007. “Individual Account Investment Options and Portfolio Choice: Behavioral Lessons from 401(k) Plans.” Journal of Public Economics 91(10): 1992—2013.

值"来区分自然科学和社会科学，并进而认识文化。他认为"自然"一词在学术中，不仅是指实在之物，还是康德式的"纯粹理性"的产物。这样，自然科学方法不仅指发现自然规律，从普遍因素中形成普遍概念的方法，还特别指形式逻辑层面上的方法。自然科学所面对的，是任其"自生自长的东西"的总和；而文化则是人们依照一定目的所产生出来的，或者特意保存下来的。[①] 这个"一定目的"就包含了人所承认的价值。当实在在一次性的过程中发生，并具有独特性，这个实在就具有价值或与价值相连。

在狄泰尔和李凯尔特对"意义"和"文化"论述基础上，韦伯提出社会科学的对象具有双重特殊性，即作为一次性发生事件的特殊性，和特定价值相关联的特殊性。因此，人们无法用确立自然规律的方法来达到认识社会科学对象的目的，"社会科学中并不存在某些因果联结的重复"。在韦伯看来，自然主义在社会科学中的蔓延，本质上是"反文化"的。在社会科学中试图寻找"合法则性"的规律，并用这种想象中的"不断重复的公式"来对历史进行把握，依照这种规律的设想从历史中进行逻辑归纳，是无法认识历史的。[②] 与此同时，韦伯也不赞同文化和历史只能通过"直觉"的方式来加以认识的观点。韦伯坚持认为，社会科学是一门客观的经验科学。人的行动能够被合理解释，因为人的行动并非"高度的无理性"，而是自

① Bucks, Brian K. and Karen M. Pence. 2008. "Do Borrowers Know Their Mortgage Terms?" Journal of Urban Economics 64（2）：218–233.

② Calomiris, Charles W., and Charles M. Kahn. "The role of demandable debt in structuring optimal banking arrangements." The American Economic Review（1991）：497–513.

由意志和理性实现的过程。根据黑格尔的哲学观念，韦伯进一步提出，人的行动或行为，是人运用“所知的恰适手段”追求人“意识到的目标”的过程，在“合理的解释中止”的地方，人的行动或行为就可被认识。①

“理想类型”就是韦伯对抗社会科学中的自由主义倾向，同时避免社会科学的“直觉”认识所提出的。综观韦伯对社会科学方法论的论述，“理想类型”具有以下特点。

（1）“理想类型”的起点是价值关联的判断，也即人们基于一定目的，或基于个人的价值兴趣，或支配人们行动动机的观念，才确立了对社会文化进行观察和因果关系探查的“课题”。按照类型思维，这个“目的”或“价值关联的观点”就是类型的“意义中心”。

（2）“理想类型”是在“混沌的世界”中所描绘的内在协调的“图像”。在这个“图像”里，真实世界中冲突、混乱的关系，被梳理清楚，并可以在其中寻得因果关系。但这种被寻得的因果关系，只是依靠“意义中心”所人为联系起来的现象中的因果关系，而非历史实在。同时，“理想类型”的因果关系，并非自然科学中通过归纳和演绎所得的计算性的因果关系，而是必须通过理解所得的某方面联系。值得注意的是，“理想类型”的理解方向需要通过一开始的价值判断确定，也即“理想类型”的意义中心是起点也是终点。

（3）“理想类型”具有相对性和暂时性，可以与另一种观点所建构的“理想类型”对立、冲突，也可以随着认识的深入被其他更为

① Max Weber, *Critique of Stammler*, New York: The Free Press, 1987, p. 95.

完善的“理想类型”所取代。①

对“理想类型”所体现的哲学思想和社会科学方法论循迹，可以发现类型思维不同于单向性的概念思维，是一种双向思维：凭借有价值取向的判断，通过在纷繁复杂社会事实中截取一个范围，并在其中以条理、有秩序的方式实现一种类似因果关系的描述。②

概念思维中的归纳和演绎是单向进行的。不同于这两种思路，类型思维通过“试推”进行。在英文中，abduction的首要意义是“劫持”，随着皮尔斯将其引入符号学，abduction具有了“试推”的含义。面对语词的无限衍义，以归纳和演绎为主要内容的形式逻辑，只能限制“解释歧出”的可能，但无法完全限定。与归纳和演绎不同，试推法是一种“双向”思考方式。“在围绕一个题目的复杂论断的纠葛中”，试推法提出一个假定，“在假定推断中，一个单独的强度较高的感觉，代替了线索无穷的感觉”③。这个假定的提出，也可能出现在如下情况中：人们对某一种假定的偏爱，超过了其他任何同样可以解释事实的假定。但这种偏爱是主观的，或具有感性成分的，而非建立在“以假设之真确性为基础的先前知识上”，也不是建立在对任何假设进行的检验之上。由此可见，试推法并非纯粹理性的方法，而是“文化的”，是“思维的感性成分”。

① Campbell, John Y. 2006. “Household Finance.” Journal of Finance 61（4）: 1553-1604. Campbell, John Y. and Joao Cocco. 2003. “Household Risk Management and Optimal Mortgage Choice.” Quarterly Journal of Economics 118（4）: 1449-1494.

② Alexander Peter, *On the Logic of Discovery*, London: Ratio Press, 1998, p. 246.

③ Carroll, Gabriel D., James J. Choi, David Laibson, Andrew Metrick and Brigitte C. Madrian. 2009. “Optimal Defaults and Active Decisions.” Quarterly Journal of Economics 124（4）: 1639-74.

在假定提出之后，就可围绕假定展开一定程度的逻辑推演，从而增加“猜对”（给出一个“有效”意义解读）的可能性。但试推法的目的并不是确定一个假定的真确性，而是关切假设的合理性（plausibility），即在一个假设之下，其他假设无法解释的异常性得到妥当解决。从这个角度讲，试推法只能渐渐靠拢真相，而无法确定真相。按照皮尔斯的描述，试推的主导原则是人类心灵与真相亲近，即通过优先次数的猜测就会发现正确的假设。因此，试推法是一种“理解性”的行为，也即一种文化行为，而非严格逻辑的认知方式。

类型思维的内里正是试推法。在语词无限衍义过程中，类型思维通过提供“意义中心”或“整体形象”，设定了思维开始（认识某一现象）的假定，使得人们对语词的思考具有了范畴。随后，围绕“意义中心”和“整体形象”，人们不断进行相似性的判断，或一定程度上的较为粗略的逻辑推演，从而得到是否符合“意义中心”或“整体形象”的暂时性结论。当一个新形象出现，与已有类型不再符合，就要再次进行类型思维，形成新的类型。在皮尔斯的符号学理论中，语词的解释项还可以从过程上分为“即刻（immediate）解释项”、“动态（dynamical）解释项”和“终结（final）解释项”。[①] 因此，当法律语词被法律适用者所接收，首先获得的语词“即刻解释项”，这个“即刻解释项”是个别的；但随着思维的进行，“即刻解

① Caskey, John. 1994. Fringe Banking：Check-Cashing Outlets，Pawnshops，and the Poor. New York：Russell Sage Foundation.

释项”被“动态解释项”所替代，并不得不与沉淀于记忆中的经验进行对比，从而与已有类型相遇；当“即刻解释项”与已有类型的一个或多个“整体形象”相似，语词解释就进入了“最终解释项”，形成了关于这一语词的“暂时凝固”的意义。① 在从“动态解释项”到“终结解释项”的过程中，出现了与已有“类型”都无法相似的情况，一个新类型就会在思维中形成。②

在法学中，法律语言是一种法律人之间的身份语言，或称专业的日常语言。法律语言不具有自然科学语言的“单义性”和“数位性”，而是取材于日常语言（自然语言）的，较为抽象的专业语言。法律语言既不同于自然科学中的专业语词，仅具有唯一意义；也不同于日常语言中的语词，具有无限衍义的可能。法律语词仅在一定范围内具有操作的空间。类型思维及其内里的试推法，在法学“意义中心”所划定的范围/范畴内对语词、生活事实进行操作。

在法律创制过程中，进入规则的法律语词有两种获得方式，一种是直接由生活事实经过试推得到；另一种则是通过已有法律语词之间的试推而得到。在第一种情况中，一类社会现象或一类社会群体，以整体形象进入立法者的视野。当立法者“感知”到它们时，就已经开始围绕“意义中心”对“整体形象”进行观察，并

① Carroll, Gabriel D., James J. Choi, David Laibson, Andrew Metrick and Brigitte C. Madrian. 2009. “Optimal Defaults and Active Decisions.” Quarterly Journal of Economics 124（4）: 1639–74.

② Choi, James J., David Laibson and Brigitte C. Madrian. 2010. “Why Does the Law of One Price Fail? An Experiment on Index Mutual Funds,” Review of Financial Studies 23（4）: 1405–1432.

以此为起点，经过不断地发现、描述和试错，用法律语言对新的整体形象得到“概观”。在第二种情况中，新出现的社会现象或社会群体出现，而已有的法律语词已经无法解释这种“异常性”。在立法者试图与已有法律语词所描述的形象寻求最大相似性的情况下，新特征得以发现。立法者在多个已有法律语词间“穿梭”、试错，获得新类型的概观。①

在法律适用过程中，类型思维贯穿了整个过程。以法官司法为例，当法官通过阅读案件卷宗，听取当事人陈述，获得关于案件的生活事实后，法官会首先形成一个“直觉式”的判断，在头脑中得到对生活事实的概括描述。②随后，法官会将这个“感性”的概括描述与已经储存在其脑海中的法律类型不断对比，判断其整体相似性。在这个过程中，生活事实或是具有某一法律类型的特征，从而可以适用与此法律类型相关的法规范；或是突破了某一法律类型的特征，但因具有该法律类型的“意义中心”，从而取得整体上的相似性，所以可以适用相关规则。

类型思维在法学研究和法学教育中也运用颇多。通过试推过程，意义中心相似的类型逐渐形成类型谱，随着围绕意义中心的

---

① Choi, James J., David Laibson, Brigitte C. Madrian and Andrew Metrick. 2004. “Employees’ Investment Decisions About Company Stock,” In Pension Design and Structure: New Lessons from Behavioral Finance, ed. Olivia S. Mitchell and Stephen P. Utkus, pp. 121– 136. Oxford University Press.

② Choi, James J., David Laibson, Brigitte C. Madrian and Andrew Metrick. 2006. “Saving for Retirement on the Path of Least Resistance.” In Behavioral Public Finance: Toward a New Agenda, ed. Edward J. McCaffrey and Joel Slemrod, pp. 304–51. New York: Russell Sage Foundation.

特征或多或少的出现，形成光谱般的次序排列，从而形成类型体系。由于类型体系的形成一开始就摆脱了形式逻辑的束缚，通过兼顾价值的试推法进行，其形成的体系也就不再仅仅具有形式上的规整性，而具有了价值序列上的规整。因此，类型思维在拉伦茨的论述中被用于形成内在体系。① 拉伦茨并未摆脱与法学中所谓概念的联系，在“概念”形成的外在体系中，通过“彼此有意义的相互结合”，类型形成了一个内在脉络，将空泛的“概念”与整个法秩序的原则和评价标准相协调，形成关于法律和社会生活的体系认识。② 在黄茂荣的论述中，形式逻辑所形成的“编撰概念”体系，兼顾了类型思维所形成的“当为概念”体系。因此，在进行法律概念次序排列的时候，就会同时运用两种标准。在“编撰概念”体系中，由抽象化程度决定概念之间的位阶。抽象化程度越低者，越有可能受到适用。在“当为概念”体系中，价值负荷程度决定概念之间的位阶。价值位阶靠上者优先于下位阶者，并以“下位阶之规定”不得抵触“上位阶之规定”的方式，维护体系的秩序。③

① Cole, Shawn and Gauri Kartini Shastry, If You Are So Smart, Why Aren't You Rich? The Effects of Education, Financial Literacy, and Cognitive Ability on Financial Market Participation, October 2007.

② Cole, Shawn, John Thompson and Peter Tufano. 2008. “Where Does It Go? Spending by the Financially Constrained.” Harvard Business School Working Paper 08-083.

③ Darby, M. R. & Karni, E. 1973. Free Competition and the Optimal Amount of Fraud. Journal of Law and Economics, 16, 67-88.

3.2 类型思维下“金融消费者”之归属

3.2.1 类型分类

在不同的标准之下，可以形成对类型本身的不同归类。以特征出现频次为标准，形成了“平均类型”和“整体类型”；以类型形成过程中所依赖素材的不同，形成了经验类型、理念类型和规范类型；在法学中，拉伦茨则提出了“经验的经常类型”、“规范性的真实类型”和“法的构造类型”。①

在类型思维下，依任何标准的划分都是不完全的。上述对类型的分类，更多的是对类型自身形成过程中的典型形象进行的描述，而其他类型的一般形象则存在于典型形象之间。②类型通过围绕“意义中心”的特征描述而得以概观，犹如“价值”和“实在”两种成分构成之物，随着成分之间的此消彼长，类型自身之中形成不同形态。因此，本书提出，类型的典型形象分为经验类型、规范类型和理想类型。依照“价值”和“实在”这两种成分之多少，形成如下的序列：经验类型—规范类型—理想类型。③

经验类型是以对象出现的频率或平均形态为基础形成的类型。

① Elliehausen, Gregory. 2009. “An Analysis of Consumers' Use of Payday Loans,” In Financial Services Research Program, Monograph No. 41. Washington, DC: George Washington University School of Business.

② [德] 汉斯·普维庭：《现代证明责任问题》，吴越译，法律出版社2000年版，第78页。

③ Fox, Jean Anne and Patrick Woodall. 2006. “Cashed Out: Consumers Pay Steep Premium to ‘Bank’ at Check Cashing Outlets,” Washington, DC: Consumer Federation of America.

此种类型的“价值”成分较少，更多的是基于对事实的观察、总结，甚至可以允许数字表达的进入。经验类型包括“平均类型”（或“经常类型”）和“整体类型”。类型在一段持续期较长的连续时间内所经常呈现的（“经常”可以用统计学中的大数概率判断来替代）特征，聚合而成的形态，被称作“平均类型”。当人们提及这种类型时，就可以“通常的发展趋势”期待这种类型，或判定正在发展的状况会与“通常”并无不同。典型的气候状态、文学作品的分类（虚构类作品和非虚构类作品）、电影的分类（爱情电影、探险电影、西部电影）都是“平均类型”。如“温带海洋性”气候，指的是某一区域内常年湿润、温暖的气候类型，以降水、四季变化、植被等特征得以描述。但这些特征并不能抽象“温带海洋性”气候的所有要素，只能形成轮廓上的描述，并在不同区域出现或多或少特征上的差异。再以电影分类为例，当人们提到某部电影为“动作片”时，就会期待影片中会出现大量的武打情节。虽然“动作片”在主角设置、情节发展上各异，但只要它们相似于“大量的武打情节”电影的整体形象，就能被视为“动作片”。“整体类型”则是通过整体把握而得的共同特征和本质特征，形构而成的。这一类型具有全体性和构造性。如“小型山脉”“中型山脉”“巨型山脉”的分类，就是以不同体量山所形成的总体地理特征来把握一种山体、盆地、平原的整体形象。“经常类型”和“整体类型”都是依据经验而形成的类型，虽然其认识的起始点仍然是人们的主观感知，但依据主观感知而弹性组合的特征无法距离经验太远，也即必须可以经过事实加以一定程度的证实。当人们经验到一种新的事实对象时，即使主观上仍维护已有类型，类型仍然会被突破。[①]

理想类型，前述已经多有提及，即为了认识社会生活及其历史，根据对象的某一方面特征，形成的内在无矛盾的“思想图像”或“理想图像”。根据首次提出“理想类型”的马克斯·韦伯的论述，“这种思想图像将历史活动的某些关系和事件联结到一个自身无矛盾的世界之上面，这个世界是由设想出来的各种联系组成的。这种构想在内容上包含着乌托邦的特征，这种乌托邦是通过在思想中强化实在中的某些因素获得”。理想类型不仅其“意义中心”是由价值判断决定，其描述特征也因为属于“主观”的建构或选取，具有了极强的价值关联。除了马克斯·韦伯在《新教伦理与资本主义》中所建构起的理想类型“新教”、“基督教”和“手工业”，经济法学中经常使用的“市场经济”和“计划经济”也都属于理想类型。以“市场经济”和“计划经济”为例，在社会生活和历史发展过程中，人们从未经历过“纯之又纯”的市场经济或计划经济，更多的是两者的混合体。理想类型建构的目的并非探寻“真理”，而是形成对社会和历史某一方面的“合理性”认识。因此，理想类型也许会在生活事实找到某种程度的对应，但绝不会以特征齐全的状态成为现实。理想类型的形成有赖于价值评判，它时常可以形成一个价值领域内的类型自足，却无法与其他价值下形成的理想类型“一争高下”。因此一类群体建构的理想类型，另一类人则避之不及，这都源于理想类

① Frederick, S., Loewenstein, G. & O'donoghue, T. 2002. Time Discounting and Time Preference: A Critical Review. Journal of Economic Literature, 40, 351-401.

型极强的价值关联。①

在经验类型和理想类型的两极之间，经过法规范评价，就可形成规范类型。从本质上看，法规范评价也是一种价值关联。但因法律被制定后，成为“人造的客观性”，在法律中形成类型，就无法像建构“理想类型”一样，“任意”选择价值评价标准，而需在法律的价值体系内进行评判；同时，法律始终都需面对生活事实，“主观构造”无法距离生活事实太远，这也使得法学类型时刻都不能丢弃其经验的成分。因此，从价值关联度上看，规范类型处于经验类型和理想类型之间。②

根据拉伦茨的论述，规范类型又分为经验的经常类型、规范的真实类型和法的构造类型。经验的经常类型时常以两种形态出现，其中一种是交易伦理或商业习惯，另一种则是作为盖然性证据的典型事件的“经验法则”。交易伦理或商业习惯是指特定社会成员之间，因同类的业务而产生的“社会典型的行至形式”。③这类行动模式无法由概念思维的三段论推演得出，而是“可变动的”，在大量交易活动中形成典型。人们依照交易伦理或商业习惯，可以期待交易对方的一些行为，不管这类行为是否合乎逻辑。因此，在进入法规

① Gennaioli, Nicola, and Andrei Shleifer. “What Comes to Mind.” The Quarterly Journal of Economics 125, no. 4(2010): 1399-1433.

② Graves, Stephen M. 2003. “Landscapes of Predation, Landscapes of Neglect: A Locational Analysis of Payday Lenders and Banks.” The Professional Geographer, 55 (3): 303-17.

③ Gustman, Alan L., Thomas L. Steinmeier, and Nahid Tabatabai. 2010. “What the Stock Market Decline Means for the Financial Security and Retirement Choices of the Near-Retirement Population.” Journal of Economic Perspectives 24 (1): 1-22.

范前，这类伦理或习惯是经验类型中的经常类型。但当法律活动指向这些伦理或习惯，在确定它们不违反现行法律的原则和评价的情况下，才能使其进入法律体系，成为经过法体系评价的经验的经常类型。法官们在司法过程中经常运用的“经验法则”，则是另一种经验的经常类型。这种类型提示的是如下情形：根据日常的一般生活经验，某事的发生会沿着“典型的事件发展”生出事件的结果。当提出一些证据后，只要没有其他“足以使人联想到会有他种非典型事件发展”的情势被联想，法院就会根据一般的“经验法则”进行推断，从而形成案件审理过程中的因果链条。但人们也无法排除这样的情况，即一般“经验法则”由于情势会有不同发展的可能，“经验法则”又有了可推翻性，必须对其他可能的发展情势开放。①

拉伦茨提出的第二种规范类型是“规范性的真实类型”。这种类型用来描述两种对象：进入法规范的社会角色，如德国法中的“动物占有人”“占有辅助人”；以及其他得之于经验，但特征经由法体系评价而得的，诸如法律对“物”的规定。②按照拉伦茨的论述，“规范性的真实类型”所涉及的对象“得之于经验”，但关于对象的观察一开始就包含了规范性因素，即带有一定的规范性目的或意图进行的观察。这种观察游走于规范性的价值评价和经验事实之间，使得“规范

① Hastings, Justine S., and Lydia Tejeda-Ashton, 2008, “Financial Literacy, Information, and Demand Elasticity: Survey and Experimental Evidence from Mexico” NBER Working Paper No. 14538.

② Hirshlelfer, Jack. “The Private and Social Value of Information and the Reward to Inventive Activity.” The American Economic Review 61, no. 4(1971): 561-574.

性的真实类型”既不能像“经验的经常类型”一样与经验事实无限贴近，又不能像后文论述的“法的构造类型”一样远离经验，完全产生于法律人的建构。由此形成的类型，其用于描述的特征，“规范目的及规整背后的法律思想”有决定性的影响，但又必须结合经验性的“表面形象”。因此，在运用此种类型时，特征是否齐全已经无法决定对象的归属，必须结合规范目的和整体形象加以综合判断。通过“规范性的真实类型”，“人”成为“能够拥有财产，能够声称自己的权利并承担义务”的主体；而“物”则成为“一种维系生存的物质手段，一种与某种生产方式和产权制度相联系的财产”。①

“法的构造类型”在法学中发挥的作用，类似于“理想类型”在社会科学研究中发挥的作用，即为了思考的规整，在法学研究或经验发现的基础上形成的建构。按照拉伦茨的论述，法律关系和主观权利皆为“法的构造类型”：法律关系是法律人在多次法律交易过程中发现，并以此为基础，择取出与整个法律体系相符合的特征，形成对法律关系的描述和体系化，如契约类型；主观权利则是法律人在法学研究过程中形成的，本质上是法律人理论建构的产物。可见，这种类型是为法律的规整性而服务：法律人可以借规整的目的，增加或排斥一些特征，从而形成对类型的整体描述。因此，经验事实在面对“法的构造类型”时，会出现两种情况，一种是或多或少地与法律规定相偏离，但整体形象上仍具有相似性，生活事实中所呈

① Huckstep, Aaron. 2007. “Payday Lending: Do Outrageous Prices Necessarily Mean Outrageous Profits?” Fordham Journal of Corporate and Financial Law, 12 (1): 203-31.

现的法律关系与“法的构造类型”所描述的法律关系之间，即为此种情形；另一种是现实永远无法达至类型所描述的“面貌”，但通过法律创制、法律适用不断趋近，此时“法的构造类型”成为一种理想目标，主观权利、基本权利即为此种情形。

3.2.2　金融消费者：“规范性的真实类型”

当“金融消费者”进入类型思维的视域，人们就会询问，它属于哪种类型？如果简单地从金融消费者是对一类社会角色的描述出发，金融消费者与“动物占有人”“商业代理人”等发挥的作用相同，应被归入“规范性的真实类型”中。[①] 但不可否认的是，汉语词中的“金融消费者”虽然作为语词已经进入《国务院办公厅关于加强金融消费者权益保护工作的指导意见》，却并未出现在金融领域的实体法中，而是停留在法学理论探讨阶段，这自然与拉伦茨论述“规范性的真实类型”所举数例不相符。[②] 甚至，当法律人多次循着概念思维探究“金融消费者”而不得时，会时常提出这样的疑问：“金融消费者是否只是学者的臆造？”此时，“金融消费者”就颇具有“法的构造类型”的意味，即“金融消费者”是法学中的“理想型”。[③] 又或者，“金融消费者”处于“规范性的真实类型”和“法的构造类型”之间的过渡阶段？为了避免未经思辨而跳向结论的情形，本节在已有类型分化的

---

① ［美］戴维·爱泼斯坦：《消费者保护法概要》，中国社会科学出版社 1998 年版，第 98 页。

② Jackson, Howell E. 1999. “Regulation of a Multisectored Financial Services Industry: An Exploratory Essay.” Washington University Law Quarterly 77（2）: 319–97.

③ 司强：《发达国家金融监管演变历程与规律研究》，载《华东经济管理》2003 年第 4 期。

基础上，对“经常的经验类型”、“规范性的真实类型”和“法的构造类型”进行更为深入的对比，从而判断金融消费者的类型归属。[①]

如果仅从获得方式上观察，“经常的经验类型”、“规范性的真实类型”和“法的构造类型”都需经过法规范评价（或基于一定法律思想的价值评价），在经验事实基础上得到。三者在获得方式上的区别在于：“经常的经验类型”更“忠于”经验事实，甚至可以说是经验事实在法学体系中的“复制品”，法规范评价较少影响到关于“经常的经验类型”的描述，反而在法律适用过程中依赖这种较弱的价值关联度，以期实现法规范与生活的相连；“法的构造类型”最为远离经验事实，更多源于法律人基于法律思想的理念建构，因此价值关联度最强；“规范性的真实类型”则兼具经验事实和法规范评价两种因素，当法律人在生活中意识或感知到某种“规范性的真实类型”时，就已带着价值评价的“目光”审视生活，也即如果没有价值倾向的起点，就无从发现这一类型。[②]获得过程中不同的价值关联度，也影响了三种类型获得后与法规范评价的关系。“经常的经验类型”获得后，几乎不再涉及价值评价，其发展也主要依赖于对生活事实观察的细腻程度；“法的构造类型”在获得后，则向着相反方向发展，它几乎不再关注生活，而转向在价值评价层面的反思，其发展也更

① Jacoby, J., Johar, G. V. & Morrin, M. 1998. Consumer behavior: A quadrennium. Annual Review of Psychology, 49, 319–344.

② Johnson, E. J., Hershey, J., Meszaros, J. & Kunreuther, H. 2000. Framing, Probability Distortions and Insurance Decisions. In: Kahneman, D., Tversky, A. & Russell Sage, F. (eds.) Choices, values, and frames. Cambridge: New York; Cambridge University Press; Russell Sage Foundation.

多依赖于法律人的伦理自觉和理论进步。“规范性的真实类型”在获得后，则面对较为复杂的发展过程：随着法律人在生活事实和法规范评价之间“循环往复”，描述“规范性的真实类型”的特征处在不断变动的过程中，不断根据生活事实或价值评价的变化减少或增加。历时性地看，“规范性的真实类型”的发展甚至还会出现“意义中心”在描述特征不断变化中被替换的情形。①

从功能上看，“经常的经验类型”主要在法律适用过程中发挥作用。法律人在收集证据过程中不断使用的“证据链”，本质上就是“经常的经验类型”：证据作为案件发生时遗留下的事实碎片，之所以可以被用作复述案件的主要工具，其原因在于“经常的经验类型”为人们提供的事情发展走向的大概率情形，除非有反证，则作为“经常的经验类型”不被推翻。②

“法的构造类型”主要在法律体系建构中发挥作用。此处所言法体系，并不区分法的外在体系和法的内在体系。在拉伦茨的论述中，法律概念按照抽象化程度层级排列，形成法律的外在体系，以便概念思维在法学中的运用；而根据法律思想、法律原则和类型形成的，是法律的内在体系，以便法律人通过法律思想脉络掌握法体系。③但

① Jolls, C., Sunstein, C. R. & Thaler, R. H. 1998. A Behavioural Approach to Law and Economics. Stanford Law Review, 50, 1471–1550. Kahneman, D. & Knetsch, J. L. 1991. The Endowment Effect, Loss Aversion, and Status Quo Bias. Journal of Economic Perspectives, 5, 193–206.

② Khandani, Amir E., Andrew W. Lo, and Robert C. Merton. 2009. “Systemic Risk and the Refinancing Ratchet Effect.” National Bureau of Economic Research Working Paper 15362.

③ Kahneman, D., Knetsch, J. L. & Thaler, R. H. 1990. Experimental tests of the endowment effect and the Coase theorem. Journal of Political Economy, 98, 1325–1348.

从本质上而言，法律中并没有严格意义上的概念。法规范中所谓概念，只是特征较为固定的类型，而这些类型所构成的体系，也是在一定价值评价之后获得的，而非完全脱离价值。在这其中，法律人认为仅凭形式逻辑就可获得的层级性和体系性，皆以价值评判为起点，且依靠价值评价才得以维护。如此一来，“法的构造类型”，特别是各项法律权利和法律关系，就成为法律人建构法律体系的基础。更为甚者，本是法律人思维构造而成的，却在日常生活中成为一种客观（或实在），反过来影响人的能动活动，“公司”“法人”即为此种情形。总的来说，“法的构造类型”是法律人关于法规范的“理想图式”，其存在不仅在于体系化，还在于通过“法的构造类型”形成对法规范本身鞭辟入里的了解。拉伦茨在其《法学方法论》中，专设一款论述“法的构造类型”。①

拉伦茨以“人的结合”程度来形成类型体系为例，论述了“法的构造类型”在法体系形成中的作用。拉伦茨首先提出了类型体系形成的不同“意义中心”，其中一个“意义中心”是，在何种程度上，“社团的结构”所形成的整体具有了独立于成员个体的“整体意志”，并具有了超越个体之外的“团体权利”，从而超越“特定个别多数人的法律联系之因素”；而另一个“意义中心”则是，在何种程度上，“此种结合在对外关系上是相互联系的多数成员，在何种程度上其已然是独立的个体”。根据第一个“意义中心”，拉伦茨对德

① Lawrence, Edward C. and Gregory Elliehausen. 2008. “A Comparative Analysis of Payday Loan Customers.” Contemporary Economic Policy, 26 (2): 299-316.

国民法中的社团形成了如下的类型体系：合伙（依契约，所有共同事务以成员的一致同意为必要）→以多数决为同意原则的合伙→无限公司（OHG）→公司（人合公司或资合公司）。[①] 根据第二个“意义中心”，社团就会形成这样的类型体系：无权利能力的社团→有权利能力的社团→人合团体→两合团体→资合团体，也即形成了合伙、无限公司、有限公司、股份有限公司的序列。此外，拉伦茨还论及了布雷歇尔的社会类型体系，即以契约形成为意义中心，构成了“对待给付的契约→合伙→无权利能力的社团→法人”的序列。依照不同的“意义中心”，法律人通过不同的类型体系，就可对社团的不同法律侧面有更为深入的认识。因此，拉伦茨指出：“通过法的构造类型，典型形象间的过渡类型得以掌握。借着指定某类型在类型系列中的适当位置，表明该类型特色之特征，以及使其与毗邻类型相连的特征更可以清楚显示出来。”“法的构造类型”之意义不在于个案中法的发现，而在于认识通过规整整体的意义脉络，并以此掌握个案中特征丰盈的对象。拉伦茨继续评述到，从这个意义上讲，考夫曼所论关于“事物的本质”的思考，是一种类型学的思考。[②]

“规范性的真实类型”发挥的功能并不像“经验的经常类型”和“法的构造类型”那样明显，它散落于“法的构造类型”所形成的体系中，也在“经常的经验类型”构成证据链时穿插其中。“规范性

① Lusardi, Annamaria and Olivia S. Mitchell. 2006. “Financial Literacy and Planning: Implications for Retirement Well-Being.” Pension Research Council Working Paper No. 1.

② Lusardi, Annamaria, and Olivia Mitchell. 2007. “Baby Boomer Retirement Security: The Roles of Planning, Financial Literacy, and Housing Wealth.” Journal of Monetary Economics 54 (1): 205-224.

的真实类型”常取材于日常语言，却给曾经日常语言中的语词镀上一层法规范的价值。[①]“规范性的真实类型”让“人”成为法律上的“人”，让物成为法律上的“物”。原本就存在的生活事实，具有了法规范一面；只存在于日常生活的语词，其“意义洪流”也被法律思想、立法目的“截断”，在法规范体系中具有有限意义。因此，不同于“经验的经常类型”通过与生活事实紧密相连，让法律人在法律世界中，求得生活经验的支撑；也不同于“法的构造类型”通过价值判断下的思维建构，让法律人在“理想类型”式的图画中，获得对法律世界的规整理解；“规范性的真实类型”则让法律人将日常语言的语词“拉进”法律世界中，从而完成日常语言与法律语言的勾连、互通。拉伦茨通过对“动物占有人”规范特征变迁的历史进行论述，探讨了“规范性的真实类型”在法学中的运用。关于动物占有人，《德国民法典》第833条规定：“动物占有人视为其自身的利益，非仅暂时地将动物应用于其家室、经济营业或一般地应用于其支配范围之内的人，质言之，当动物属于其生活或经济范围之中时。”[②]但是，帝国法院在1905年做出判决，认为“任何人将动物安置于其经济营业，或——以最广义来理解的——家庭营业中，借此以帮助达成其目的时，占有动物”[③]。拉伦茨认为，帝国法院首先诉

① Madrian, Brigitte and Dennis Shea. 2001. “The Power of Suggestion: Inertia in 401 (k) Participation and Savings Behavior,” Quarterly Journal of Economics, 116 (4): 1149-1187.

② Lusardi, Annamaria, and Olivia Mitchell. 2007. “Baby Boomer Retirement Security: The Roles of Planning, Financial Literacy, and Housing Wealth.” Journal of Monetary Economics 54 (1): 205-224.

③ Mandell, Lewis, Personal Finance Survey of High School Seniors, The Jumpstart Coalition for Personal Financial Literacy, Washington, DC, 2004.

诸日常生活的语言使用方式，但将其限定在法律体系之内。在法律适用过程中，帝国法院根据立法目的，认为动物占有人所凸现的是动物占有时的利益角力，即“因为他作为‘业主’，为自己的利益，使他人置身于动物所生的危险中，也应为在这期间只有他由动物获得利益”。因此，当动物占有人与实际使用人、动物借用人之间无法区分时，拉伦茨继总结道：“不论是将动物置入家室或经济营业中，抑或事实上的实力支配（不论是直接或间接占有），都不是动物占有人不可或缺的概念性的要素。……它只有一种阶段性要素，最终决定性的是，该利益至少与前述要件之一结合。”[①] 正式通过利益与各要件结合之多少，最终形成对生活中，各种与动物相关的使用者的区分。可见，“规范性的真实类型”，其目的并不在于复述生活事实，也并不在于形成对法规范价值意义上的体系化，而是将法价值在日常生活的权衡中得以实现，使法规范得以实施。

从拉伦茨的三种类型看，“金融消费者”属于规范性的真实类型。在“金融消费者”这一汉语词出现之前，其形象就存在于各金融领域中，并被不同语词所指称，如“存款人”、“银行客户”、“理财产品客户”、“投保人”、“被保险人”和“受益人”等。随着金融市场发展，金融产品复杂化，这些语词所指称对象内部逐渐分化、融合，“金融消费者”形象凸显。“金融消费者”语词的提出是用来指称金融活动中的一类群体，其发挥的作用类似于德国民法中的“商业代理人”“经

① Melzer, Brian T. Forthcoming. “The Real Costs of Credit Access: Evidence from the Payday Lending Market.” Quarterly Journal of Economics.

理人”，即用来描述一类社会角色的整体形象。其中，用以描述的特征不同程度地存在于具体形象中，以相似的方式，而非涵摄的方式，归于“金融消费者”整体形象。同时，在确定金融消费者类型描述特征时，除了金融消费者本身的整体表现形象，规范目的也发挥了决定性作用，进入规范体系的“金融消费者”作为经验形象与规范评价相结合的产物，成为“规范性的真实类型”。

本章小结

从语言学和符号学出发，每个语词所载负的意义是无限的。语词解释项带来的无限衍义的可能，是概念思维在自然科学之外所无法把握的。从本质上看，概念思维是自然语言公式化的工具。因此，概念思维作为工具的使用范围，只能限于以公式为核心表达方式的“纯粹理性”学科。一旦跨出这个范围，概念思维面对的就是无法进行抽象化的庞大意义网络，其作为工具的效用也就消失殆尽。法学中的类型，是法学在语词无限衍义和封闭漂流过程中，形成的中止点处的“意义累积”：在法学中，类型既不可能一直衍义下去，像语词在人文学科中无边际地展开（这种无限制的奇思妙想也是人文学科所倡导的）；也不能在中止点处“故步自封”，像概念在自然科学中一样，成为“凝固”的符号。类型思维的意义此时凸显出来。在法学中，法律语言是一种法律人之间的身份语言，或称专业的日常语言。法律语言不具有自然科学语言的“单义性”和“数位性”，而是取材于日常语言（自然语言）的，较为抽象的专业语言。法律语言既不同于自然科学中的专业语词，仅具有唯一意义；也不同于日常语言中的语词，具有无限衍义的可能。法律语词仅在一定范围内具有操作的空间。类型思维及其内里的试推法，在法学“意义中心”所划定的范围 / 范畴内对语词、生活事实进行操作。因此，类型思维及其内里的试推法，才是符合法学内容的方法。通过类型本身的分类，本章提出，金融消费者属于“规范性的真实类型”。

第 4 章 “金融消费者”语词之类型描述

4.1 类型描述方法

关于类型的论述，主要集中在强调类型思维因“意义中心”而对价值形成关照，也因特征的弹性组合而具有开放、流动的边界，从而与概念思维价值剥离的僵硬模式所区分。对类型思维有所论述的德国法学家，也主要是在发现类型，并以此作为自己关于类型学说的例证。[①] 例如，拉伦茨在论述每种类型时，都会将此种类型无法通过“非此即彼”的概念思维获得这一结论，通过对法价值评价的引入，特征变动的描述来加以强化。但研究者并未对如何形成类型做专门论述。这样的情形并不难推论，法学家（特别是德国法学家）对类型和类型思维的态度即为“暧昧”：一方面，法学家（德国法学家）发现法学体系中其实很少有严格意义上的概念，甚至拉伦茨都曾言，“如果立法者想形成一个概念，借以描述一种案件事实的

① Merton, Robert C. "An Analytic Derivation of the Cost of Deposit Insurance and Loan Guarantees: An Application of Modern Option Pricing Theory." Journal of Banking & Finance 1, no. 1 (1977): 3–11.

特征时，应尽量精确，其确定方式并应达到下列要求：在个别案件中，无须回溯到评价性的观点，径以涵摄的方式即可确认案件事实的存在”；另一方面，法学家又因思维惯性和对“自然科学”之“科学”的期待，不愿抛弃概念，将类型思维作为概念思维的辅助手段，这在考夫曼处凸显无疑，“概念没有类型是空的，类型没有概念是盲目的”，正是法学家对概念“无法舍弃”的心理状态。基于此思路，类型更多地“依附”于概念，仅在概念僵化或忽视价值时，才被法学家反复提及。① 也正因如此，类型思维如果运用在新语词的描述，并未得到系统介绍。从类型思维的运用案例中，本书总结出类型获得和描述的两个路径，即“意义中心—描述特征”法和对极法。

4.1.1 “意义中心—描述特征”法

“意义中心—描述特征”法多用于“规范性的真实类型”和“法的构造类型”的描述中。当法律人面对生活事实的一类现象或一类群体时，感知对象的整体形象就模糊地呈现或存储于法律人的大脑中，基于一定目的、意图或其他价值选择，整体形象如水底之物浮上水面，逐渐清晰呈现。② 根据清晰的整体形象，法律人对其中典型形象的特征进行描述，得到围绕意义中心的一系列描述特征。由

---

① Merton, Robert C. “Financial Intermediation in the Continuous-Time Model”, in Continuous Time Finance, 428–471. Blackwell: 1992a.

② Merton, Robert C., and Zvi Bodie. “A Conceptual Framework for Analyzing the Financial Environment.” Chap. 1 in The Global Financial System: A Functional Perspective, by D. B. Crane, K. A. Froot, Scott P. Mason, André Perold, R. C. Merton, Z. Bodie, E. R. Sirri, and P. Tufano, 3–31. Boston: Harvard Business School Press, 1995.

此，由一开始的模糊整体形象出发，经过法体系评判，再形成一系列可以通过自然语言得以表述的特征，法律人得到了法体系中的类型。一般而言，这种过程较难从法律适用和法体系建构过程中抽离出来。其主要原因在于，大部分类型已经存在于法体系中，法律人只需确认自己所持价值观点与其他法律人一致，并在已有“法律概念”基础上进行类型思维的思考即可。法律人在运用“意义中心—描述特征”法的过程中，面对的时常是概念思维下的价值剥离，对“法律概念”的僵硬运用，只需部分地运用类型思维即可解决问题，而不需按部就班地完成整个思维过程。但这种依附于概念思维而展开的“意义中心—特征描述”法显然不够，甚至会让法律人在遇到新的法律语词时，遗忘类型思维，“路径依赖”式地运用概念思维。由此，“意义中心—描述特征”法需要得到重述与展开。

（一）意义中心的获得

对“意义中心”有意识的发掘最早源于利益法学的研究。耶林作为利益法学的创始人，首先从概念法学中逃离出来，认识到“利益”和“目的”在法规范中的重要位置。[①] 耶林在《法律中之目的》中提出，“目的是整个法律的创造者，没有赋予法条一个目的，也就是赋予其来源一个实践的动机，就没有法条”。为了使得自己的“目的论”得到哲学上的支持，耶林提出了社会“目的律”和自然“因果律”的区分，认为人类社会的“目的”推动着法律的演进。如何

① Mitchell, Olivia S., Gary Mottola, Steve Utkus, and Takeshi Yamaguchi. 2006. “The Inattentive Participant: Trading Behavior in 401 (k) Plans.” Pension Research Council Working Paper.

获得“目的”？耶林在《论法律感觉之起源》中，将法律感觉视为“人类用来掌握被实现在法律秩序中的目的机关”，因为人们在与他人共同生活中，很快就会意识到必须遵循共同的原则，并形成了法律感觉，即“正义感”或“价值感”。此时，“利益”被耶林从法律的概念天国中挖掘出来。①

海克进一步发展了利益法学理论，将利益法学作为一种方法论进行阐述，从而扩大了“利益”的意义范围。在海克的论述中，日常语言中的“生活需求”即为“利益”。②但这一层面的“利益”不仅仅是有物质保障的利益，还包括“人类的最高利益”“道德与宗教的利益”，以及所有与生活理想有关的利益。因此，海克得出了法学上的利益具有“广泛性”的结论，并继续论述道，“在日常生活中，我们不只谈个人利益，也谈团体利益及整体利益，谈公共利益，谈人类利益”，“我们谈利益，不只在财产利益上谈它，也在理想利益上谈它”，“我们谈伦理的、宗教的、道德的利益，谈正义的利益，谈衡平的利益，等等，谈人类的最高利益”。可以说，海克所论述的利益包括了两个方向上的利益：一种是基于物质的“生活需求”，这更多地表现为人们现实的渴望；另一种是法律人所共享的“渴望和渴望的趋向”，即一种“潜在的渴望意向”。海克一再强调，“利益”不需回溯到精确可知的观念，也无须回溯到某一可感知的观念，因

① Morgan, Donald P. and Michael R. Strain. 2008. “Payday Holiday: How Households Fare after Payday Credit Bans.” In Staff Report no. 309. Federal Reserve Bank of New York.

② Ortoleva, Pietro. “Modeling the Change of Paradigm: Non-Bayesian Reactions to Unexpected News.” The American Economic Review 102, no. 6 (2012): 2410-2436.

为“利益”即使掩藏最深的“渴望意向”也会被刺激，从而被法律人所觉察。[①]在这种扩大化的“利益”观下，海克将利益获得阶段分为“信息搜集”和“利益评价”阶段。在信息收集阶段，海克提出，法律人需从不断出现的个别冲突中，加以探究、关照，从而形成对利益冲突的整体把握。[②]在评价与判断阶段，海克提出，“我们的法律是以对生活利益关照及评价为基础”，或者以“至少是想要（wollen）”为基础，但在此之上，法律人要以“法律共同体通行的价值判断”，对这些利益冲突加以评判，决定利益保护的优先次序。海克进一步探讨到，每一次对“利益冲突”的评判并非全都源于法律人本身的价值判断，也有可能来自成文法（海克谓之“诫命”），此时，法律人的利益衡量被成文的法律原则（海克谓之“继受的诫命”）所替代，并以此为基础形成关于“利益”的价值判断。[③]

类型的“意义中心”本质上与利益法学中的“利益”相似。从已有论述看，“意义中心”是已经形成的法规范中所蕴含的价值观念。从前述关于社会科学中“意义”和“价值”的论述可知，“意义”是人所产生的与自然相对的，包括人的感觉经验、思想、情感、记忆和欲望；而“价值”虽然不能确知是何物，但可以明确的是，它是“人”

① Peter, J. P. & Olson, J. C. 2008. Consumer behavior and marketing strategy, Boston ; London, McGraw-Hill.

② Polinsky, A. M. & Shavell, S. 2000. The Economic Theory of Public Enforcement of Law. Journal of Economic Literature, 38, 45-76.

③ Ramakrishnan, Ram TS, and Anjan V. Thakor. “Information reliability and a theory of financial intermediation.” The Review of Economic Studies 51, no. 3 (1984): 415-432.

（或称“人性”）与现实相连所形成的关系。[①] 李凯尔特曾言：“一方面，人的生活世界是一个价值丰富的世界；另一方面，这个世界对于每一个个人之所以有价值，是因为人对这个世界取一种价值态度。”海克对“利益”的认识，其实也是对“价值”物化所形成的不同表现的认识。本书借用海克的认识框架，将类型“意义中心”所涉及的内容，分为对物质利益冲突进行的调和，以及对“某些渴望意向”（如文化的、宗教的、伦理的）所形成的利益冲突的调和。当法律人面对不同利益冲突时，根据法律人自身的衡量、沟通，或根据已有法律原则的衡量，所形成的冲突平衡的结果，就构成了“意义中心”。[②] 通过对利益冲突的个案进行观察、探究、总结，最终在价值上形成判断，法律人最终获得类型的“意义中心”。从经验看，法律人在形成类型过程中，并没有如此细致的行动，毋宁是一种法律感觉的实现，也即“正义感”所形成的判断。凭借对“正义感”的直觉，法律人循着已有的法体系寻找需要维护的权利和利益，形成类型的“意义中心”。更多时候，法律人在获得“意义中心”时，并未觉察到价值判断的结果已经形成，剩下的只是在价值判断的框架内进行。[③]

（二）描述特征的形成

但只凭借“意义中心”进行判断，法律人会陷入价值对立的无

① Schneider, Daniel J. and Peter Tufano. 2007. “New Savings from Old Innovations: Asset Building for the Less Affluent,” in Financing Low-Income Communities, ed. Julia Sass Rubin. Russell Sage.

② Seelig, Steven. “Too Big to Fail: A Taxonomic Analysis.” Too Big To Fail: Policies and Practices (Praeger Publishers)(2004): 219-230.

③ Simon, H. A. 1955. A behavioural model of rational choice. Quarterly Journal of Economics, 69, 99-118.

休止的争论中，也会在类型适用上无法前行。围绕意义中心弹性组合起来的特征，是避免类型适用时价值争论的工具。如何形成用以描述的特征？拉伦茨在其论述中仅提及以“整体形象”来实现对特征的描述，且全部特征只需存在于类型的典型形象中，在一般形象中仅是或多或少地存在。但具体如何获得特征，拉伦茨语焉不详。

从类型思维适用的例子中，可以总结出特征描述的如下几点。

1. 描述特征的对象是“整体形象”的一个侧面，这就意味着描述特征一方面需要将对象具象化，另一方面则是只能根据“意义中心”来反映对象，而非对对象的全面刻画。拉伦茨以德国民法典的“动物”一例说明了此点：法律人并不关心动物在生物学上，诸如哺乳动物、鱼类、鸟类的分类，而是以动物与人的关系为切入点，将动物划分为家畜、野生动物和驯养动物。基于财产权保护的“意义中心”，法律人并未将“动物”这一类型归于“生物”之中，而是将其归入“动产”之下，从而适用关于动产的法律规定。①

2. 描述特征需具有实用性。按照海克的观点，“立法者不能只是将实质判断（意义中心）反映在法规范中”，而需保证法规范是“可以适用的”，也即类型的描述特征需要在具体案件中得到“有效率地适用”。②之所以形成如此观点，是因为海克的一个问题，

① Shiller, Robert J. 2008. The Subprime Solution: How Today's Global Financial Crisis Happened, and What to Do About It. Princeton, NJ: Princeton University Press.

② Shavell, S. 1993. The Optimal Structure of Law Enforcement Journal of Law and Economics, 36, 255–287.

即在“意义中心”中所进行的实质判断，是否需要贯穿整个类型适用的过程。如果不需要，又如何保证“意义中心”在适用过程中的确定性与连续性。海克进而提出了“替代性特征”这一语词，认为无须在任何时候都回溯“意义中心”，只需保证可检验的“替代性特征”与“意义中心”一致即可。海克以有关“行为能力”的年龄规定为例，说明了“替代性特征”的作用。在“行为能力”问题上，法律一般直接规定一个固定的年龄作为“具有行为能力”的标准，而非事实上人的精神成熟度。但海克同时强调，这种“替代性特征”并不能完全代替“意义中心”，当出现未满“法律上的成年年龄”而进行诈骗，或虽满“法律上的成年年龄”却患有精神疾病等情形时，“意义中心”又会回到类型适用的中心，从而形成符合法体系价值的判断。①

3. 描述特征还需具有“使用上的容易性”，即需使得类型在一个容易理解、简单而概观的体系中实现价值评价。海克用德国民法中的“总则”来论证描述特征的这一特点。他认为，德国民法中的“总则”虽然与各分则分离，但实际上是将各分则中的原则性内容加以总结、描述，从而单独列出。当法律人在适用法律时违反了蕴含于规则的“意义中心”，则不再仅局限于“意义中心”的说理式论述，以证明法律适用与法体系价值的偏离，而只需援引“总则”的规定，就可实现对法体系价值的维护。德国民法中的“总则”，发挥的正是

① Shiller, Robert J. 2008. The Subprime Solution: How Today's Global Financial Crisis Happened, and What to Do About It. Princeton, NJ: Princeton University Press.

描述特征所具有的“使用上的容易性”的特点。①

在“意义中心—描述特征”法中，“意义中心”依靠法律人的法律感觉，在观察、探寻中形成，并贯穿于类型的形成、适用和发展的整个过程；而描述特征则是围绕“意义中心”，形成的对对象某一方面的语言呈现，在类型适用过程中需能够替代较难把握的“意义中心”，实现“使用上的容易性”。

4.1.2 对极法

在拉伦茨的论述中，类型是以一种渐进式的交错方式过渡到另一种类型。当“类型的可变因素，借着若干要素的全然消退，新要素的加入或居于重要地位”，类型的变化得以实现，也在两个“极端”类型之间形成一个类型谱。对极法就是在类型谱基础上，从肯定与否定的两个极端开始，沿着“意义中心”的发展获得类型的方法。②

对极法是对类型谱和对极思考的综合。其中，类型谱是法规范向着法律所要体现的正义观发展，围绕“意义中心”形成的横向结构。黄茂荣对类型谱进行了如下描述：“规范类型为取向一定之规范目的取舍规范对象之特征后，由剩下的数个基本特征或特点交织而成的集合。”作为构成部分的基本特征或特点，其是否存在和强度如

① Slovic, P., Finucane, M. L., Peters, E. & Macgregor, D. G. 2004. Risk as Analysis and Risk as Feelings: Some Thoughts about Affect, Reason, Risk, and Rationality. Risk Analysis: An International Journal, 24, 311-322.

② Stegman, Michael A. and Robert Faris. 2003. “Payday Lending: A Business Model That Encourages Chronic Borrowing.” Economic Development Quarterly, 17 (1): 8-32.

何，处于不断变化中。[①]在特征褪去或凸显过程时，就形成了不同类型之间的渐变。法律人时常利用类型谱，对疑难案件进行利益权衡上的不同处理，判断“有无漏洞的比对对象”。而对极思考实际上就是将矛盾的两个类型的典型形象列于类型谱的两段，从正反两面思考中把握类型和典型形象之间的一般形象。法学中有很多类型上的对极，如实质正义与程序正义、人的行为与自然事实、法律行为与事实行为、自然人与法人、行为能力与无行为能力、动产与不动产、要约与要约诱引、财产损害与精神损害。值得注意的是，由于形成类型谱的“意义中心”可以多样，从一极出发的类型谱也就可以沿着不同方向发展，到达不同的对极。因此，一个类型的对极不止一个。要约不但可以与承诺构成对极，也能够与要约诱引构成对极，即为例证。在“要约—承诺”类型谱上，意义中心为主体意思表示“所含的法效意思”是契约的缔结。但二者处于意义重心发展上的两个极端，即要约以“愿意以自己首先对他人表示之法效意思的内容为内容，与受意人成立契约关系为其内容”，而承诺“以他人对自己表示的法效意思的内容，作为自己之法效意思的内容”。由此，都以意思表示为缔约的前提，要约的一段是意思表示在前，而承诺的一段是意思表示在后。在“要约—要约引诱”类型谱上，其意义中心都为缔约前的表示。而要约的一极代表着意思表示具有缔约的意思表示，具有法律效力；而要约引诱的一极则没有，仅是为

① Sundaresan, Suresh, and Zhenyu Wang. “On the Design of Contingent Capital with a Market Trigger.” The Journal of Finance 70, no. 2(2015): 881–920.

了引诱他方进行要约，不具有法律效力。[①]

与“意义中心—描述特征”法不同，对极法可以在一定程度上脱离生活事实，依赖已有的“意义中心”（立法目的、法律原则），在法律规范中规定好的类型典型形象之间，寻找类型的一般形态。以桌子为例，如果其意义中心是“为人提供使用便利的平板”，人们就可以获得关于桌子类型谱的一极是带有四条腿的平板，另一极是直接置于人下肢上的无腿平板。沿着这一意义中心，人们可以发现三条腿的桌子、有一个支撑面的斜面桌子，安装在墙上的折叠桌子，以及直接放置在盘起的腿上就可使用的平板桌子。[②] 而如果以“为人所使用的带腿平板”，人们就会发现，类型谱的一极是带腿的桌子，另一极是带腿的椅子，两极之间就成为可以升降的桌椅两用的家具。法规范体系中同样出现此种情况，如前文所述“合伙—有限合伙—无限公司—有限公司—股份有限公司”的类型谱，就是在集合的权利能力超过个体的权利能力这一“意义中心”上发展而来的。在这一类型谱中，法律人如若遇到介于两极之间的特殊形象，则可根据两极的描述特征，进行围绕意义中心的增减，获得对一般形象的恰当描述。以“完全行为能力人—无行为能力人”这一对极为例，其意义中心在于“行为人理性处理自身事务”。沿着这一意义中心，法律人发现了精神、智力成熟度这一描述特征，并以年龄为简化特

① Taylor, M. 1995. Twin Peaks: A Regulatory Structure for the New Century, Centre for the Study of Financial Innovation (CSFI).

② Thaler, Richard H. and Shlomo Benartzi. 2004. “Save More Tomorrow: Using Behavioral Economics to Increase Employee Savings.” Journal of Political Economy, 112 (1, Part 2): S164–S187.

征。在完全行为能力人一极，行为人年龄上达到法定年龄，且精神、智力成熟；在无行为能力人一极，行为人年龄未达到法定年龄，且精神、智力不成熟；但必定会出现年龄达到法定，但精神、智力不成熟，或年龄未达到法定，而精神、智力成熟的情况，此时就出现了“限制行为能力人”的中间状态。①

利用对极和类型谱，法律人就可将“完全行为能力人”和“无行为能力人”之间的类型一般形态加以发现、描述，从而形成对类型的全面认识。在面对其他非典型的类型形象时，法律人也只需从已有的类型典型形象出发，沿着一定的“意义中心”，寻找对极，在两极之间的类型谱上，对特征进行增减，最终得到某一类型的描述。②

4.2 “金融消费者”之意义中心

4.2.1 “金融消费者”整体形象之概观

从拉伦茨的论述中可知，“规范性的真实类型”的意义中心，蕴含于其整体形象之中。如何获得这一“整体形象”，又如何在“整体形象”中获得“意义中心”？拉伦茨提出，在生活事实中详加观察，以某一价值角度，得到源于生活经验的形象认知，就能形成“规范

① Tversky, A. & Kahneman, D. 1974. Judgment under Uncertainty: Heuristics and Biases. Science, 185, 1124-1131.

② Van Den Bergh, R. 2008. Enforcement of Consumer Law by Consumer Associations. In: Faure, M. & Stephen, F. H.(eds.) Essays in the law and economics of regulation : in honour of Anthony Ogus Antwerpen: Intersentia.26.

性的真实类型”。也即“整体形象”是透过法规范的视镜，对已存在的生活事实有目的观察所得。而“意义中心”就是“整体形象”所包含的价值判断，既在“整体形象”形成时发挥着指向作用，又在判断具体对象是否与“整体形象”相似时作为依据。[①]这颇有一种循环定义的意味：如果没有“意义中心”，“整体形象”就无从发现；而不形成“整体形象”，“意义中心”就无法把握。人们在对“整体形象”的发现一经开始，就已经在“意义中心”的指向下进行；只有当“整体形象”越来越清晰时，“意义中心”作为内核才得以凸显。但正是这样具有循环定义意味的关系，才揭示了类型思维的意义：任何法律人认为的“法律概念”，都无法与价值脱离，进行纯然的形式逻辑推理。自某一个法律语词出现之时，它就包含了价值判断的起点；而这个价值判断的起点，通过语词的不断解释，才再次从其中释放出来。

本书第一章第四节对“金融消费者”语词和现象进行了源流考。从“金融消费者”语词、现象出现过程看，“金融消费者”现象早于“金融消费者”语词，但直到法律人依靠法律直觉，意识到（或者只是感性地觉察到）金融领域存在一个需要倾斜性特殊保护的群体时，“金融消费者”现象才被发现，“金融消费者”语词才逐渐从法律人的话语中浮现[②]。随后，法律人以“金融消费者”语词为起点，再去

① Wall, D. 1972. Introduction. In：Wall, D.(ed.) Chicago essays in economic development Chicago：University of Chicago Press.

② 赵晟植：《韩国法中的〈金融投资商品〉定义小考》，载《金融法苑》2010 年第 1 期。

认识和描述“金融消费者”现象，在生活事实中刻画出一个经验实在的“金融消费者”群体，并以“金融消费者”指称。最后，以经验的“金融消费者”为基础，法律人再通过“概念的金字塔”，试图在概念思维下形成“金融消费者”概念。① 可见，“金融消费者”最初的整体形象即为金融领域中需要得到倾斜性特殊保护的群体。更为细致的描述是，在金融活动中进行交易的双方中，有一方因其相对弱势的地位，需要法律和制度倾斜性的特殊保护。②

但对这个“整体形象”作更为细致的认识时，这种基于法律直觉的初步印象就变得极为模糊。③ 最为主要的是，“相对弱势地位”中的“相对弱势”是何种意义上的相对弱势，是财产多寡，是信息多少，还是其他意义上比较而得的“相对弱势”？更进一步讲，“相对弱势”的价值判断标准是什么？此时，对金融消费者的认识，就不能仅凭最初的、直觉式的判断，而需脱离这种感性描述，进入法学范畴内的价值探讨。④

4.2.2 “金融消费者”、分配正义与风险

对“消费者”这一法律语词所包含的“相对弱势”的价值判断应做何解？得出“相对弱势”的价值判断标准是什么？研究者主要

---

① 陈文君：《金融消费者保护监管研究》，上海财经大学出版社 2011 年版。

② Waters, D. 2006. FSA Consultation Paper- Overview of the “Reforming conduct of business regulation”. BBA Conduct of Business Seminar.

③ 郭丹：《金融服务法研究——金融消费者保护的视角》，法律出版社 2010 年版。

④ White, Michelle J. 2009. “Bankruptcy: Past Puzzles, Recent Reforms, and the Mortgage Crisis.” American Law and Economics Review, 11 (1): 1–23.

从经济实力、信息量这两方面来分析，认为经济实力上的悬殊和信息不对称，导致消费者在经济活动中的“相对弱势”。[①] 但这种描述性的论述并不能解决问题，在经济活动中，进入合同的双方在经济实力、信息拥有量上常存在不对等情况，民法中关于可撤销合同、无效合同的规定，本质上是解决缔约过程中信息不对称所导致的问题。如果只是不对等在程度上有区别，也即不对等情况过于明显，就对“相对弱势”一方进行倾斜性保护，这在逻辑上无法讲通。由此，对“相对弱势”的理解如果仅停留在经济实力、信息量等表象描述，就仅具有感性层面的意义，而无法进行逻辑上的展开。实现对“相对弱势”的深入认识，就需从更为内里的法价值展开。

（一）正义与分配正义

每一个法律语词都符合法律人对正义的理解。在概念思维下，为了平衡形式逻辑与价值判断之间的冲突，法律人一再强调“法律概念不是毫无目的地诞生，也不是毫无目的地被凑合在一起……而是人们对法律有所期待，希望借助于法律，能够达到所为之目的：促成正义在人类共同生活上的实现”。

正义是什么，这个问题同时间是什么一样难以回答。罗尔斯在《正义论》的开篇指出，正义是一种对公平“直觉的确信”。佩雷尔曼更是做出这样的形容：“正义具有一张普罗透斯似的脸，变幻无常、随时可呈现不同形状，并具有极不相同的面貌。”关于正义的分类也颇繁多，如分配正义与矫正正义的区分、形式正义与实质正

① Business Law – By Shri M. S. Pandit and Shobha Pandit, Himalaya Publishing House.

义的区分、程序正义与实体正义的区分。单就经济法学研究中经常强调的实质正义，就在类型谱上有三个对极：作为社会正义，与法治这种形式正义相对应的实质正义；作为具体正义，与抽象正义相对应的实质正义；作为实体法上的实体正义，与程序正义相对应的实质正义。[①]从经济法学研究对“实质正义”这一语词运用情况看，经济法学更多强调作为具体正义的实质正义。在与民法进行对比时，经济法学研究者时常强调，民法追求的是形式正义，经济法追求的是实质正义。更进一步讲，民法强调的是人必须受到同样的对待，不管他们的民族、肤色、年龄、社会地位，都应得到平等对待。这样的正义是一种抽象正义，即舍弃了具体内容和特殊情况的一般正义，也即“对每个人同样地对待”。而经济法所追求的实质正义，是存在于具体的人、行为或事件之中的具有实际的、具体内容的正义。当形式正义忽视了具体情况中当事人“与生俱来”的不平等，具体正义就可以进行纠正，从而实现真正意义上的平等。但不管是作为抽象正义的形式正义，还是作为具体正义的实质正义，本质上都是寻求分配上的公平，即寻求一种分配正义。

最早提出分配正义的是亚里士多德。亚里士多德将正义区分为“普遍正义”和“特殊正义”：“普遍正义”是一种人们都应具有的美德，在这种美德的作用下，人们的激情处于理性的控制下，从而形

① Slovic, P., Finucane, M. L., Peters, E. & Macgregor, D. G. 2004. Risk as Analysis and Risk as Feelings: Some Thoughts about Affect, Reason, Risk, and Rationality. Risk Analysis: An International Journal, 24, 311-322.

成灵魂的正确秩序，采取普遍被理解的正义所要求的行为，如守信、借债还钱；[①] 在普遍正义之外，存在于政治安排和司法裁判中的美德就被称为"特殊正义"。在特殊正义之上，亚里士多德又区分出"分配正义"和"矫正正义"。亚里士多德时期的分配正义要求根据美德按比例分配荣誉、政治职务和金钱，"每个人都根据自己的美德而得到财富，因而在美德上不平等的人被同等对待是不公正的，或者美德上平等的人被不同对待是不公正的"。矫正正义则主要意指，要求做错事者依循造成的伤害程度给予受害者赔偿。不管受害者的美德如何，在矫正正义下，每个人都因自己所受到的伤害获得同样的补偿。[②] 亚里士多德之后，哲学家和法学家再对正义进行论述，总体上还是沿着普遍正义与特殊正义的区分，分配正义与矫正正义的区分前行。[③] 因此，研究者提及正义时，总会从亚里士多德开始，如约翰·罗默在其《分配正义理论》中这样写道："分配正义的理论——一个社会或团体应该如何在有着竞争性需求和诉求的个人中间分配稀缺资源或者产品——至少可以追溯到两千年前，亚里士多德曾探讨过这个问题……"

虽然"正义""分配正义"的语词自亚里士多德时期沿用至今，

① Wilson, S. 2007. Treating Customers Fairly– an assessment of industry's performance against the outcomes. FSA Treating Customers Fairly Conference.

② World Bank, Finance and Private Sector Department of the Europe and Central Asia Region, Azerbaijan: Technical Note on Consumer Protection and Financial Literacy, Updated June 2009.

③ Zinman, Jonathan. 2008. "Restricting Consumer Credit Access: Household Survey Evidence on Effects around the Oregon Rate Cap," Federal Reserve Bank of Philadelphia, Working Paper No. 08-32.

人们在这两个语词衍义过程中积累的意义却发生了根本变化。正如维根特斯坦对语词的家族性的论述：如果人们不断积累足够的语词意义差别，就总能提出令人信服的观点来说明，人们已经在谈论完全不同的两个对象；但如果人们认为依然有必要维持一个语词来谈论两个完全不同的对象时，就总是能够将二者之间的不同置于一个语词笼统的框架下。至罗尔斯写就《正义论》，“正义”的语词意义发生了如下变化：其一，自康德哲学起，正义切断了与美德的联系，正义的义务和其他道德义务不同，不在于那些必须履行义务的人的意图。因此，特殊正义比普遍正义获得更多的关注。到了罗斯尔时期，正义成为宗教、文化、人生观念的差异抽象而来的结果。与亚里士多德的分配正义不同，罗尔斯的正义不再与个人品性相关。在亚里士多德看来，“应得的”基本上是和美德联系在一起的，在他的框架内，认为任何人仅仅因为需要就理应得到某些东西显然说不通。亚里士多德使用的“分配正义”概念似乎最好这样确定：不仅仅是“用在分配中的正义或公平”的意思，而是“用在分配一个人或者多个人应得的赏罚中的正义或公平”的意思。[①] 在亚里士多德的分配正义概念中，起到非常重要作用的是美德的概念，即人们理应得到某些东西，是因为他们或具备某些优秀品质，或在实践中表现出优秀行为。同样重要的是，分配正义的现代意义认为，人们理应得到某些东西，不管他们的品质如何，也不管他们做了什么。其二，亚

① Posner, R. A. 1990. The problems of jurisprudence, Cambridge, Mass. ; London, Harvard University Press.

里士多德的分配正义关注的是政治地位的分配，而发展到罗尔斯的正义，分配正义更多地与财产有关。只要人们理应得到某些物质财富，只要他们作为个人而不仅仅是作为更大的阶级或者群体的一个成员，只要他们是为了不需要诉诸宗教呼吁就能解释的一些理由，只要给他们应该得到的东西是切实可行的，而不是牵强附会的目标，那就有理由期待国家承担起分配这些物品的重任。[①] 这种现代意义上的分配正义被解释出如下意义：第一，不管是作为整体的人类，还是作为个体的人类，每个人都有一样东西值得追求，人们在追求这种东西时，应该得到某些权利和保护；第二，必要物品的某些份额是每个个人应得的部分，是每个人理应得到的权利和保护的部分；第三，每个个人理应得到这种东西的事实，可以被理性的、纯粹世俗的术语证明；第四，这种物品份额的分配是切实可行的，实现这种分配是有意识的尝试；第五，不仅个人、组织应该进行这种分配的尝试，国家也应该成为分配的保证人。

从亚里士多德的分配正义到现代意义上的分配正义发展过程中，重要转折点发生在康德时期。在《道德的形而上学基础》中，康德认为，任何一个人，一个理性的人，“都是作为本身目的存在，而不是他人的手段”，在每个人的理性思考中都应该这样想。每个人都有“绝对价值”，也就是平等的价值。这在亚里士多德的分配正义中是难以想象的。在亚里士多德的正义观中，美德即为优秀。在

① Mitchell, Olivia S., Gary Mottola, Steve Utkus, and Takeshi Yamaguchi. 2006. “The Inattentive Participant: Trading Behavior in 401（k）Plans.” Pension Research Council Working Paper.

康德哲学中，人的价值在于自身，因为拥有理性，人人都是平等的。这并不排除有些人因为做了好事或者工作努力在某些方面获得比别人更大的价值，因而理应得到比那些道德较差、较懒惰的人更多的荣誉和物质利益的可能性。同时，康德坚持认为，个人如果生活在有利的天然和社会环境下，就拥有了一套实现充分自由行动的潜力。在《道德的形而上学基础》中，康德认为，每个人都有培养开发自己“才能”或者“天赋”的义务。[①] 正是因为开发人的潜力需要大量的物质财富和社会机构，如果一个人生活的价值要求他发挥潜力，那么社会就有必要为那些没有条件的人提供发挥这些潜力所需要的物质条件。当然，需要保证每个人至少得到教育和看到自身潜力的机会。按照这种观点，人类如果只是实现了一套固定的任务和社会要求他们成为好人的义务，他们的生活将是不充分的。相反，他们需要自由开发和实践丰富多彩的“人生计划”，以便他们能把所发现的全部价值潜力充分发挥出来。康德在《道德的形而上学基础》中不断强调，在开发自身潜力的义务中所隐含的，是对好生活的苛刻要求，这个要求也随之对社会提出了更多要求。[②]

康德之后，关于分配正义的观点迅速向现代意义发展。阿尔芒·德·默斯在 1973 年曾做出如下论述：“没有什么比只有政治平等而没有社会和经济平等更危险、更荒唐和更不道德的矛盾了。

---

① Akerlof, George A. “The Market for ‘Lemons’: Quality Uncertainty and the Market Mechanism.” The Quarterly Journal of Economics (1970): 488-500.

② Ameriks, John and Stephen P. Zeldes. 2004. “How do Household Portfolio Shares Vary with Age?” Unpublished paper.

在法律上享受平等但是在生活中又被剥夺，这是让人痛恨的非正义……这里不需要强调……在自然法传统中所有人都享有地球上的成果的平等权利，因为这是我们都坚信的真理。[①] 真正的问题是：既然承认在社会公共利益容许私有财产权，那么为什么就不能有义务来限制这些权利，而听任财产所有者随心所欲呢？”随后，现代意义上的分配正义开始制度化，人们逐渐把获得基本生存收入看作理所应当的权利。而经济学上也将“完全摆脱贫困的可能性”当作“经济学研究的主要目标和最高利益”。正如马歇尔所言，他理想中的社会是，“来到世界上的任何人都应该有公平的机会拜托贫困的痛苦、过分机械劳作产生的消极影响，享受文明高雅的生活”[②]。

至罗尔斯以非功利主义的角度重新阐述正义问题，现代意义上的分配正义得到了全面展示。罗尔斯认为：“每个人拥有建立在正义基础上的不可侵犯性，即使作为整体的社会福利也不能战胜。”正义应该只关心“最基本财富”的分配，这些财富是追求任何实际的人类目标所必需的，应该抛弃什么构成人类最终的善的问题。在罗尔斯的《正义论》中，“正义是在决定社会所生产利益的分配的社会安排和支持适当的分配份额的共识之间进行选择的一套原则”。由于

① Armstrong, Mark, “Interactions between Competition and Consumer Policy,” Competition Policy International, Volume 4, Number 1, Spring 2008.

② Avgouleas, E. 2008. Reforming Investor Protection Regulation: The Impact of Cognitive Biases. In: Faure, M. & Stephen, F. H. (eds.) Essays in the law and economics of regulation: in honour of Anthony Ogus. Antwerpen: Intersentia.

人性是社会的产物而不是社会的决定因素，因此社会体系总是“影响个人拥有的需求和偏好”，“人们必须在部分根据欲望构成的社会体系和由此产生和鼓励的需求之间做出选择”。①我们的生活前景在很大程度上受到我们所在的政治和社会结构的影响，而我们的智慧和才能也受到社会的很大影响。“一切社会条件和阶级态度”都会影响天生能力发展和达到成熟的程度，甚至“作出努力、进行尝试、成为普通意义上有价值的人的愿望，都取决于幸运的家庭和社会环境”。既然我们的个性受到社会的影响如此之大，就应将个性放在财富公平分配原则之外。最后，罗尔斯提出了关于正义的精确描述，其一，每个人都应有平等的权利取享有人人享有的类似的，与自由体系相一致的最广泛的平等基础的自由总体系；其二，社会和经济不平等的调整应能使它们符合地位最不利的最大利益，即与正义的储蓄原则相一致，以及在公平的机会均等的条件下，与向所有人开放的官职和职务联系起来。②

现代意义的正义和分配正义发展起来后，建立在财富公平分配基础上的一系列制度也建立起来，经济法学所讨论的财税制度、宪法学所讨论的社会权利、行政法学所讨论的国家救济制度，都围绕现代意义上的分配正义展开。人们提及正义和分配正义时，都会将其与财富分配上的均衡、国家相对于个体的义务，也会与国家的宏

① Baldwin, R. & Cave, M. 1999. Understanding regulation : theory, strategy, and practice, Oxford, Oxford University Press.

② Benartzi, Shlomo. 2001. “Excessive Extrapolation and the Allocation of 401 (k) Accounts to Company Stock?” Journal of Finance, 56 (5): 1747-1764.

观调控职责联系起来。[①]

（二）现代性与分配正义的意义突破

维特根斯坦曾言：“可以把我们的语言看作古代的城市：它是由错综复杂的狭小街道和广场组成；新新旧旧的房屋，在不同时期作了添补的房屋组成的迷宫；包围着这一切的是街道笔直严整，且房屋整齐划一的新市区。”语词意义在历时维度存在变化是必然的。正义和分配正义自亚里士多德时期被提出，发展至罗尔斯时期，发生了巨大变化，其中之一即为分配对象由政治职务、政治地位，转变为财富。进入现代社会，分配正义也在不断突破其自身已有的意义，分配的对象就不再局限于财富。正如维特根斯坦所言，人们可以为了特殊目的围绕一个语词，设定一个边界，但这并不意味着让这个语词只能用在这个特殊目的上。人们将分配正义的边界设定在财产分配的基础上，但这并不意味着分配正义的现代意义，只关照财富不均衡所衍生出的问题。当人们凭借经济基础决定上层建筑这一原理，粗浅地推论出，一切问题都源于基于财富分配的分配正义未得到实现，社会的现代化进展却给出了不同的图景。[②]吉登斯则认为，现代性是制度性的，包含三个层面的内容：其一，是对世界的一系列态度，关于实现世界向

① Bertrand, Marianne and Adair Morse. 2009. “Information Disclosure, Cognitive Biases and Payday Borrowing,” Chicago Booth Research Paper No. 10-01.

② Beshears, John, James J. Choi, David Laibson, and Brigitte C. Madrian. Forthcoming. “How Does Simplified Disclosure Affect Individuals’ Mutual Fund Choices?” in David A. Wise, editor, Explorations in the Economics of Aging.

人类干预所造成的转变开放的观念；其二，是一套复杂的经济制度，特别是工业生产和市场经济；其三；是一系列政治制度，包括民族国家和大众民主。由此，吉登斯得出关于现代性的一个公式：现代性 =“工业化的世界”+“资本主义”。通过工业化和资本主义发展，在制度、文化、生活方式等方面发生的秩序改变，即为吉登斯所称的现代性。①

在现代性的基础上，贝克和吉登斯将现代化过程分为“简单现代化”和“自反性现代化”。贝克提出，简单现代化和自反性现代化存在着如下区分：其一，在简单现代化时代，不平等发生在大型群体和阶级之间，在自反性现代化时代，不平等则发生在个体之间；其二，在简单现代化时代，主要问题具有自主性的各个行动领域之间的分化问题，在自反性现代化时代，这一问题被相互分化的亚系统之间的功能性协调、网络和聚合的问题所取代；其三，在简单现代化时代，发展起来的是对社会控制的确定，但在自反性现代化时代，这种观念被不确定性和不可控制的观念所取代；其四，简单现代化时代社会变革的原动力存在于工具理性之中，自反性现代化的原动力则存在于行动的各种副作用之中。②贝克和吉登斯随后将“简单现代化”对应“工业社会”，而“自反性现代化”对应“风险社

① Calomiris, Charles W., and Charles M. Kahn. “The role of demandable debt in structuring optimal banking arrangements.” The American Economic Review (1991): 497–513.

② Laurent E. Calvet, John Y. Campbell and Paolo Sodini. 2009. “Fight or Flight? Portfolio Rebalancing by Individual Investors”, Quarterly Journal of Economics, 124 (1): 301–48.

会”。[①] 在工业社会阶段，国家所追求的是生产发展和财富增加。在这一时期，虽然民族国家知道风险的存在，承认现代化的后果和自我危害被系统地制造出来，但并未成为公共讨论的主题。因为在这一时期，生产力的发展和财富的增长是主要的。随着工业社会的发展，政治的、经济的、技术的、个体的不断强化的理性控制手段导致了整个社会发展的“不确定性”。[②] 风险不再是无知和鲁莽的产物，而成为理性发展的结果。人们改造自然的能力日益提升的同时，也发现自身所面临的风险越大，“自反性现代化”将人们推进风险社会，生产力和财富不再是主要议题，风险时刻锁住了人们的视线。

正是现代化的进程，将现代社会从“工业化社会”阶段推向了“风险社会”阶段。在财富获得和分配之外，人们开始关注风险的分配问题。消费者运动进入“成就时期”的 20 世纪 60 年代，也正是环境污染、生态灾难、核战爆发、经济崩溃等风险被人们频繁提及的年代。在风险层面上，分配一方面突破了社会和经济的差别，不管是富人还是穷人，不管生活于哪个地区，都要面对诸如环境污染、核电站泄漏的风险，也要面对同一产品可能带来产品瑕疵风险；但另一方面，不同阶层之间也存在差异，风险在上层社会人士和下层社会平民之间的分布是不同的，诸如营养水平、易感染疾病等方

① C. F. Camerer, 2000. Prospect Theory in the Wild: Evidence from the Field. In: Kahneman, D. & Tversky, A. (eds.) Choices, values, and frames Cambridge: New York : Cambridge University Press ; Russell Sage Foundation.

② Campbell, John Y. 2006. “Household Finance.” Journal of Finance 61 (4): 1553–1604. Campbell, John Y. and Joao Cocco. 2003. “Household Risk Management and Optimal Mortgage Choice.” Quarterly Journal of Economics 118 (4): 1449–1494.

面的风险，就存在特权阶层和非特权阶层上的差别。这就使得风险的分配变得复杂：一方面，风险分配脱离了阶层划分，造成了“他人的终结”；另一方面，风险分配又与阶层划分相交叉，造成了风险“依附”于阶层而划分。由此，风险分配在现代化过程中获得了意义上的突破。

（三）风险与分配正义内容之变

风险是如何进入现代社会，并与财富一起，成为分配的对象？吉登斯以“脱域”机制解释了这一过程。在前现代社会，由于时—空延伸的水平低下，人们的交往仅在非常狭小的范围内进行。人们对时间的计算总是把时间与地点联系在一起，“什么时候”总是与“什么地方”相联系。而在高度现代化的今天，时间和空间都趋于空洞化，与具体地点、事件相分离，逐步取得高度的标准化、精确化。人们不再依赖“什么地方”确定“什么时候”，不在场的东西能够决定在场的东西。在时—空现代化的当今社会中，社会关系从有限的地方性场景中剥离出来，跨越广阔的时间—空间距离去重新组织社会关系。

吉登斯列举了象征符号和专家系统，这两种“脱域”机制的动力结构。[①] 在吉登斯的论述中，象征符号是超越具体个人或群体的普遍化交换媒介，典型例子是货币。吉登斯首先回顾了不同学科对货币的认识，认为对货币是什么的解答，各个领域的研究者一直没

① Campbell, Larry, and John P. Wilson, “Financial Functional Analysis: A Conceptual Framework for Understanding the Changing Financial System”. Working paper, HSBC London, 2014.

有取得一致意见。按照凯恩斯的观点，账目货币和狭义货币有本质区别。在早期历史中，货币是由债务来界定的。“商品货币”因此标志着由以物易物向货币经济过渡迈出的第一步。当在交易结算中债务的回收能够通过商品来替代时，一种基本的变化就产生了。任何一家银行都能开出这种对“债务的自然偿还券”，而且它也代表了所谓“银票”。[①] 银票在其更广泛地传播开来以前，是对私人债务的认可。这种向货币的变动包含有国家的干预，而国家是货币价值的担保者。只有国家（这里指的是现代的民族国家）能够把私人债务交易变为标准的支付形式，换言之，只有国家能是债务和债权在数量不定的交易中处于平衡状态。在凯恩斯的理论中，货币以一种延缓的方式，在产品不可能直接交换的情况下将债权和债务连接起来。[②] 在脱域机制中，货币是时空伸延的工具，它使在时间和空间中分离开来的商人之间的交易成为现实。货币托出时间，因此也将交易从具体的交换环境中脱离出来的手段。齐美尔就曾指出：“只有一个企业的利润能够以一种轻而易举的方式被转移到任何地方，它通过财产与其所有者在空间上彼此分离，来保证它们处于一种高度独立状态，换言之，即自我流动能力。”[③] 而今天，货币已经独立于它所代表的商品，“如同存储在计算机中的数据一样，以纯信息的形式显现

① Carter, Susan P., Paige M. Skiba, and Jeremy Tobacman. 2010. “Pecuniary Mistakes? Payday Borrowing by Credit Union Members.” PRC Working Paper WP2010-32, Pension Research Council.

② Caskey, John. 2001. “Payday Lending.” Financial Counseling and Planning, 12（2）: 1-14.

③ Choi, James J., David Laibson and Brigitte C. Madrian. Forthcoming. “$100 Bills on the Sidewalk: Suboptimal Investment in 401（k）Plans.” Review of Economics and Statistics.

出来”。通过货币，资本主义市场开始扩张，从早期的带有个人性质的事务，发展至国际性规模。

脱域机制的另一个动力机制是专家系统。专家系统的基础是技术知识，并是以技术成就和专业队伍共同构成的体系。社会系统的延伸，是通过应用于估算技术知识的测试的非人格性质以及用来控制其形式的公众批评来实现的，而这种公众批评正是技术性知识产品存在的基础。当人们登楼入宅时，并不特别担心，虽然人们知道，原则上说，房屋结构也可能倒塌。人们并不了解建造房屋的专业人士所使用的知识，但依然对其成果表示信赖。① 在专家系统中，普通人所信任的并非专家本人，而是专家所运用的专业知识的可靠性。对专家系统的信任，“既不依赖于完全参与进这些过程，也不依赖于精通那些专家所具有的知识”，而是对关于“系统通常都会像它们所预期的那样运行”的经验的信赖。这种信赖，并不在于认知意义上的理解，而在于“一种感觉”，即“在人们对某存在物的观念和该存在物本身之间存在着某种确切的联系与吻合，某种我们关于它的观念与它本身的确切的一致性，一种对它的确信或在自我意识中对这种观念的无抵制”。可以说，这种“感觉”并不建立在相关知识的全面掌握上，而是建立在对“知识基础”的模糊不清和片面理解上。吉登斯论进一步述道，“我们在象征标志或专家系统内所谈论的信

① Choi, James J., David Laibson, Brigitte C. Madrian and Andrew Metrick. 2006. “Saving for Retirement on the Path of Least Resistance.” In Behavioral Public Finance: Toward a New Agenda, ed. Edward J. McCaffrey and Joel Slemrod, pp. 304–51. New York: Russell Sage Foundation.

任，是建立在信赖专业知识的正确性基础上的，而不是建立在对他人道德品质的信赖之上”。与货币相同，专家系统通过跨越时—空来提供人们对未来预期的保障。而这些都与高度技术化和风险社会环境下的信任有着密切的关系。①

作为“脱域机制”动力系统的象征符号系统和专家系统，都依赖于“信任”才得以运行。任何一个使用货币符号的人都依赖于这样一种假设：那些他或她从未谋面的人也承认这些货币的价值。而对于专家系统，人们不仅信赖专家所运用知识的可靠性，还信赖专家系统“尽可能将事故的发生率降到最低点”。在现代社会，信任是“对一个人或一个系统之可依赖性所持有的信心，在一系列给定的后果或事件中，这种信心表达了对诚实或他人的爱的信念，或者，对技术性知识之正确性的信念”。吉登斯指出，信任与时间、空间中的缺场有关，对信任的寻求主要源于完整信息的缺乏。“对于一个行动持续可见而且思维过程有透明度的人，或者对于一个完全知晓怎样运行的系统，不存在对他或它是否信任的问题。”人们基于信任，认为自己的行为依照经验会发生某些结果。但人们的行动和决定恰恰会造成未能预期的后果，这就带来了风险。

通过“信任”的作用，脱域机制将风险引入现代社会。首先，两个脱域机制都依赖知识的运用。通过“反思”，知识得到不断的修正、

① Cole, Shawn and Gauri Kartini Shastry, If You Are So Smart, Why Aren't You Rich? The Effects of Education, Financial Literacy, and Cognitive Ability on Financial Market Participation, October 2007.

调整，并在自我修正中，对社会生活进行调整，从而形成社会性的再认识、再思考，最终形成知识的再生产。知识不再是“原来”意义上的知识了，不再是确定的知道的内容，而是一种不断自我推翻，再不断生长的认知状态。因此，再没有什么“知识”是确定的或精确的。其次，脱域机制的运作，其基础在于“信任”。任何脱域机制都包含着一种信任态度。现代性的悖论就此出现：由脱域机制构成的现代社会，蕴含着一种信任态度，这种信任的对象，本质上是对知识的信任；但现代社会的知识时刻又处在“反思”过程中，并在这个反思过程中，不断自我修正。因此，一方面，人们对专业知识的信任，对自己掌控自然、社会的能力具有信心；另一方面，人们又面对着知识的自我修正，进而发现潜在的危险随时都可能发生，由潜在变为现实。① 随着理性的进步，人们为自己“制造”的风险日益增多，意识到的风险也在同步增长。人类不由分说地卷进了一场宏大的实验。这场实验由人们进行，同时又在很大程度上超越了人们的控制。所有人都困在各种日常实验之中，而实验的结果，与影响社会进程的因素一样，具有极高的不确定性。风险经由脱域机制进入人们的方方面面，最终成为悬在人类头顶上的达摩克利斯之剑。

在风险社会中，人们生活在一个“共同世界”。在这个世界中，没有“外部”，没有“出口”，也没有“他者”。没有一个国家和个人

① Cole, Shawn, and Gauri Kartini Shastry. 2009. “If You Are So Smart, Why Aren’t You Rich? The Effects of Education, Financial Literacy, and Cognitive Ability on Financial Market Participation.” Harvard Business School Working Paper 09–071.

能置身于风险之外，甚至要承担其他国家或地区制造风险所带来的代价。在这个社会中，人们不得不承认，无论人们如何聪明、尖锐，以各种方式批评他者，最后都注定要与这些他者生活在这个风险的世界中，而且由于这个世界处在风险之中，所以我们不仅会受制于它所具有的支配性权力，也会受到它带来的危险、腐败、苦难和剥削的伤害。人们面对持续增长的生产力和财富，开始“不为所动”，反而转向以前未曾意识到的风险。风险就不再是财产背后影影绰绰的身影，而是从其后走出来，成为人们主要关注的对象，进入公共话语的中心。①

由对财产的关注转向对风险的关注，同样发生在市场中。当交易双方，由默认具有相同的交易经验，转变为一方需依赖另一方的专业知识时，风险的分配发生了不平等。② 在最为典型的交易活动中，双方基于自己的知识，对交易中存在的风险进行预估，并在拟定合同中就风险分担进行协商，形成相关条款。此时，风险并非没有得到分配，但其分配根本上依附于对财产 / 利益的分配之上。③ 交易双方并不依赖对方的专业知识，相反，他们凭借各自的经验知识进行判断，并承担因这些经验带来的可能的损失。④ 在民法中，风险是“对于结果发

① Dang, Tri Vi, Gary Gorton, Bengt Holmstr?m, and Guillermo Ordonez. Banks as secret keepers. No. w20255. National Bureau of Economic Research, 2014.

② Diamond, Douglas W., and Philip H. Dybvig. “Bank Runs, Deposit Insurance, and Liquidity.” The Journal of Political Economy 91, no. 3 (1983): 401–419.

③ Engeldardt, Gary V. and Anil Kumar. Forthcoming. “Pensions and Household Wealth Accumulation.” Journal of Human Resources.

④ Flannery, Mark and Katherine Samolyk. 2005. “Payday Lending: Do the Costs Justify the Price?” Center for Financial Research Working Paper. Washington, DC: FDIC.

生或损失产生的不确定性；遭受伤害，损害或者损失的概率；发生损害的可能性的范围和程度”，即为对这种情形下的风险。在工业社会之后，交易双方进入脱域机制，一方的背后是备受信赖的专家群体，另一方则是信赖专家系统的普通人。现代性的悖论在二者之间呈现：一方面，专家群体所掌握的知识面临着随时被修正的可能，根据专业知识制造出的产品，时刻都会被发现其中的隐患，“没有任何一种专家系统能够称为全能的专家”；另一方面，普通人也时刻暴露在知识的反思过程中，对风险的感知能力增强，意识到的风险也在增多。在专家系统的支持下，风险分配在二者之间呈现极度的不平衡。买方也越来越深刻地意识到，自己面临的风险远远超出经验判断的范围。作为消费者的群体在20世纪60至70年代展开大规模的消费者运动，不仅仅是受到当时民权风潮的影响，更是因为这一时期的核武竞赛、环境污染等风险开始暴露，人们开始普遍意识到风险的存在。风险开始脱离财产，进入人们要求公平正义的分配之列。[①]

4.2.3 “金融消费者”的意义中心：双重风险的被迫负担

（一）关于风险的一般描述

“风险”一词从未远离过人们的视线。人类社会也是在与风险不断抗争的过程中发展起来的，自最初的国家产生，到当下规制国的发展，都离不开“风险”，以及人类在面对风险时被激发出的聪明才

① Flannery, Mark J. “Contingent Capital Instruments for Large Financial Institutions: A Review of the Literature.” Annual Review of Financial Economics 6(2014), 225–240.

智。风险最初属于航海术语，主要描述了船舶在航行中触礁、翻沉的可能性。随后，风险逐渐进入保险业，并成为描述发生负面影响的概率的词汇，甚至可以表述为一个公式：风险 = 伤害程度 × 发生负面事件的可能性。[①] 一直以来，风险更多的是一个负面词汇或术语。在日常用语中，“风险”常常被解释为“人们在生产建设和日常生活中遭遇能导致人身伤亡、财产损失及其他经济损失的自然灾害、意外事故和其他不测事件的可能性”[②]。在经济学和环境科学中，风险是一种条件或一个行为导致伤害、损害或损失的概率。在法学的视域中，风险则是“对于结果发生或损失产生的不确定性；遭受伤害，损害或者损失的概率；发生损害的可能性的范围和程度”。但自20 世纪 70 年代，乌尔里希 · 贝克提出风险社会理论，并将“风险”纳入社会学研究中之后，“风险”就开始由一个负面词汇转向了中性词汇，内涵上具有了二重性。在贝克对风险概念的总结中，“（风险）既不等于毁灭也不等于安全或信任”，“（风险）是人为不确定因素中的控制与失控”，“（风险）是在认知中领会到的知识与无知”。风险的二重性在贝克的表述中显现无遗。而风险社会理论的另一领军人物吉登斯则指出：“（一方面）它的本性决定了由它引发危害性后果的可能性……（另一方面）它又是经济活力和多数创新，包括科

① Friedman, M. & Friedman, R. D. 2002. Capitalism and freedom, Chicago ; London, University of Chicago Press.

② Froot, Kenneth A., and Jeremy C. Stein. “Risk management, Capital Budgeting, and Capital Structure Policy for Financial Institutions: An Integrated Approach.” Journal of Financial Economics 47, no. 1(1998): 55–82.

学或技术类创新的源泉。”危险性与创造性也成为风险二重性的一个方面。在众多解读中，笔者认为，“风险”最为重要的二重性是其建构性与现实性的结合，也即贝克曾指出的“（风险）既是对事实也是对价值的陈述”①。

在风险概念的建构主义模式下，风险并不客观存在，而是由社会定义和建构的。卢曼就曾提出，风险是“一种认知或理解的形式”，任何事情本身都不是风险，但从另一方面看，任何事情都可能因为人们对危险的认识而称为风险。而在现实主义模式下，风险是客观存在的，可观察到的风险事件并不因人的主观认识而转移。在这一模式下，虽然有多种因素影响着人们对风险的认识，但只有物质性因素才是风险的本质因素，其他因素都仅仅附属于物质性因素。因此，这一模式对风险带来的负面影响也是单线地从物质维度来进行判断，如运用统计学技术，在某一阶段内对风险带来的后果进行测量。与之相反，建构主义模式下对风险的判断则从道德、政治和心理等多个维度进行测量，并认为对风险的认识虽然基于科学评估的结果，但最终这些评估的结果仅仅作为人们认知的一部分，影响到人们对风险的分析。从经验论来看，风险兼具建构性和现实性。一方面，风险的存在依赖于物质性的存在；另一方面，风险的存在又离不开人们的认知，如乘坐飞机遇到事故的概率远远低于乘坐汽车出现事故的概率，但人们仍凭经验认为乘坐飞机的风险高于乘坐汽

① 中国人民银行西安分行课题组：《金融消费者保护：理论研究与实践探索》，经济科学出版社 2011 年版，第 70 页。

车的。[①]

（二）关于金融活动中风险的描述

与社会学对风险的详尽探讨不同，金融学却避免对“风险”一词进行讨论，而直接进入金融风险的测量、管理等议题中。在经典的金融学教材中，“风险”一词都未被专门涉及，而是在如下主题中出现。

1. 个人对风险的偏好和态度，如风险厌恶（riskaverse）、风险中性（riskneutral）、风险偏好（riskseeker）；

2. 资产组合理论，如作为收益方差的风险（riskasvarianceofreturn）、通过资产分散经营实现的风险降低（riskreductionthroughdiversification），以及风险的 β 系数；

3. 期权和衍生证券波动所引发的风险（the risk of derivative securities）；

4. 运用前景理论，如状态偏好理论（state-preferencetheory），进行的风险测量；

5. 风险管理，如对冲策略、债券期限及波动管理、资产保险；

6. 不同种类的资产风险，如利率风险、市场风险、信用/违约风险。

从表面上看，金融学对风险的认识集中在价值的损失这一层意义上，并为了规避可能的损失，而发展出一整套规避损失发生的计

① Gennaioli, Nicola, Andrei Shleifer, and Robert Vishny. “Neglected Risks: The Psychology of Financial Crises.” American Economic Review 105, no. 5 (2015): 310–14.

量和管理方法。但对金融活动中的风险进行更为深入的探讨，可以发现，金融学范畴内的风险与社会学范畴内的风险相一致。其一，金融活动中的风险具有中性意义，与社会学范畴中的风险一样，是“不确定因素中的控制和失控”，也是“认知中的知识和未知”，因此金融活动中的风险也就与回报相伴，并促使人们形成了“高风险、高收益”的认识。其二，金融活动中的风险同样兼具现实性和建构性。不管是在个人层面还是在社会层面，来自金融活动中的风险一方面脱离了实体经济，成为实在的风险；另一方面，也只有被人们认识到，才称之为风险。这种情形在金融活动中屡见不鲜，如2008年金融危机后被人们时常提及的系统性风险，在人们对其有所认知之前就已存在于金融系统之中，但直到金融学研究者对其加以研究，才逐渐进入监管机构的视野，并被人们广泛认识。同样，风险也是以“信任”作为契入点，通过脱域机制，进入金融活动中，并以此为基础形成“封闭的、制度化的”行动场所。在这个封闭的行动场所中，不仅场所外部的风险作用于整个场域，形成风险在场所内部的自我强化；而且，在相反的方向上，场所内部对风险的决策，也在不断向外溢出，从而对外部风险施加影响。

在金融学中，风险还有另一种分类。一种是源于人类有限认识能力的外生性风险，另一种是源于交易双方策略行动的内生性风险。外生性风险源于人们对经验世界认识的不完全性。人们只能对实务发展的内在必然规律相对地把握，与真理无限接近，而无法到达。运用博弈论的术语，可以做出这样的形容：在与自然的博弈中，人们总是处在信息劣势中，而自然总是拥有“私人信息”。这与风险的现实性相契合，即客观存在的风险总是比人们认知到的风险多，且这种风险由于无法认知、无法预防，从而可以在社会范围内平均分摊。而内生性风险则主要源于个体信息拥有量的不同，也即博弈论中的“私人信息”问题。随着社会分工的发展，任何市场主体都无法精确预见其他主体的行为，这种不确定性导致损失和获利的双重可能性，内生性风险由此产生。内生性风险主要通过脱域机制实现，以“信任”为契入点，内生性风险在金融活动中表现为逆向选择和道德风险。① 前者发生在金融合同订立之前，指代理人有意将交易客体的质量信息加以隐藏，从而使价格机制无法作用于交易客体的质量维度，进而引发委托人损失和代理人获利；后者则发生在金融合同订立之后，代理人利用信息优势，采取委托人无法观测的方式，采取行动或不采取行动，从而导致委托人损失或代理人获利。不管是在逆向选择中，还是在道德风险中，风险依赖于专家系统（社会分工），才得以出现，从这个角度上讲，金融活动中的内生性风险与社会学视域中的风险并无二致。

（三）风险分配下金融消费者的形成

不管是在非金融领域的交易活动中，还是在金融领域的活动中，根据专家系统与外行人士的区别，交易双方会出现如下组合形式：一种是专家系统内部的交易双方，另一种是外行人士内部的交易双方，还有一种则是作为专家系统一员与作为外行人士一员的交易双

① Laibson, David. 1997. “Golden Eggs and Hyperbolic Discounting.” Quarterly Journal of Economics 112（2）: 443–477.

方。[①] 在前两种组合中，交易双方可以通过脱域机制的再嵌入过程，实现对风险认知的大致对等，从而在风险分配过程中采取相应的行动策略，获得公平的风险分配。民法中关于合同条款、违约责任和可撤销情形、无效情形的规定，都是对这种风险分配的实现。但在最后一种组合中，由于“信赖”这一契入点的存在，使得风险在交易双方的分配中出现失衡现象。

在非金融活动中，外行人士仅仅坐在家中，就已经被卷进了一系列专家系统之中。正如吉登斯所描述，人们进入自己的住宅，驾驶汽车，乘坐飞机，对建筑师、建筑公司运用的知识和规则并不了解，对汽车运行的原理也知之甚少，对飞机的制作工序也并不知晓，但人们基于对专家系统的信赖，仍然选择使用这些产品和服务。这种信赖带有盲目性，外行人士在对制造过程、运行过程缺场的情况下，认为专家系统可以将产品、服务所带来的风险降到最低点。也即通过盲目的信赖，外行人士接受了使用产品、服务带来的风险。但外行人士对风险的接受是有边界的。在非金融活动中，风险一部分源于专家系统的有限知识，即存在专业知识无法发现的客观风险；另一部分则源于专家系统的有意隐瞒，即在专家“代表”外行人士进行风险识别和决策时，对外行隐瞒或歪曲风险的真实性质，甚至完全隐瞒存在风险的事实。第一种情况下的风险，属于个体行为无法左右的“客观风险”，在社会成员间平均分摊，不管其属于专家系统还是外行人士；第二种情况下的风险，则是因专家系统利用或滥

① King, M. 2010. Governor's Speech at the annual Mansion House Dinner. Mansion House. London.

用外行人士信赖而产生，在专家系统和外行人士之间不公平地分配。因此，在非金融活动中，客观风险，也即作为专家系统无法识别的风险，可以被外行人士所接受；而专家系统已经识别，但故意隐瞒的风险，是不能被外行人士所接受。对非金融领域消费者的保护制度，也正是基于第二种情形下风险的不公平分配，建立起的“收复失地”式的倾斜性制度。

在金融活动中，风险的分配显得更为复杂。金融领域也同样存在两种情况的风险，其一为专家系统无法识别的客观风险，其二为专家系统已经识别但故意隐瞒的风险。金融领域中风险分配的复杂性，主要在于第二种情形的风险分配。而这种复杂性，主要源于作为交易中专家系统一方的金融机构与非金融企业之间的差异。

首先，金融机构的资产和负债紧密相连，而非金融企业并不具备这一特征。以银行的存贷款业务为例，银行的贷款人同时又通过存款业务向银行提供资金流。于是，同一个客户可以在银行资产负债表的两边同时存在。金融机构经营活动的高杠杆也正在于此，即信贷可以同时出现在资产表和负债表中。与此相反，非金融企业的资产和负债具有不同性质，如在汽车制造公司中，资产一般为工厂厂房、设备和汽车成品库存，而负债则主要是公司借款。

其次，在金融活动中，作为专家系统一员的投资者，和作为外行人士一员的客户，都在向金融机构提供融资，而非金融企业活动中并不存在这种现象。在非金融企业活动中，外行人士只支付产品和服务的对价，企业融资则仅由投资者提供。在金融机构活动中，由于出现了“信用敏感”客户，情况就变得复杂。“信用敏感”客户向金融机构提供融资，以获得相应服务。在金融机构的资产负债表上，这类客户提供的融资出现在负债表。这些客户从金融机构的服务中获得一定收益，同时这些收益会因金融机构信用风险的增加而减少。其他客户则是那些从金融机构获得融资的，出现在资产表上，如按揭贷款人和其他借款人。由于他们向金融机构承担还款的义务，就不具有“信用敏感”。由此，金融机构客户中的“信用敏感”客户，就与投资者具有相似性。以股东、金融机构债券持有者为典型形象的投资者，向金融机构提供风险融资，希望通过自己提供资金流的行为，与金融机构利润紧密相连，从而获得回报。通过风险融资的提供，投资者开始负担起金融机构无法赢利而导致损失的风险。金融机构“信用敏感”客户则以购买金融产品、金融服务的方式，向金融机构提供融资。“信用敏感”客户提供融资，其意图并不在于将自己获得服务可能性的“赌注”放在金融机构经营是否盈利的运气之上，而在于不管金融机构运行情况如何，都能获得相应产品和服务。但因其从金融机构获得的收益，与金融机构信用风险呈负相关，在表现形式上，“信用敏感”客户与投资者就很难得到区分。

最后，基于前两个区别，一个投资者向金融机构购买的，与客户，特别是“信用敏感”客户购买的非常相似。[①] 例如，一个向银行购买次级信贷的投资者，具有和银行存款人相同的金融债券，因为二者都是相对于银行构成相同的资金流债权。与此相反，在

---

① 林玟君：《金融服务与消费者保护之法律问题》，南台科技大学2004年博士学位论文，第105页。

非金融企业中，客户 / 消费者与投资者有极大的不同。[①] 购买通用汽车的消费者，可以非常明显地与购买通用公司股票的投资者区分开来。

在金融产品、金融服务中，专家系统已经识别但故意隐瞒的风险，就分化出两种不同性质的风险，一种是专家系统故意隐瞒的金融产品、金融服务的自身风险；另一种则是专家系统故意隐瞒的，因金融机构经营所引发的信用风险。在非金融领域，产品、服务的自身风险与企业经营所引发的风险，比较容易得到区分。汽车的产品瑕疵风险与汽车企业债券所携带的经营风险，在购买汽车的外行人士看来是两种完全不同的风险，出售汽车的一方也很难将二者混同，通过销售活动将经营风险转嫁至外行人士身上。但在金融领域，由于金融机构资产与负债的同质性，加之“信用敏感”客户所购买金融产品、金融服务与金融机构的信用风险有相关关系，金融产品、服务的自身风险，就很难与金融机构的信用风险区分开来。如购买养老保险的外行人士，本只需要面对养老保险合同拟定所导致的风险（类似于非金融产品中的产品瑕疵风险），也即，因合同条款拟定不当所导致的无法获得年金的情形；但在实际的金融活动中，购买养老保险的一方，还要被迫面对保险公司经营不善（主要表现为信用风险）所导致的年金无法兑现的情况。[②] 从外在表现形式上看，

① Graves, Stephen M. 2003. “Landscapes of Predation, Landscapes of Neglect: A Locational Analysis of Payday Lenders and Banks.” The Professional Geographer, 55 (3): 303–17.

② Kaufman, George G. “Too Big to Fail in Banking: What Does it Mean?” Journal of Financial Stability (2014).

养老保险购买活动中，合同自身特定风险与保险公司的信用风险，都会导致年金无法兑现的后果；从合同拟定过程看，这两种风险经过保险公司的设计，也会交织在一起，很难得到分离。通过养老保险的出售，保险公司就能够将自身的信用风险转嫁至购买保险的外行人士身上。①

由此，购买产品、服务的外行人士在非金融领域和金融领域获得了不同的风险模式。

其一，在非金融领域，购买产品、服务的外行人士（消费者）只被迫负担因专家系统隐瞒而产生的产品瑕疵风险；投资者则通过购买股票、债券的行为，主动负担非金融企业的经营风险。（见图4.1）经营者无法通过产品销售和服务提供，将经营风险由投资者转移至消费者。

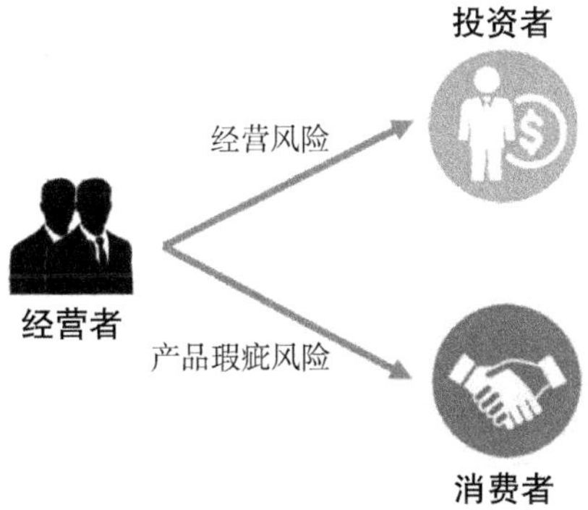

图 4.1　经营者、投资者、消费者之间的风险分配

① Huckstep, Aaron. 2007. “Payday Lending: Do Outrageous Prices Necessarily Mean Outrageous Profits?” Fordham Journal of Corporate and Financial Law, 12 (1): 203–31.

其二，在金融领域，购买产品、服务的外行人（金融消费者），除了被迫负担金融产品、服务合同自身在拟定过程中带来的风险（与产品瑕疵风险相似），还要被迫承担金融机构的信用风险。[①]这部分信用风险，本应由投资者负担，但由于金融机构资产与负债的同质性，金融机构可以通过合同条款拟定，将部分信用风险转移至金融消费者身上。有时，金融机构还会通过额外的预期收益，引诱金融消费者承担金融机构溢出的信用风险。（见图 4.2）

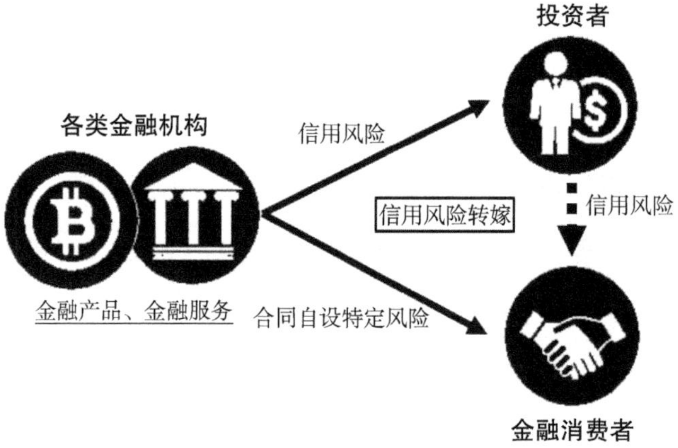

图 4.2　金融机构、投资者、金融消费者之间的风险分配

基于消费者和金融消费者的风险负担模式，相对于经营者或金融机构一方的消费者、金融消费者和投资者得以形成类型谱。

以负担风险与经营者、金融机构的经营状况相关程度看，可以

① Kyle, Albert S. “Continuous Auctions and Insider Trading.” Econometrica: Journal of the Econometric Society (1985): 1315-1335.

形成“消费者—金融消费者—投资者”的类型谱。[①]其中，消费者负担产品瑕疵风险（在金融活动中，则为金融合同自身特定风险），而不负担经营风险（在金融活动中，即为金融机构的信用风险），因此消费者所负担风险与经营者的经营状况关联性最小；与消费者相对的一极是投资者，其负担经营风险（信用风险），而不负担产品瑕疵风险（合同自身特定风险），因此投资者所负担风险与经营者的经营状况关联性最大。处在“消费者—投资者”两极之间的，是金融消费者，其一方面负担作为产品瑕疵风险的合同自身特定风险，另一方面负担作为经营风险的信用风险。（见图 4.3）

图 4.3 消费者—金融消费者—投资者的类型谱

当金融消费者负担合同自身特定风险更多时，其与消费者形象就更为相似。[②]在一些情况下，金融消费者不负担信用风险，而只负担合同自身特定风险。以信贷活动的贷款人为例，贷款人贷出的款项本就计入资产表中，银行无法通过贷款这一活动，将信用风险转移至贷款人身上。作为金融消费者的贷款人因此只负担

① Lusardi, Annamaria, and Olivia Mitchell. 2007. “Baby Boomer Retirement Security: The Roles of Planning, Financial Literacy, and Housing Wealth.” Journal of Monetary Economics 54 (1): 205–224.

② Haines, F. & Gurney, D. 2003. The Shadows of the Law: Contemporary Approaches to Regulation and the Problem of Regulatory Conflict. Law & Policy, 25, 353–380.

了贷款合同中条款自身特定风险，而不负担金融机构的信用风险。当金融消费者负担信用风险更多时，则与投资者形象更为接近，当购买金融产品、服务一方负担的风险只有信用风险时，则其成为投资者。（见图 4.3）

仅以风险负担种类作为类型谱的形成标准，有一种极端情况无法涵盖于内，即外行人士在信赖金融机构专家系统的基础上，购买了某一金融产品，而这一产品风险完全由信用风险构成。① 此时，风险通过信赖这个契入点进入交易关系中，形成不公平的风险分配。将此时的金融产品购买者列为投资者，就形成了不正义。

因此，除了客观的风险类型，“消费者—金融消费者—投资者”的类型谱中还包含了对购买者主观意愿的衡量。在非金融领域中，消费者基于对专家系统的信任，购买产品和服务。在这个过程中，消费者愿意负担的风险是专家系统无法识别的客观风险，对专家系统隐瞒或歪曲而造成风险的负担，也即产品瑕疵风险的负担，则主观不愿。但由于金融消费者在产品生产和服务提供过程中的缺场，这种主观不愿，成为客观被迫。最终，消费者被迫负担产品瑕疵风险。位于另一极的投资者，则在主观上愿意将自己的收益与经营者的经营情况联系起来。② 因此，从主观意愿上看，投资者自愿负担经营风险。位于中间阶段的金融消费者，则会出现两种情况，其一

① Gorton, Gary, and George Pennacchi. “Financial Intermediaries and Liquidity Creation.” *The Journal of Finance* 45, no. 1 (1990): 49–71.

② Darby, M. R. & Karni, E. 1973. Free Competition and the Optimal Amount of Fraud. Journal of Law and Economics, 16, 67–88.

是基于对金融机构的信赖，而主观不愿，客观被迫地负担起双重风险（合同自身特定风险和信用风险）；其二是在高额回报的引诱下，负担起双重风险。第一种情况与消费者的主观心态有一致性，较容易做出区分。第二种情况则需要更为细致的分析：表面上看，受到引诱的金融消费者，是自愿负担起双重风险，甚至是自愿负担起金融机构的金融风险；但与投资者不同，金融消费者支付对价的意图，是获得相应的金融产品和服务，而不希望自己获得金融产品和服务的可能与金融机构的经营状况直接相连，也即在金融机构出现信用风险时，也不影响自己获得金融产品和服务。即使在被引诱的情况下，金融消费者也没有同投资者一样，自愿将自己的收益与经营者（金融机构）的经营情况联系起来，而是希望自己获得金融产品、服务的可能与金融机构的信用风险相隔离，并在这种风险隔离的情况下，获得更高的回报①。因此，在被引诱时，金融消费者也是主观不愿负担信用风险，仅是在客观上被迫负担起信用风险。②由此，在主观意愿上，“消费者—金融消费者—投资者”的类型谱就形成了如下过渡过程：主观不愿但客观被迫负担风险（消费者）—主观不愿但客观被迫负担风险；或被引诱情况下自愿负担风险（金融消费者）—自愿负担风险（投资者）。

通过风险负担模式和“消费者—金融消费者—投资者”的类型

① Elliott, L. 2010. George Osborne unveils sweeping City reforms. The Guardian, 16/06/2010.

② European Commission, Public consultation on Responsible Lending and Borrowing in the EU, June 15, 2009.

谱描述，最终获得关于金融消费者意义中心的描述，即在金融活动中，向金融机构购买金融产品、服务，且因被迫负担双重风险（金融合同特定风险和信用风险）而需受到倾斜性保护的群体。

4.3 “金融消费者”之描述特征

仅凭金融消费者双重风险负担的意义中心，并不能实现金融消费者完整的类型描述。金融消费者还需围绕“合同本身特定风险+信用风险”双重风险负担的整体形象，在规范评价基础上，形成法规范意义上的描述特征。

4.3.1 描述特征之一：非直接参与证券交易的金融产品购买者

金融活动中的风险通过金融合同实现分配，金融合同通过不同的组合形式，形成金融消费者最终购买的金融产品和金融服务。因此，金融活动风险首先通过金融产品和服务得以分配。对金融消费者进行特征描述，首先应对金融产品、服务进行恰当划分。

日本《金融商品法》以列举的方式，对金融产品进行了规定。根据《金融商品法》，金融产品包括有价证券、信托权和集合投资计划权。其中，有价证券包括国库券、地方债券、特别债、特定公司债券、公司债、出资债券、协同组织金融机构的优先出资债券、资产流动化法上规定的优先出资证券、新股认购权益书、股票及新股预约权证券、投资信托及外国投资信托的受益证券、投资法人的投资证券、投资法人的债券、外国投资法人的投资证券、贷款信托的受益证券、特定目的信托的受益证券、信托的受益证券、商业本票、抵押证券等。同时，外国证券或证书、外国贷款债券信托的受益证券、选择权证券及证书、存托凭证及证书、以行政命令所指定的证券及证书。①

在欧洲金融市场指令 2004/39/EC 号指令中，金融产品包括：可转让证券；货币市场工具；集合投资类计划单位；与证券、货币、利率或收益率，或可以实物或现今方式结算的其他衍生品工具、金融指数或金融计量有关的期权、期货、远期利率协议和其他衍生品合约；② 与必须以现金结算或可以经一方选择（非因违约或其他终止事件）以现金结算的商品有关的期权、期货、互换、远期利率协议和任何其他衍生品合约；与可以实物方式结算的商品有关的期权、期货、互换、远期利率协议和人恶化其他衍生品合约，前提是这些在受监管市场或 MTF 上交易的；可以实物方式结算的、第 C 节第 6 项所述之外的，没有商业用途、具有其他衍生品金融工具特征（涉及，例如，是否通过认可的清算所结算和清算，是否应定期追加保证金）的商品有关的期权、期货、互换、远期现货交易和任何其他衍生品合约；转移信用风险的衍生工具；金融差价合约；与气候变量、运费费率、温室气体排放权、通货膨胀率或其他官方经济统计数字有关的、必须以现今结算或经一方选择（非因违约或其他终止事件）可

① Howells, G. 2005. The Potential and Limits of Consumer Empowerment by Information. Journal of Law and Society, 32, 349–370.

② Jackson, Howell E. 1999. “Regulation of a Multisectored Financial Services Industry: An Exploratory Essay.” Washington University Law Quarterly 77（2）: 319–97.

以现金结算的期权、期货、互换、远期利率协议以及任何其他衍生品合约，以及任何所述之外的资产、权利、义务、指数和计量有关的、具有其他衍生品金融工具特征的其他衍生品合约（涉及，例如，是否在受监管市场或在 MTF 上交易，是否通过认可的清算所清算和结算，是否应定期追加保证金）。①

美国并未对金融商品进行规定。根据《多德-弗兰克法案》、《证券法》和《证券交易法》的规定，美国金融产品包括，以票证、股票、库藏股、公债、公司债、债权凭证、存托凭证、认购权利、选择权、有价证券指数、投资契约、投资信托书，以及被认为属于有价证券的金融工具的权利或证书。而在《多德-弗兰克法案》中，金融产品和服务包括：信用和贷款服务、提供或佣金代理私产或不动产租赁，其功能等同于购买金融协议；提供不动产处置服务或估价业务的服务；从事吸收存款业务、传递或兑换资金，或代表消费者或以供其实用为目的，充当资金或金融工具保管人；出售、提供或发行处置工具或支付工具；提供支票现金、支票托收或支票担保服务；托收与任何消费者金融产品或服务有关的债务。②

韩国《资本市场统合法》将韩国有价证券、间接投资对象和投资对象物等语词统合为“金融投资产品”一词。③“金融投资产品”

① [美] 霍德华·戴维斯、大卫·格林：《全球金融监管》，中国银行业监督管理委员会译，中国金融出版社 2009 年版，第 79 页。

② 马其家：《美国证券纠纷仲裁法律制度研究》，北京大学出版社 2006 年版，第 98 页。

③ 张珍宝：《韩国资本市场法系列之一：金融投资商品概念简析》，载《金融法苑》2009 年第 79 期。

又分为“非金融投资商品”（没有造成本金损失可能性的）和“金融投资商品”（有造成本金损失可能性的）的两类金融产品。[①] 其中，非金融投资商品分为存款、保险产品；金融投资商品分为证券（仅在投资本金内发生损失）和衍生性商品（发生可能超出投资本金之损失）。而证券之下又分为传统型证券和新型证券。其中，传统型证券分为债务证券、权益证券、受益证券和信托证券；新型证券分为投资契约证券、衍生性结合证券。[②] 而衍生性商品又氛围场内交易和场外交易。可以说，韩国以“无造成本金损失之可能性”“有造成本金损失之可能性”，以及“仅在投资本金内发生损失”“发生可能超出投资本金之损失”，对金融产品和服务进行分类。

金融产品、服务复杂性强，对其进行分类也会遇到诸多问题。从上述几个国家列举式的分类方法看，详细的列举虽然能涵盖大部分典型的金融产品，但无法保证对金融产品周全无虞的概括。[③] 同时，上述国家主要以分业视角，对金融产品进行划分，在新型组合产品面前则显得无力。本书则从金融消费者双重风险负担的意义中心出发，对金融产品进行如下分类。

1. 仅为购买方带来“合同自身特定风险”的金融产品和服务。这部分金融产品和服务的销售，主要进入金融机构的资产表，如个

---

① 孙颖：《消费者保护法律体系研究》，中国政法大学出版社 2007 年版，第 207 页。

② 谈李荣：《契约多重性下银行与客户利益格局的法律研究》，法律出版社 2009 年版，第 94 页。

③ 邢会强：《金融消费者纠纷的多元化解决机制研究》，中国金融出版社 2012 年版，第 98 页。

人贷款、消费贷款、汽车贷款以及信用卡业务等。这部分金融产品和服务与金融机构的信用风险没有相关关系，甚至反过来影响到金融机构的信用风险。在附加风险时，金融机构无法通过产品和服务的销售，将信用风险转移至金融消费者身上，而只能通过还款期、逾期罚款等条款拟定，将合同条款中的“瑕疵”风险附加于金融消费者身上。

2. 仅为购买方带来信用风险的金融产品和服务。这部分金融产品和服务的销售，主要进入金融机构的负债表，如债务证券、权益证券、受益证券、信托证券等传统证券类产品。在购买这类产品时，购买方主动将自身收益与金融机构的信用风险联系在一起。因此，对投资者是否属于金融消费者的争议就可解决：证券产品的购买者在明知证券产品与金融机构的经营状况相关，并将收益的“赌注”放置其上，是主动与金融机构信用风险相连接的行为，也是主动承担信用风险的行为。因此，证券产品的购买者只能归为投资者。我国直接参与股票市场的个人投资者（俗称“散户”），虽其群体内部财力、投资信息拥有量分化较大，但因仅负担了信用风险，不管这类群体内部财力、信息量分化多大，都只能在投资者的框架内解决。① 对于将证券市场投资者统合进金融消费者的范畴之内，本书根据不同风险的负担，以及风险负担的不同主观意愿，认为这样的观点过于武断。同时，从我国股票市场多“散户”的现实情况出发，将“散户”归入投资者行列，强调“投资有风险”以及“风险自负”，

① 杨东：《金融消费者保护统合法论》，法律出版社 2013 年版，第 73 页。

会促使“散户”趋于理性，从而选择其他符合自身风险负担能力的金融产品。

3. 给购买方带来双重风险（合同自身特定风险＋信用风险）的金融产品和服务，主要包括银行存款业务、传统保险产品、单一性银行理财产品、结构性银行理财产品和保险理财产品。这类金融产品由于很难定性，金融机构基于逃避监管的意图，常将其放在表外。[①]

以银行理财产品为例，银行可以将某企业的借款需求进行包装，形成理财产品，将其兜售给银行客户；或者为了分散自身风险，将银行投资的固定收益证券（主要是银行定期存款、债券）或金融衍生产品（主要是期权），嵌入银行理财产品中，向客户兜售。[②]通过理财产品，银行将信用风险与合同自身特定风险相融合，转嫁到客户身上。以国内银行销售的银行理财产品为例，产品可以根据风险水平分成5个等级：第一等级（PR1）风险水平很低，一般保障本金，且预期收益受风险因素影响很小，或是产品不保障本金，但本金和预期收益受风险影响较小；第二等级（PR2）风险水平较低，产品不保障本金，但本金和预期收益受风险因素影响较小，或是承诺本金保障，但产品收益具有一定不确定性；第三等级（PR3）的风险水平适中，但产品不保障本金，风险因素也会对本金和收益产生影响；第四等级（PR4）的风险较高，产品不保障本金，风险对本金带

① Friedman, Milton. 1953. “The Methodology of Positive Economics”. In Essays in Positive Economics, 3–43. University of Chicago Press.

② 刘燕：《存款合同还是金融衍生交易——汇丰银行“双利存款”案解析》，载《法律科学》2009年第3期。

来的影响也比较大；第五等级（PR5）的风险水平很高，产品不保障本金，风险因素会对本金造成重大影响，产品结构也比较复杂，一般是运用杠杆进行运作。从国内银行理财产品的分级看，第一等级（PR1）和第二等级（PR2）的产品与信用风险相关性较小，而第三等级（PR3）到第五等级（PR5）的产品就与信用风险相关性较大。监管机关有时将购买 PR1、PR2、PR3 的客户列为一般客户，认为在金融活动中，PR1、PR2、PR3 发生到期后没有按预期承诺支付收益的事件概率较低，客户的预期收入都能达到，所承担的风险也较小；而 PR4、PR5 则由于收益结构复杂，常出现收益与预期相抵触的情形。从风险负担程度看，PR1 和 PR2 的客户更多负担了合同自身特定风险，他们虽然负担了一定的信用风险，但程度较低；PR3 的客户开始负担更多的信用风险，到风险等级为 PR4 和 PR5 产品的客户，其负担的信用风险比例远高于其所负担的合同自身特定风险，甚至有时会出现在合同自身特定风险的外衣之下，实则为信用风险的情形。① 因此，银行理财产品的客户都应为金融消费者，他们之间的区别仅在于负担合同自身特定风险与信用风险的比例不一，也即在“消费者—金融消费者—投资者”的类型谱上所处的位置不同。

再以保险理财产品为例，保险理财产品一般分为分红保险、万能险和投连险。其中，分红险是客户交保后，保险公司根据公司红利定期分红给客户的保险类型。在产品销售过程中，分红险提供收

① Gennaioli, Nicola, Andrei Shleifer, and Robert Vishny. “Neglected risks, financial innovation, and financial fragility.” Journal of Financial Economics 104, no. 3 (2012): 452-468.

益的预定利率，但这种预定利率并不固定，分红多少与保险公司经营状况好坏有关：保险公司经营好的年份，分红多；保险公司经营不好的年份，分红少。因此，分红险虽然表面上将保障＋分红捆绑在一起，实际上收益不够高，而保障成本又太高，无法实现保障＋分红的双重目标，反而带来双重风险。① 万能险则将保费拆成了保障成本、保险公司管理费用和理财资金。在万能险中，理财资金由保险公司代为管理，并保证最低收益下限，也即通俗的“保本”。② 在实际的保险活动中，万能险一部分保险公司将预期收益设定过高，并被降低保障功能，曾于 2016 年 12 月被保监会叫停。投连险则是投资与保险结合的产品，与分红险不同，投连险的理财部分不保证最低收益，有产生负效益的可能。保险公司一般将投连险按照风险等级设定为高、中、低三种账户，由投保人自己确定理财资金放置的账户等级。在保险理财产品中，分红险的购买者所负担的风险中，更多的是合同自身特定风险，在“消费者—金融消费者—投资者”的类型谱中，更靠近消费者一极；投连险的购买者负担了更多的信用风险，在类型谱中更靠近投资者一极；而万能险的购买者所负担的风险则在分红险购买者和投连险购买者的过渡阶段。因此，保险理财产品的购买者都属于金融消费者，其区别仅在于所负担的双重风险中，合同自身特定风险和信用风险多寡问题。

---

① Hayek, F. A. 1945. The use of knowledge in society. American Economic Review, 35, 519–530.

② Jolls, C., Sunstein, C. R. & Thaler, R. H. 1998. A Behavioural Approach to Law and Economics. Stanford Law Review, 50, 1471–1550. Kahneman, D. & Knetsch, J. L. 1991. The Endowment Effect, Loss Aversion, and Status Quo Bias. Journal of Economic Perspectives, 5, 193–206.

综上，关于金融消费者的第一个描述特征就可总结为，在金融活动中，相对于金融机构，购买金融产品和服务的主体，但不包括直接进行证券类产品交易的金融活动参与者。

4.3.2 描述特征之二：为非商业、非营业、非职业目的

金融机构资产和负债的同质性，使得金融活动参与者的身份变得不重要。金融活动参与者的角色，在判断其是否为金融消费者时发挥着重要作用。不管是机构还是个人，在金融活动中，他们既可以是提供融资的客户，也可以是提供融资的投资者。[①] 在一个案例中，一个主体可以扮演多重角色，因此对金融机构也就抱有不同期待。例如，某个保险公司的投保人，可能同时也是这个保险公司股票的持有人。作为投保人时，保险活动参与者通过保险合同，一方面希望在隔离保险公司经营风险的同时，获得相应的收益和服务，另一方面也被迫承担“合同自身特定风险 + 信用风险”这双重风险。[②] 作为投资者时，金融活动参与者则通过股票持有合同，主动将自己的收益与保险公司的经营风险相联系，从而主动承担了信用风险。因此，除了通过合同判断金融活动参与者负担哪种风险，他们自身如何看待金融合同，对金融机构有

---

① Mundy, Shaun, Financial Education in Schools: Analysis of Selected Current Programmes and Literature-Draft Recommendations for Good Practices, published in proceedings of OECD-US Treasury International Conference on Financial Education, Washington DC, 7-8 May 2008, Volume II.

② Peter, J. P. & Olson, J. C. 2008. Consumer behavior and marketing strategy, Boston ; London, McGraw-Hill.

何预期，对自身在一次金融活动中扮演角色如何认识，也关系到其是否为金融消费者的判断。

金融活动参与者对自身所扮演角色的认识，形成了不同的负担风险的主观意愿：金融消费者主观上不愿负担风险，而投资者主观上则是通过对风险的“赌博”获取更大利益。[①] 在购买金融产品和服务时，金融活动参与者如自愿负担信用风险，就无法归入金融消费者类型。虽然风险负担的主观意愿是判断主体是否为金融消费者的关键特征之一，但在个案判断中，法官很难脱离主体的外观表现，直接对金融活动参与者的主观意愿进行揣测。因此，需要将主观意愿外观化，形成方便辨识的客观特征。

在消费活动和金融活动中，购买产品和服务的一方基于对产品、服务背后专家系统的信任，向产品和服务支付对价。这种信任是由购买者对产品、服务形成过程不在场造成的——“对于一个行动持续可见，而且思维过程具有透明度的人，或者对于一个完全知晓怎样运行的系统，不存在对他或它是否信任的问题”。不在场造成了完整信息的缺乏，因此信任本质上是建立在“欠充分的归纳性知识”基础上的盲目信心。具体到消费活动和金融活动中，消费者和金融消费者在不具有充分知识的情况下，相信专家系统所设计的房屋、汽车、电脑程序、金融产品不会出现意料之外的故障，这种信任正如人们“深信自己的期望不会落空，相信政治

① Merton, Robert C. “On the Cost of Deposit Insurance When There are Surveillance Costs”, in Continuous-Time Finance, 501-511. Blackwell: 1992b.55.

家们会力图避免战争，相信星期天下午在路边散步时，汽车不会坏掉或者突然驶离道路并且把你撞倒”，让消费者和金融消费者对熟悉的东西保持一种稳定的想当然的态度。[①]正是以这种“欠充分的归纳性知识”基础上的信任为契入点，专家系统对已经识别的风险加以隐藏和扭曲，让消费者和金融消费者负担起风险。对于消费者和金融消费者而言，他们购买产品和服务的意图，是希望通过支付对价，依靠专家系统的专业知识，与上述可能的风险相隔离，也即主观上不愿负担风险。由此形成了如下的链条：消费者和金融消费者基于“欠充分的归纳性知识”而产生盲目信任→信赖专家系统的专业知识→购买专家系统设计和销售的产品和服务→专家系统对已识别风险加以隐瞒或扭曲→消费者和金融消费者被迫负担风险。

基于这一链条，不同国家对消费者和金融消费者不愿负担风险的主观意愿采取了以下不同的外观方式。

1. 以“生活消费为目的”或“为了满足个人、家庭成员或家庭需要”作为外观化特征。采取这种外观化方式的主要有中国、日本和美国。我国《消费者权益保护法》第 2 条规定：“消费者为生活消费需要购买、使用商品或者接受服务，其权益受本法保护……”日本学者则认为消费者是“为消费生活购买、利用他人供给的物资、服务的人”，或是“既是生活者，又是普通国民的同时，在交易过程

① Miles, David. 2003. The UK Mortgage Market: Taking a Longer-Term View, Interim Report: Information, Incentives, and Pricing. London: HM Treasury.

的末端，以购买人的身份出现的人”。[①] 在美国，消费者保护属于各州自治事务，但联邦层面在《马格奴森–莫斯保固法案》和《统一商法典》对消费者保护进行了规定或阐述。其中，《马格奴森–莫斯保固法案》规定：“消费者是消费商品，并在保固期内取得消费产品，且因此取得行为而得以主张保固权利的购买者。”对于“消费商品”是什么，该法案规定，“消费产品是为商业散布的有形个人财产，且通常用于个人、家人或家庭目的”。同时，在《诚实信贷法》中，消费者是“自然人基于个人、家人或家庭目的参与信用交易”。

2. 以基于非商业、非营业、非职业目的作为外观化特征。采取这一外观化方式的主要是欧盟、德国。欧盟在《不公平交易条款指令》第 2 条 b 款、《金融服务远距离交易指令》第 2 条第 2 款、《访问交易指令》第 2 条、《不公平商业行为指令》第 2 条 a 款，都将消费者归纳为“从事非商业、非营业、非职业的自然人”[②]。《德国民法典》总则第一节第 13 条规定：“消费者是指既非以其营利活动为目的，也非以其独立的职业活动为目的而地接法律行为的任何自然人。”

3. 以不具有专业能力作为外观化特征。采取这一外观化方式的有欧盟、日本、韩国和我国台湾地区。在采用这一外观化方式时，这些

---

① Lawrence, Edward C. and Gregory Elliehausen. 2008. “A Comparative Analysis of Payday Loan Customers.” Contemporary Economic Policy, 26（2）: 299–316. Lehman, Thomas E. 2005. “Contrasting Payday Loans to Bounced–Check Fees,” Washington, DC: Consumer Credit Research Foundation. http：//www.cfsa.net/downloads/contrasting reports.pdf.

② Lusardi, Annamaria, and Olivia Mitchell. 2007. “Baby Boomer Retirement Security: The Roles of Planning, Financial Literacy, and Housing Wealth.” Journal of Monetary Economics 54（1）: 205–224.

国家和地区首先对购买金融产品和服务一方的专业能力进行区分，并在此基础上规定了在金融活动中具有专业能力的群体范围，专业能力之外的即为消费者或金融消费者的范围。欧盟通过《金融工具市场指令》将接受金融机构服务的自然人或法人分为"专业客户"和"零售客户"。[①] 其中专业客户主要有四种，有三种以具有专业能力被归入专业客户：（1）须经核准或受监管才能在金融市场运营的实体，包括信贷机构、投资公司、其他获核准或受监督的金融机构、保险公司、集合投资计划及其管理公司、养老基金及其管理公司、商品和衍生商品交易商、当地机构、其他机构投资者；（2）国家和地方政府、管理政府债务的公共部门、中央银行、世界银行、国际货币基金组织、欧洲中央银行、欧洲投资银行和其他类似国际组织；（3）以投资金融工具为主要活动的其他机构投资者，包括专门从事资产证券化或其他融资交易的实体。同时，欧盟《金融工具市场指令》还规定，专业客户可以在一定条件下，申请成为零售客户，从而得到更高级别的保护；而零售客户在一定条件下，则会被认定为专业客户，提高其所承担风险的等级。日本通过《金融商品交易法》将投资者分为四类：（1）不得变更为一般投资人的专业投资人；（2）可以选择变更为一般投资人的专业投资人；（3）可以选择变更为专业投资人的一般投资人；（4）不得变更为专业投资人的一般投资人。其中经认可机构投资人、日本政府机关、日本银行和有价证券余额为10亿日元以上的法人或个人为专业投资人，且此类专业投资人不可变更为一般投资人；上市公司、

① Hayek, F. A. 1945. The use of knowledge in society. American Economic Review, 35, 519-530.

一定规模以上公司（资本金在5亿日元以上的股份公司、外国公司）是可以选择成为一般投资人的专业投资人；不属于前述标准的，净资产达到3亿日元以上的其他法人，或者净资产达到3亿日元以上的个人被认为是可以选择转化为专业投资人的一般投资人；而净资产在3亿日元以下的个人，则被认为是不可选择转化为专业投资人的一般投资人。韩国通过《资本市场统合法》规定，国家、韩国银行、总统施行令所确定的金融机构、证券上市法人和总统施行令规定的其他主体皆为专业投资者，其余参加金融活动的主体为一般投资者。①我国台湾地区“金融消费者保护法”第4条对金融消费者范畴进行了规定，“金融消费者，指接受金融服务业提供金融商品或服务者，但不包括（1）专业投资机构；（2）符合一定财力或专业能力之自然人或法人”，并进一步规定“前项专业投资机构之范围及一定财力或专业能力之条件，由主管机关定之”。

在具体运用过程中，以上外观化方式都存在一定问题。第一种外观化方式中，“以生活消费为目的”与主体不愿主动负担风险，在逻辑上距离较远。同时，“生活消费”作为外观化特征本身不具有很好的可操作性，在面对金融活动、“知假打假”的现象时，“生活消费”作为描述特征往往无法发挥其作用，反而因对“生活消费”“家庭生活需要”的理解不同，使得审判陷入混乱。第三种外观化方式，通过

① Hortaçsu, Ali, and Chad Syverson. 2004. “Product Differentiation, Search Costs, and Competition in the Mutual Fund Industry: A Case Study of S&P 500 Index Funds.” Quarterly Journal of Economics 119（2）: 403–456.

是否具有专业能力的判断，与金融消费者因“欠充分的归纳知识”而产生的对专家系统的信赖产生联系。[①] 这种外观化方式更贴近金融活动中风险分配的本质，但问题在于，复杂的金融活动中，一个金融主体扮演的角色是多样的，其在不同角色中所产生的主观意愿也是不同的。当某个具有专业知识的金融机构在一次金融活动中扮演投资者角色，主动承担信用风险；它在另一次金融活动中，由于专业知识的不足，就会扮演金融消费者的角色，希望通过交易对方提供的产品和服务来规避可能的信用风险。这就造成即使在某一金融领域具有专业知识，但在新领域中，金融机构依然会因欠缺充分知识而成为主观意识上的“金融消费者”。欧盟和日本通过立法，对专业投资人和一般投资人进行分类，并允许二者在一定条件下进行转化，本质上就是在通过具有专业知识这一方式进行外观化后，对特殊情况下专业人士转变为外行人士，并试图规避信用风险的情况加以平衡的结果。相比起第一种方式和第三种方式，第二种方式就显得较为折中：一方面，“以非商业、非营业、非专业目的”比“以生活消费为目的”更贴近消费者和金融消费者不主动负担风险的主观意愿，通过否定方式刻画的范畴也比“以生活消费为目的”更为精准；另一方面，“以非商业、非营业、非职业目的”在具体审判过程中，又会客观化为不具有专业能力和不再进行二次交易这两个特征，由此，这种外观化方式既兼顾第三种方式中客观条件所带来的便利，又兼顾了金融活动参与者的主观

① Kahneman, D. & Tversky, A. 1979. Prospect Theory: An Analysis of Decision Under Risk Econometrica, 47, 263–292.

意愿。由此，以非商业、非营业、非职业目的购买金融产品、服务，应成为“金融消费者”语词的第二个描述特征。

除了不直接进行证券及金融衍生品交易，并以非商业、非营业和非职业目的购买金融产品这两个规范特征，金融消费者财力大小也经常被研究者作为规范特征加以考虑。[①] 如杨东教授在其《论金融消费者概念界定》一文中，提出将“经济实力与金融机构相当的金融消费者界定为专业金融消费者”，将“整个金融消费者范畴中不符合专业金融消费者财力要求的主体视为一般金融消费者（非专业金融消费者）”。又如刘媛博士在其《金融消费者法律保护机制的比较研究》一书中提出，从兼顾公平和效率的原则出发，应当将自然人中的“符合一定财力或专业能力之自然人”排除出自然人金融消费者的范畴，也即财力大小也成为金融消费者的描述特征。研究者们之所以提出财力大小这一标准，主要源于欧盟、日本的立法例和我国台湾地区相关规定。其中，欧盟规定资产负债表总额达 2000 万欧元，净营业额 4000 万欧元，以及自有资金 200 万欧元，这三个标准中达到两个，即为专业投资者；英国所规定的专业投资者即为下述标准达到两个以上者，即总资产超过 1250 欧元，净业务流量超过 2500 万欧元，员工数目超过 250 人。新加坡规定个人资产超过 200 万新币的自然人，净资产超过 1000 万新币的法人，为专业投资者。日本在对专业投资人和一般投资人进行划分时，也运用了财力大小这一

① Khandani, Amir E., Andrew W. Lo, and Robert C. Merton. 2009. “Systemic Risk and the Refinancing Ratchet Effect.” National Bureau of Economic Research Working Paper 15362.

特征，即有价证券余额为10亿日元以上的法人或个人为专业投资人（不可选择变更为一般投资人），资本金在5亿日元以上的股份公司、外国公司为专业投资人（可选择归为一般投资人），净资产为3亿日元以上、5亿日元以下的法人、自然人为一般投资人（可选择归为专业投资人），不符合上述条件者即为一般投资人（不可选择归为专业投资人）。我国台湾地区根据“金融消费者保护法”规定，属于专业机构投资者的法人，其最近资产负债表上的净资产应超过1000万新台币，而属于专业投资者的自然人，则需有3000万以上的新台币。①

这种以财力大小为判断标准的方式，本质上是前风险社会下分配正义的产物，也即以财富为分配对象的产物。但在风险社会中，风险分配是跨阶层、跨地域进行。在金融活动中，只要购买同一种金融产品、服务，无论财力大小，面临的风险是相同的。因此，只要在金融交易中被迫负担了“合同自身特定风险”或“合同自身特定风险+信用风险”，即使购买者财力雄厚，也应归入金融消费者类型，“富翁杀手”KODA的购买者即为例证。②诸多考虑财力因素的金融消费者定义，都是将投资者纳入金融消费者类型后，根据投资者分为专业投资者和一般投资者的情况，而对财力因素加以考虑。但如前述，投资者与金融消费者负担不同风险，投资者不属于金融消费者类型，因投资者分类而纳入考虑范围的财力因素，在投资者

① 杨东:《金融消费者保护统合法论》，法律出版社2013年版，第203页。

② 刘燕、楼建波:《银行理财产品中的金融衍生交易法律问题研究——以“KODA血洗大陆富豪”事件为标本》，载《金融服务法评论（第1卷）》，中国法制出版社2010年版，第79页。

被排除在金融消费者类型之外后，就没有存在的必要。由此，财力多寡并不能成为金融消费者的规范特征。①

4.3.3 描述特征之三：金融消费者为自然人

关于金融消费者是否仅限于自然人的争议，在概念思维下一直未有定论。在对“金融消费者”的临近语词“消费者”的认识中，人们也逐渐发现，消费者并不仅限于自然人。如在我国对《消费者权益保护法》的第二次修正过程中，有学者提出，消费者原则上仅限于自然人，而不应当包括单位（包括企事业单位和其他组织体），但如果社会组织、企事业单位将购买的生活消费品，作为生活福利发给员工使用，或生活消费品最终归个人使用的情况下，这些法人或非法人组织也应被归入消费者。与此同时，德国虽然在2000年将消费者列入《德国民法典》第一章“人”之下。在《德国民法典》中，“人”一章分为“自然人、消费者、生产者”和“法人”两节，将原来的“自然人”扩展为“自然人、消费者、生产者”三个主体。而在实际判例中，德国法院也曾突破民法典对消费者是自然人的定义，判定以非营业目的购买生活消费品的社会组织为消费者，予以与消费者地位相称的保护。

在关于金融消费者的讨论中，我国研究者认为金融领域的自然人、法人和非法人组织都可以成为金融产品和服务的最终使用人，只要不具有专业知识和处理专业信息的能力，都应被视为金融消费者，

① Kyle, Albert S. “Continuous Auctions and Insider Trading.” Econometrica: Journal of the Econometric Society (1985): 1315-1335.

受到制度上的倾斜性保护。也有学者直接指出，金融消费者应当定义为“从金融机构购买金融投资商品或接受服务的自然人、法人或其他组织”[①]。在日本《金融商品交易法》中，“规范的广告行为”“事前明示交易形态义务”“书面交付义务”“未受邀约之劝诱等行为的禁止”“适合性原则”作为倾斜性保护规定，被适用于一般投资人和金融机构的交易活动中，而一般投资人中包括净资产在3亿到5亿日元之间的法人，也即在日本立法者眼中，一部分参与金融活动的法人也应受到倾斜性保护。而根据欧盟《金融工具指令》，零售客户并没有被限定在自然人范围，同时专业客户（包括自然人、法人或其他非法人组织）可以向金融机构请求获得非专业客户对待，在这个转化过程中，并未限定只有作为专业客户的自然人才能提出此类请求。因此，在欧盟层面的认识中，法人和非法人组织也可以获得倾斜性保护。[②]

从风险分配上看，在金融活动中，购买产品和服务的一方是否为自然人并不影响其所负担的双重风险。面对日益复杂的金融产品，当法人、非法人组织无法自行正确、适当地评估和管理相关风险，也就只能依靠金融机构的专家系统，从而在金融活动中处于相对弱势地位。有研究者会指出，法人、非法人组织可以通过聘请专家系统来解决风险识别和管理上的问题，因此被迫负担双重风险的情形就不会出现。但在实际情况中，由于存在代理人问题，不具备专业

---

① Khandani, Amir E., Andrew W. Lo, and Robert C. Merton. 2009. “Systemic Risk and the Refinancing Ratchet Effect.” National Bureau of Economic Research Working Paper 15362.

② Loewenstein, G., T. O’Donoghue and M. Rabin, “Projection Bias in Predicting Future Utility,” Quarterly Journal of Economics 118(4): 1209-1248, 2003.

知识的法人在金融活动中做出的决策，并不比自然人高明，有时甚至出现结构化的不理智情况。因此，在面对金融领域的专家系统时，法人、非法人组织和自然人所被迫负担的双重风险是相同的。也即，从风险分配角度看，法人和非法人组织可以为金融消费者。

但是，为了维护消费者保护法律体系的规整性，我国金融消费者应当仅限定为自然人。通过我国《消费者权益保护法》第 2 条规定：“消费者为生活消费需要购买、使用商品或者接受服务，其权益受本法保护；本法未作规定的，受其他有关法律、法规保护。”通过第 2 条后半句，还未进入法律文本的“金融消费者”语词得以在审判过程中运用，金融消费者群体也可以在金融活动中得到倾斜性保护，但这都以金融消费者存在于消费者保护体系为前提。从消费者和金融消费者的风险负担模式看，消费者和金融消费者都是被迫负担被专家系统所隐藏的风险，只是消费者仅被迫负担产品瑕疵风险，而金融消费者除了产品瑕疵风险（合同自身特定风险），还被迫负担金融机构的信用风险。因此，广义上，消费者和金融消费者具有同样的意义中心，属于同一类型。根据拉伦茨的论述，类型形成的功用之一，即为通过围绕意义中心的类型排列，维护法体系的规整性。由此，从避免法规范冲突考虑，消费者为自然人的规定不应直接突破，为自然人就成为我国金融消费者类型描述特征之一。

本章小结

本章从类型的获得方法出发，对“意义中心—描述特征”法和

“对极法”进行论述。当法律人面对不同利益冲突时，根据法律人自身的衡量、沟通，或根据已有法律原则的衡量，所形成的冲突平衡的结果，就构成了“意义中心”。通过对利益冲突的个案进行观察、探究、总结，最终在价值上形成判断，法律人最终获得类型的“意义中心”。从经验看，法律人在形成类型过程中，并没有如此细致的行动，毋宁是一种法律感觉的实现，也即“正义感”所形成的判断。凭借对“正义感”的直觉，法律人循着已有的法体系寻找需要维护的权利和利益，形成类型的“意义中心”。基于实用性和使用上的容易性，对整体形象的一个侧面进行描述，就形成了类型的描述特征。根据“意义中心—描述特征”法，本章形成了关于“金融消费者”语词意义的类型描述，即在金融活动中，因被迫负担“合同自身特定风险＋信用风险”双重风险，而处于相对弱势地位，需要制度倾斜性保护的一方。围绕“金融消费者”的意义中心，金融消费者的描述特征为，金融消费者非直接参与证券交易的金融产品、服务的购买者，且其购买金融产品和服务也主要基于非商业、非营业、非职业目的。并且，为了维护法体系的规整性，为自然人应成为金融消费者的描述特征。随后，本章对“消费者—金融消费者—投资者”类型谱进行了论述，认为金融消费者在风险分配上属于消费者和投资者的过渡阶段。因此，在运用“金融消费者”类型描述过程中，应首先根据描述特征进行初步判断，随后运用意义中心，对初步判断的结果进行矫正，从而形成对金融活动参与者的妥善归类。

第 5 章　类型思维下金融消费者保护制度之再建构

5.1　金融消费者保护制度再建构之可能性

5.1.1　类型思维下制度建构的等值性

在成文法国家，建构的广义现代意义是法律语词意义的确定。海克提出，建构是一种以语词意义形成，及体系建立为目的的工作与技术。由此，立法者、学术以及法官都有可能成为建构的原创者。一般而言，建构分为“法律上的建构”（即立法者之建构）与“学术上的建构”。立法者建构的方式，是把他自己所形成的法律观念，拆成个别的法律语词，然后借助其他的法律观念来对其加以形塑。而学术上的建构，依其目的设定又可分为“规范上的”建构与“体系上的”建构。“规范上的”建构是透过其他的应然上的法律语词来确定某一个实然上的法律语词，[①] 其目的是要获得法律规范。在海克的论述中，一个法律语词应该要加以解释，以便能够获得利益冲突所需的判决规范。由此，“规范上的”建构这个任务本质上就是法律解释及法律适

① Department of Labor, Employee Benefit Security Administration (2008), “Private Pension Plan Bulletin Historical Tables.” http: //www.dol.gov/ebsa/pdf/privatepensionplanbulletinhistoricaltables.pdf.

用的下位形态。“体系上的”建构，又可称为“整理的”或“描述的”建构，它的目的是要获得并运用适当的法律语词，也就是把个别现象整理到外在的体系里去，并将关涉相关问题的语词包摄到大前提下。①体系上的建构是否正确，就在于其是否可以在包摄客体中真正还原找到大前提的特征。它的任务不是适用法律，而是要去整理或形塑问题。所以它的前提当然是以已经进行过的法律解释、补充为基础，然后才去达成证实、更正或补充这种学术体系的目的。②

从形成阶段看，“法律上的建构”和“学术上的建构”互为先后，有时在成文法之外，法学研究者为了教学和研究方便，形成“学术上的建构”“法律上的建构”；另一些时候，立法者通过对“学术上的建构”的学习，在已有成文法基础上，形成新的立法，并以此更新或重建“法律上的建构”。不管是“法律上的建构”还是“学术上的建构”，其意图就是通过将科学方法引入法律教学和法律实务中，使得法律可以理解的方式将公平正义实现于经验生活中。将科学方法引入法学中的具体表现，就是模仿自然科学的方法将法律规范体系化，也即在法律语词基础上形成建构。但是由于法律所欲实现的公平正义很难释明，正义之意义无法被人们所完全把握，作为建构法律体系基础的法律伦理，也就一直处于变动和演进过程中。因此，从历时性上看，法律体系的建构虽然未曾离开公平正义实现这一意

① Darby, M. R. & Karni, E. 1973. Free Competition and the Optimal Amount of Fraud. Journal of Law and Economics, 16, 67–88.

② 郭峰：《中国资本市场重大法律问题研究——以投资者权益为中心》，法律出版社 2008 年版，第 89 页。

义中心，但由于意义本身处于变化中，法律体系也会随之变化。

从共时性上看，围绕公平正义实现这一意义中心所形成的法律体系也具有不同形态。在海克的论述中，规范的内在体系是外在体系描述的素材，需要透过描述将其形塑并表述出来。在这点上，研究者是“被赋予极大的判断空间的，不管是在秩序概念的顺序、完整性以及形成上”，“对于同一个内在体系，在最后的描述形象上就会有完全不同的面貌出现”。[①] 因此，海克认为，以日常经验来思考，建构的争论，也就是表述化的争论，多来自围绕同一个意义中心，形成的不同认知与不同意见。海克认为，对规范内在体系的外观化描述，虽然形成了不同形态的建构，但实际上的想法并无矛盾，其间所存在的常常只是形式上的差异。例如，同样是对“手”进行定义，生理学者、生物学者、艺术家、法学家和符号学者就会有所不同。但吊诡的是，反而是形式上的争议被当事人误以为是实质上的意见差异，并在此基础上对对方所建构的体系进行否定。海克将这种对法律体系建构上的争论称为“矛盾幻想”（widerspruchsillusion），也即体系与体系之间没有实在的矛盾，所谓互相否定与互相冲突，是争论的当事人自己幻想出来的。海克进一步提出，法律体系建构上的争论应该区分为两种情况：一种是所要确定的法律语词意义本质上有区别，进而引起的法律体系建构上的不同；另一种是所要确定的法律语词意义本质上没有区别，仅是表述形式不同引起的。后

① [美] 约翰·杜威：《确定性的寻求：关于知行关系的研究》，傅统先译，上海人民出版社2005年版。

一种情形，海克认为就是“矛盾幻想”。概念法学在法律体系过程中形成了诸多“矛盾幻想”，主要是因为概念法学将描述的问题误认为是认知的问题，将表述化的问题（表达的问题）误认为是实质争论的问题所导致的。而在海克看来，概念法学所形成的概念金字塔只是对内在法价值评价体系进行外观化的工具，也即外在体系仅发挥描述的作用。① 因此，对于外在体系形式化内在体系的工作，应当给予研究者极大的判断空间，允许其根据不同的文学目的进行不同的法律体系建构。因此，除非涉及逻辑或语言法则的使用，对同一语词意义理解所形成的不同法律体系，并不存在对与错的问题。相反，这些建构之间具有等值性，“对于同一个内在体系，在最后的描述形象上就会有完全不同的面貌出现”。海克认为，共时层面的法律体系具有建构上的等值性，在逻辑上是可能的。② 但随后，海克进一步承认，“并不是所有逻辑上可能的建构，对于学术上的描述都是值得推荐的，通常为了描述的目的，一个建构比较好”。但根据 Oertmann 教授对海克理论的评述，建构的等值性其实是把“可以自由地行走在此者或彼者的建构道路上”，也就是建构方式的自由，作为一个规则。也即，在法律体系建构过程中，“等值性”在法律体系的描述和整理过程中，是一个必须遵守的规则。

① Annamaria Lusardi, Peter Tufano, “Debt Literacy, Financial Experiences, and OverIndebtedness” NBER Working Paper No. 14808, 2009.

② Khandani, Amir E., Andrew W. Lo, and Robert C. Merton. 2009. “Systemic Risk and the Refinancing Ratchet Effect.” National Bureau of Economic Research Working Paper 15362.

5.1.2 风险分配视角中的制度再建构

根据法律体系建构等值性的理论，关于金融消费者保护制度形成不同的论述，在逻辑上也就具有了可能性。随着风险分配视角的变化，金融消费者保护制度也发生着变化，这就为这一制度的再建构提供了现实基础。

（一）金融消费者保护制度之变化

在“金融消费者”类型的典型形象中，金融消费者作为购买金融产品、服务的一方，一方面与非金融领域的消费者一样，被迫负担产品瑕疵风险（在金融领域即为金融合同自身条款带来的风险）；另一方面，则被迫承担了本应由投资者承担的信用风险。在具体金融活动中，金融合同条款自身特定风险与信用风险交织在一起，很难做出区分，金融消费者在风险分配中，就被迫承担了“合同自身特定风险＋信用风险”这双重风险。如此一来，基于产品瑕疵风险而得以建立的“收复失地式”的消费者保护制度，其倾斜性保护程度就不足以消弭金融消费者所负担的双重风险：消费者只需解决因自己于产品生产过程中不在场而形成的产品瑕疵风险，也即专家系统隐瞒的关于产品本身的风险，并对这部分风险进行认知或获得相关矫正，就能得到较为公平的风险分配；而金融消费者不仅要面对金融产品合同本身带来的风险，还要面对金融机构溢出的信用风险。这就使得金融消费者不仅需要认知金融产品的“产品瑕疵风险”，还要认知金融机构作为经营者的“经营风险”，才能实现风险分配上可能的公平。而后者是现行消费者保护制度所无法解决的。

但是人们对金融消费者这一双重风险负担整体形象的认识，经历了较为漫长的过程。最初的金融消费者整体形象，承继了消费者因产品瑕疵风险负担而造成的相对弱势形象，不同点仅在于金融消费者面临的“产品瑕疵风险”，一般表现为金融合同自身特定风险。因此最初的金融消费者保护立法，虽与普通消费者立法文本分离，但与普通消费者保护的方向和力度大致相同。美国20世纪针对消费金融颁布的一系列法案，就沿着非金融消费者保护思路，只规定了金融消费者（贷款人）的知情权、平等获得贷款权，[①]以及金融机构提供充足贷款信息等一系列规则。[②]同时，通过金融领域竞争环境的维持来保护金融消费者获得多样化金融产品的权利，也是这一时期金融消费者保护制度建构所关注的。在这一时期，金融消费者仅是消费者在金融领域的延伸，其自身双重风险负担的意义中心还未凸显出来。

随着金融零售业的发展，以及金融产品复杂化程度增加，金融消费者负担的不仅仅是“产品瑕疵风险”（在金融活动中表现为“合同自身特定风险”），还负担了本应由投资者负担的“经营风险”（在金融活动中表现为“信用风险”）。[③]在这一阶段，金融消费者不仅

---

① 这一系列法案包括《消费信用保护法》、《公信信贷法》、《公平信贷结账法》和《平等信贷机会法》。

② Hayek, F. A. “The Use of Knowledge in Society.” The American Economic Review 35, no. 4 (1945): 519–530.

③ Merton, Robert C. and Thakor, Richard T., Customers and Investors: A Framework for Understanding Financial Institutions (June 1, 2015). MIT Sloan Research Paper No. 5137–15. Available at SSRN: http://ssrn.com/abstract=2614112. Froot, Kenneth A., and Jeremy C. Stein. “Risk management, Capital Budgeting, and Capital Structure Policy for Financial Institutions: An Integrated Approach.” Journal of FinancialEconomics 47, no. 1 (1998): 55–82.

承继了消费者因“产品瑕疵风险”负担而形成的相对弱势地位，还因负担“合同自身特定风险＋信用风险”的双重风险需要区别于普通消费者，并通过专门规则加以倾斜保护。在这一阶段，金融消费者的整体形象变得完整，研究者在论述金融消费者保护制度之必要性过程中，时常提及的金融消费者相较于消费者“更为弱势”的地位，① 基于此认识，类型思维下的金融消费者保护在本质上是防止风险错配的发生，或对已经错配的风险进行纠偏。② 2008年金融危机爆发前，防止和纠偏金融风险错配的重心在于维护单个金融机构的稳定和安全，微观审慎监管的实现成为金融消费者保护的唯一路径；随着2008年金融危机的发生，金融消费者作为金融活动的主体地位逐渐得到重视。③ 金融消费者、金融机构与相关监管者的互动，成为防止和纠偏金融风险错配的途径之一，金融监管体系内形成微观审慎监管、宏观审慎监管和金融消费者保护三大支柱。④ 在金融消费者保护层面，不仅继续加强了对处于合同自身风险中的金融消费者的保护，如沿用消费者保护制度中“获得安全保障的权利”、“自由选择的权利”、“知情权”、“意见被尊

① 郭丹：《金融服务法研究：金融消费者保护的视角》，法律出版社2010年版，第46页；李健男：《金融消费者法律界定新论——以中国金融消费者特别保护机制的建构为视角》，载《浙江社会科学》2011年第6期。

② Consumer Reports, 2005. “False Security Check-Bounce Protection,” May 1, page 45.

③ Department of Labor, Employee Benefit Security Administration (2010), “Private Pension Plan Bulletin: Abstract of 2007 Form 5500 Annual Reports.” http://www.dol.gov/ebsa/pdf/2007pensionplanbulletin.pdf.

④ Dworkin, G. 1971. Paternalism. In: Wasserstrom, R. A. (ed.) Morality and the law: Basic problems in philosophy series. Belmont, Calif.: Wadsworth Pub. Co.

重的权利”、“产品及服务能满足消费的基本需求的权利”、“享有可持续发展及健康的环境的权利”以及“对产品或服务不满时获得公正赔偿的权利”，还对处于信用风险中的金融消费者进行保护，建立起存款保险制度，并通过立法确立金融消费者的金融教育权、金融产品与服务知情权、金融产品与服务自主选择权、财产安全权、自主选择权、公平交易权和信息安全权。

（二）风险错配纠偏与金融消费者保护

2008 年金融危机发生后，金融消费者保护制度不仅在倾斜保护金融活动中相对弱势一方时发挥着重要作用，也在金融风险应对中开始发挥重要作用，风险错配纠偏成为金融消费者保护制度的应有之义，不同层面的风险管理也就沿着这一契入点，进入金融消费者保护制度中。

“风险管理”最早运用在保险业和金融业中，意指为了规避可能出现的减损利益事件的预警、应急和善后的管理系统，这其中也包括对被管理财产的投保。随着工业社会的发展，“风险管理”具有了更为一般的意义，即“应用管理技术对认识、发现和测定危险加以分析研究，并采取相应措施加以防范或控制”。在风险社会理论中，风险管理（risk management）与风险评估（risk assessment）共同构成风险规制的基础。风险评估是对某一风险可能带来危害的概率进行估算的过程，这一过程需要运用大量的科学事实和假设，是对风险的现实性特征的反映和描述。[①] 在风险评估的基础上，规制机关对规制手段进

① Elliott, L. 2010. George Osborne unveils sweeping City reforms. The Guardian, 16/06/2010.

行妥善选择以及执行的过程即为风险管理。[①] 在这一过程中，规制机关需要考虑规制手段消除某一风险的程度，消除手段是否会产生新的风险，消除某一风险的成本和实施难度也都在考虑范围内。因此，风险社会理论中的风险管理主要包括以下几个方面：措施归纳（列出可供选择的措施）、措施评估（分析每项措施的影响）；措施衡量（对各项措施进行比较衡量）、执行（选择最优的措施执行）、监督与反馈（观察执行的效果）。与近乎"纯科学"的风险评估相比较，风险管理通常被认为是一个政治权衡的过程，是风险规制的政策面。在风险管理的过程中，规制者必须对风险治理中的多目标、多利益群体进行平衡和妥善抉择。因此风险管理也被定义为一个决策过程。利益相关方基于风险评估后所得的信息，综合考虑风险评价与社会、经济、政治的利害关系，进行权衡和抉择，选择最适当的管理行为，确定行动重点，以此来降低风险。风险管理与风险评估不同，风险评估的重点在于探究风险的现实性，通过科学技术来确证风险、估测概率，并为风险治理提供客观的风险描述。风险管理也与风险沟通有很大差别，风险沟通侧重于风险建构性的探讨，各个利益群体在某一沟通模式下，就其对风险的感知和忍受程度进行表达。风险管理则是规制机关在风险现实性已经得到某种程度的确证的情况下，协调其与风险建构性的矛盾而做出的政策选择。[②]

---

① Gorton, Gary, and Guillermo Ordoñez. "Collateral Crises." American Economic Review 104, 54 no. 2 (2014): 343–78.

② F.S.A 2007c. Treating Customers Fairly: Measuring Outcomes.

随着风险通过市场、日常活动进入普通人的生活，“风险管理”一词也逐渐从国家管理层面、企业管理层面落实到个体生活层面。作为自然界中的个体，人的存在是面向未来的生存筹划，也即海德格尔所谓的“可能之在”，“在对自身本真存在的生存论环节的领会之中，人并不是任何作为现成事物的‘什么’，而是作为生存活动的存在，这是可能之在”。既然个体需要去实现自身诸种可能性，就需要在“非给定”或“不确定”中实现自我。其中，最为常用的方式是创造。[①] 海德格尔曾言，“基于筹划的生存论性质组建起来的那种存在方式，在此不断地比它事实上所是的‘更多’”。存在于不确定性中的，即为风险。人的现实生活本身就是一个探险过程。具体到金融活动中，人们对潜在损失的重视程度要高于对潜在收益的重视程度；而人们对避免未来损害的预期收益的重视大大胜过对生产未来产品的收益的重视。[②] 个人的风险意识促使人们倾向于对自己行动的后果和与自己有关事件的影响，首先做出对自己不利的预计，然后未雨绸缪，以谋划自己的生存在金融活动中的行动策略。但在另一方面，风险经常被忽略，只有当其即将发展为危险时，人们才开始认真对待。由于主观上人们看不到风险与自身生存之间的实质关联，因而采取“规避”的方式来应对，并通过某种“保险”策略将风险最小化。因此，金融消费者保护制度应当以金融消费者的风

---

① Gorton, Gary, and George Pennacchi. “Financial Intermediaries and Liquidity Creation.” The Journal of Finance 45, no. 1 (1990): 49–71.

② Gray, J. 2004. The Legislative Basis of Systemic Review and Compensation for the Mis-Selling of Retail Financial Services and Products. Statute Law Rev, 25, 196–208.

险管理为中心，围绕金融消费者的风险认知、风险预防和危险处置策略，在三个层面依次展开。

5.2 风险认知中的金融消费者保护机制

基于风险认知（识别）理论，金融消费者对金融产品以及金融服务的风险认知能力，与其所掌握的有关金融商品的知识量成正比。一方面，金融消费者在金融交易过程中无法知悉金融产品在产品结构、销售状况等方面的全面信息，从因信息不对称而容易受到刻意或者非刻意的误导。另一方面，金融消费者又局限于其自身有限的信息处理能力。在面对海量金融信息时，金融消费者又极易错过重要信息，无法把握核心资讯，从而轻易受到金融机构的“引诱”。综上，首先，金融消费者在风险认知（识别）阶段应当充分彰显知情权与受教育权，以全面获取和了解金融产品信息；其次，金融产品及金融服务的提供者则需要本着适合性原则，向金融消费者提供核心信息，履行其说明义务；最后，金融监管机构应当具有对金融机构不当劝诱行为进行监管的权力，并承担对金融消费者进行金融教育的职责。①

5.2.1 风险认知中的金融消费者权利

人在世界中存在的本源状态首先包含情绪和情感的反应，而情

① International Bank for Reconstruction and Development, Global Survey on Consumer Protection and Financial Literacy: Oversight Frameworks and Practices in 114 Countries, World Bank, 2014.

绪反应在本源结构中要先于理性认知，因此不能“否定情绪是此在的原始存在方式，否定此在以这种方式先于一切认识和意志，且超出二者的开展程度而对它自己展开”[①]。在风险认知中，人们不仅会感知到风险，还会基于自身利益考虑而认知风险。从认知科学上讲，对风险的认知更为本质的是对风险的解释，也即从个体出发，将风险揭示出来，再重构为自己所能理解或可以接受的东西。一般而言，风险解释的路径遵循海德格尔所说的“解释学循环”。所谓解释学循环，即解释源于领会，又反过来加深领会。但领会的过程是携带情绪的，当风险逐渐转变为危险时，害怕和恐惧就会产生，并进入关于风险的认知过程中。在关于风险解释的预先领会中，人们对风险的利益诉求、对风险的态度都包含其中。基于不同的利益诉求，人们在解释风险时都会进行“成本—收益”分析，以求将风险最小化，收益最大化；基于不同的风险态度，人们形成了风险偏好、风险回避和风险中立三种不同的风险态度，并做出不同的风险反应策略。但不管在何种层面，对风险的解释仰赖于关于风险的知识。人们在面向未来进行筹划过程中，必然要基于已有知识和经验，并带着对未来的预判进行策略行动。在人们看来，有所计划的自觉行为比没有计划的盲目行为更好。人们关于风险认知的诉求也就分为两部分：一部分是揭示未知风险的诉求，也即通过知识的获得，揭示以前未曾认识到的风险；另一部分是对已知风险进行因果联系建构的诉

① 郭洪水：《当代风险社会：基于哲学存在论与复杂系统论的研究》，中国社会科学出版社2015年版，第47页。

求，也即通过知识的获得，对风险做出合乎理性的预期，以此来应对风险。

在风险认知过程中，获得与金融产品、服务有关的知识成为核心。在认知过程中，知识的获得分为三个层面：第一个层面是获得关于金融产品和服务尽可能多的信息，即知识的存量足够；第二个层面，在获得信息过程中，处于尽量客观、冷静的环境中，避免情绪对风险解释、风险认知的影响；第三个层面是获得关于金融产品和服务的背景知识，以便理解信息的内容。① 这三个层面分别衍生出金融消费者在风险认知过程中的三种权利，其一为知悉真情权，也称作知情权，即在咨询有关金融产品、服务过程中，金融消费者有权获得清晰、真实、完整和及时的交易信息；其二为自主选择权，即在选择金融产品和服务的过程中，不受广告、宣传资料和口头推荐中不恰当信息的误导，避免在受引诱的情况下进行选择，以便基于客观信息做出尽量理性的判断；其三为受教育权，即在获取金融产品、服务之前、之中、之后，得到关于金融消费者保护、相关权利的信息，获取有关产品的背景知识和相关技能，获得关于风险中进行求助的途径和方法。②

对于金融消费者的知情权，大部分国家和地区倾向通过金融机

① Froot, Kenneth A., and Jeremy C. Stein. "Risk management, Capital Budgeting, and Capital Structure Policy for Financial Institutions: An Integrated Approach." Journal of Financial Economics 47, no. 1(1998): 55-82.

② Gennaioli, Nicola, and Andrei Shleifer. "What Comes to Mind." The Quarterly Journal of Economics 125, no. 4(2010): 1399-1433.

构的相关义务规定，从侧面来加以保护，对知情权本身只进行原则性规定。对于知情权的规定，也主要集中在知情权范围、行使方式。如我国台湾地区“金融消费者保护法”第10条原则性规定了金融消费者的知情权范围，即“金融服务业对金融消费者进行之说明及揭露，应以金融消费者能充分了解方式为之，其内容应包括但不限交易成本、可能之收益及风险等有关金融消费者权益之重要内容”。美国《多德-弗兰克法案》在第1033条中规定消费者获取信息的权利，金融消费者可根据此条规定获得“消费者金融产品或服务有关的信息，包括且不限于与任何独立交易、系列交易或账户有关的信息，也包括金融产品或者服务的成本、收费和销售及应用数据”。多米尼加共和国于2006年出台的《金融服务用户保护条例》第5条规定：“除宪法、货币和金融法以及其他相关法律规定的权利外，所有享受金融机构服务或购买金融机构产品的自然人或法人，均享受以下权利，包括：（a）获得与金融机构协商制定的产品或服务的条款（和条件）的文件……（c）获取不同产品或服务的详尽、准确且恰当的信息，及其成本和价格相关的所有信息；（d）充分了解违反合约、逾期和未缴纳相应费用所可能产生的后果，以及由市场状况变化、货币当局或金融机构的规定变化引起的每一次合同变动的相关资料信息。”另一些国家或地区的立法则对知情权的行使方式进行规定，如欧盟事务部于2010年发布的《2010年消费者信贷条例》第五部分第11条规定：“（1）消费者有权要求免费获取一份信贷协议草案；（2）债权人在消费者提出要求时不愿意与消费者订立信贷协议的，本条规定不适用；（3）签订信贷协议后，消费者有权免费获取一份最终协议。”[①] 塞尔维亚共和国于 2011 年出台《金融服务消费者保护法》，其中第 13 条规定：“消费者有权按照协议规定的方式和期限，向金融服务供应商免费索取任何与双方合同关系有关的信息、数据和说明（采用书面形式或其他耐久媒介）。”印度储备银行于 2009 年颁布的《银行业消费者保护准则》第 2.1.3 条规定：“a. 以印地语、英语和其他适当的当地语言中的一种或多种语言为消费者提供信息……c. 确保消费者获知有关银行产品和服务及其条款、条件和利率 / 服务费的清晰信息。”

在风险认知过程中，金融消费者的自主选择权主要为在获取信息中，不受金融机构营销手段的影响，在运用知情权充分掌握有效信息的情况下，按照个人或家庭的需要做出自主选择的权利。从已有立法例和良好做法文件看，各国和有关国际组织也较少直接规定金融消费者的自主选择权。[②] 根据世界银行《金融消费者保护的良好经验》的建议，法律应赋予金融消费者自主选择权，当金融消费者被迫购买产品或者被搭售产品时，金融消费者应有自由选择和拒绝的权利。在证券行业中，如金融机构对金融消费者实行高压销售策略，或者对金融产品、服务信息进行歪曲和部分歪曲，则金融消费者有拒绝签订合同的自由，并向金融机构进行投诉，或向金融监管机关举报。

---

① Gennaioli, Nicola, Andrei Shleifer, and Robert Vishny. “Neglected risks, financial innovation, and financial fragility.” Journal of Financial Economics 104, no. 3 (2012): 452–468.

② Guiso, Luigi, Paola Sapienza, and Luigi Zingales. 2008. “Trusting the Stock Market.” Journal of Finance 63 (6): 2557–2600.

同样地，受教育权在各国立法例和国际组织的良好做法文件中也很少做出直接的规定，而多以金融机构义务和金融监管机构职责的角度加以规定。根据世界银行《金融消费者保护的良好经验》的建议，金融消费者受教育权的实现分为三个层面：其一是制度层面，即各国需建立广泛的金融教育和信息传播计划，对金融消费者的金融知识水平进行系统性的提高；其二是通过金融机构和金融监管机关具体的金融教育活动，也即在政府、国家机构与行业协会、金融机构协商、共同行动，提高金融消费者的受教育程度，满足金融消费者对金融知识的需求和期望；其三是通过金融消费者在具体金融活动、专门金融知识调查中的反馈，对金融教育计划不断完善实现，也即通过长期、广泛的家庭调查衡量金融消费者的金融知识水平，并进一步提升金融教育水平。但不管是哪一层面的受教育权实现，都需要金融机构义务的履行和金融监管机关职责的实现。

5.2.2 风险认知中的金融机构义务

大量实践表明，金融消费者风险认知中权利之行使，与金融产品、服务提供者义务之履行紧密相连。[①] 从各国立法例看，直接规定金融消费者风险认知权利的条文较少，而直接规定金融产品、服务提供者义务的立法例较多。对应于金融消费者的知情权，金融机构负有说明义务；对应于金融消费者的自主选择权，金融机构负有不进行不当劝诱的义务；对应于金融消费者的受教育权，金融机构

① Hayek, F. A. V. 1960. The constitution of liberty, London, Routledge & Kegan Paul.

负有提供金融教育义务的义务。

（一）金融机构的说明义务

说明义务进入法律文本前，就已经存在于金融机构从业者的行业惯例中。从已有实践考察，金融行业惯例甚至为金融机构从业者提出了更高的说明要求。但行业惯例中的更高要求，并不妨碍各个国家或地区通过法律规定金融机构的说明义务。

各国（地区）立法主要对说明义务的内容、实现方式进行了规定。① 对于说明义务的内容，世界银行《金融消费者保护良好做法》建议，各国立法中应规定金融机构就金融产品和服务的主要条款、条件、争议解决机制、索赔机制进行说明。其中不仅包括一般性交易条款，还应涉及产品或服务的特殊条款。为了方便金融消费者对不同产品进行比较，金融机构应参照行业标准要求，提供不少于最低限度的产品和服务的相关描述。欧盟 2006/73/EC 指令从说明义务之内容，以及产品、服务说明所应达到的效果出发，规定了金融产品、服务提供者的说明义务。韩国《资本市场统合法》第 47 条规定，金融机构应说明的内容主要包括金融产品、服务的合同内容、风险以及总统施行令所规定的事项。② 日本《金融商品交易法》规定金融机构的说明义务，主要包括：（1）商品

① Russell Sage, F.(eds.)Choices, values, and frames. Cambridge: New York : Cambridge University Press ; Russell Sage Foundation.

② Jolls, C., Sunstein, C. R. & Thaler, R. H. 1998. A Behavioural Approach to Law and Economics. Stanford Law Review, 50, 1471–1550. Kahneman, D. & Knetsch, J. L. 1991. The Endowment Effect, Loss Aversion, and Status Quo Bias. Journal of Economic Perspectives, 5, 193–206.

本身性质与结构；（2）市场风险；（3）信用风险等会造成本金亏损的风险原因。同时，金融机构还应就如下内容进行说明：（1）金融产品的销售关于其利息、通货价格或因其他有价证券市场上行情的变动会导致产生本金亏损的可能时，其内容及指标；（2）由于金融产品的销售者或其他人的业务或财务状况发生变化，导致可能发生本金亏损时，其内容及当事人；（3）对金融产品销售合同所规定的权利期间的限制，或解除金融商品合同的期间限制。[①]我国台湾地区通过“金融消费者保护法”和“金融服务业提供金融商品或服务前说明契约重要内容及揭露风险办法”对金融机构的说明内容进行规定。根据“金融消费者保护法”，金融机构向金融消费者说明的内容，“包括但不限于交易成本、可能之收益及风险等有关金融消费者权益之重要内容”。根据“金融服务业提供金融商品或服务前说明契约重要内容及揭露风险办法”的规定，金融机构的说明义务主要包括：（1）金融消费者对该金融商品或服务之权利行使、变更、解除及终止方式及限制；（2）金融机构对该金融商品或服务之重要权利、义务及责任；（3）金融消费者应负担之费用及违约金，包括收取时点、计算及收取方式；（4）金融商品或服务有无受存款保险、保险安定基金或其他相关保障机制的保障；（5）因金融服务业所提供之金融商品或服务所生纠纷之处理及申诉之管道。

① Kahneman, D. & Tversky, A. 1979. Prospect Theory: An Analysis of Decision Under Risk Econometrics, 47, 263–292.

对于说明义务的实现形式，世界银行《金融消费者保护的良好经验》的建议主要集中在两方面，其一为内容提供方式应为书面（或同样内容的电子版），如“金融机构应针对所有金融产品和服务，向消费者提供1—2页的概要（或同样内容的电子版）”，“金融机构应向消费者提供纸质版的交易文件”；其二进行说明的语言应通俗易懂，如“金融机构所提供的产品或服务的概要字迹清晰，语言通俗易懂”。日本《金融商品交易法》第37条规定，缔约过程中，需说明的内容应以书面形式呈现。我国台湾地区规定，金融机构应以“金融消费者能够充分了解的方式为之”，书面说明文件需以中文表达，为力求浅显易懂，必要时须附注原文。同时，“所有销售文件必须编印页码或适当方式，供金融消费者确认是否已接收完整讯息”①。除了对说明义务的实现方式进行规定，还有国家规定了确保金融消费者明了金融机构所说明内容的方式，如韩国《资本市场统合法》第47条规定：“金融机构在对金融消费者进行说明后，应通过签名（包括电子签名）、盖章、录像录音等方法，确认金融消费者已经理解了金融机构的说明内容。”

（二）金融机构不进行不当劝诱的义务

对于金融机构的不当劝诱行为，世界银行《金融消费者保护的良好经验》建议，“在向消费者推荐某个特定的金融产品或服务之前，金融机构应从消费者处充分收集信息，以确保其推荐的金融产

① Kaufman, George G. “Too Big to Fail in Banking: What Does it Mean?” Journal of Financial Stability (2014).

品或服务与消费者的需求和承受能力相匹配”[①]。同时，各国法律应特别禁止具有欺诈性的销售行为，如在推广金融产品和服务时使用误导性广告。为了保证金融机构在销售中不随意干涉金融消费者的选择，《金融消费保护的良好经验》第14项建议，金融机构中直接与消费者进行接触的员工，应接受适当的培训，以了解和熟悉金融产品和服务的复杂性，特别是当金融机构完全具备销售复杂金融产品和服务的相关资质时。

各国（地区）在具体法律文本中，对金融机构不进行不当劝诱的义务，进行了不同程度的规定。美国《多德-弗兰克法案》以长达一节的文字，详细规定了金融产品、服务的提供者有义务不以不公平或欺骗的方式进行金融产品、服务的推介或者销售说明。英国于2013年颁布的《银行业行为规范准则》中规定，商业银行应当采取合理措施，确保其与金融消费者的沟通，或者向金融消费者进行的促销，公平、明确且不具有误导性。这种“公共、明确且不具有误导性的规定”，要求商业银行适当考虑沟通方式和意图，对银行投资者和消费者进行区分对待。《银行业行为规范准则》还规定，在金融产品和服务的促销和沟通过程中，银行不得将某项产品或服务的特点描述为“有保障”、“受保护”或“安全”，或采用类似词汇，除非：（1）使用的词汇能够公平、明确地描述产品或服务且不具有误导性；以及（2）银行机构以足

① Khandani, Amir E., Andrew W. Lo, and Robert C. Merton. 2009. “Systemic Risk and the Refinancing Ratchet Effect.” National Bureau of Economic Research Working Paper 15362.

够清晰、突出的方式提供所有必要信息，以确保所使用词汇公平、明确且不具有误导性。《银行业行为规范准则》还要求银行在进行信息沟通时，当遗漏相关事实时，向银行客户提供的信息是否因此而不充分、不明确、不公平或具有误导性。

日本《金融商品交易法》第40条规定："金融商品交易业者进行金融商品交易行为时，应顾及客户的知识、经验、财产等状况，以及金融商品交易契约缔结目的，不得进行不适当的劝诱行为而使投资者欠缺保护或有欠缺保护之虞。"[①] 根据《金融商品销售法》，为了避免金融消费者误认情形的发生，金融机构被禁止从事以下行为：（1）相金融消费者告知与事实相违背的情况，让金融消费者误认情况属实，从而产生误认；（2）故意不告知金融消费者可能造成其不利益的事情，使得金融消费者误以为相关不利事实并不存在；（3）在沟通过程中，将不确定的事实作为确定的事实，告知金融消费者，从而产生误认。

韩国《资本市场统合法》第47条规定，金融机构在进行说明过程中，对于投资者的合理投资判断，或对金融投资商品有重大影响的重要事项不得进行虚假说明，也不得遗漏重大事项，以误导投资者。根据《资本市场统合法》，不当劝诱行为分为以下几种：（1）提供虚假信息；（2）提供确定性判断；（3）未受邀请的投资劝诱；（4）违背

① Khorana, Ajay, Henri Servaes and Peter Tufano. 2009. Mutual Fund Fees Around the World, Review of Financial Studies 22（3）: 1279 – 1310.

意志的再劝诱；（5）承诺弥补损失及收益保障。[①] 韩国《金融消费者保护法》第16条做出了类似规定。其中，第16条第1款根据金融产品的不同，规定了不同的说明义务：对于保障型金融产品，金融机构应就产品内容、一般金融消费者应支付的金钱以及权利、保障风险的范围进行说明；对于投资型产品，金融机构应就产品内容、投资风险进行说明；对于储蓄型金融产品，金融机构应就产品内容、利率、收益率以及提前解约的手续费进行说明；对于贷款型产品，金融机构应就贷款利率以及提前偿还的手续费进行说明。紧接着，第16条第2款规定：“对一般金融消费者进行合理判断或者对该金融商品的价值产生重大影响的事项，不得进行虚假、歪曲说明，也不得遗漏重要事项。”

我国台湾地区“金融消费者保护法”则在第8条规定，金融机构在刊登、播放广告、进行业务招揽或营业促销活动时，不得有虚伪、诈欺、隐匿或其他导致金融消费者误信的情形。[②] 在进行广告行为时，金融机构应当确保广告内容的真实性，并对金融消费者负有的义务不低于前述广告之内容及进行业务招揽或营业促销活动时对金融消费者所提示之资料或说明。“金融消费者保护法”第8条还强调，金融机构不得借金融教育宣传，向金融消费者引荐个别金融产品或服务。第9条则强调了说明内容的适度性，规定金融机构与

① Gray, J. 2004. The Legislative Basis of Systemic Review and Compensation for the Mis-Selling of Retail Financial Services and Products. Statute Law Rev, 25, 196–208.

② Mark, Matti Keloharju, and Juhani Linnainmaa. 2009. “Do Smart Investors Outperform Dumb Investors?” University of Chicago Center for Research in Security Prices Working Paper 09–33.

金融消费者订立提供金融商品或服务合同前，应充分了解金融消费者的相关资料，以确保金融产品和服务与金融消费者的风险负担能力相匹配。该规定还在第 11 条规定金融机构违反说明义务所应承担的赔偿责任，即“致金融消费者受有损害者，应负损害赔偿责任”，并规定了适用除外的情形，即“金融服务业能证明损害之发生非因其未充分了解金融消费者之商品或服务适合度或非因其未说明、说明不实、错误或未充分揭露风险之事项所致者，不在此项”。根据与“金融消费者保护法”配套的“金融服务业提供金融商品或服务前说明契约重要内容及揭露风险办法”，在台湾地区营业的金融机构在履行说明义务时，应：（1）本于诚实信用原则，并以金融消费者能充分了解的方式为之；（2）任何用以说明的信息或数据均须正确，所有陈述或图标均应公平表达，并不得有虚伪不实、欺诈、隐匿，或足致他人误信之情事。

（三）金融机构提供金融教育的义务

通过金融机构向金融消费者提供金融教育，在各国金融活动中都已展开，但这种义务性的活动在各国立法文本中较少出现，更多地体现在国际组织发布的良好经验中。[①] 经合组织于 2011 年发布的《金融消费者保护高级原则》建议所有利益相关方均应努力普及金融教育，提高消费者意识，确保消费者可以轻松获取关于消费者保护、权利和责任的信息。这里建议的“所有利益相关方”包括金融

① Gennaioli, Nicola, Andrei Shleifer, and Robert Vishny. “Neglected Risks: The Psychology of Financial Crises.” American Economic Review 105, no. 5 (2015): 310–14.

机构。同时，经合组织还建议各国“应鼓励所有利益相关方实施由经合组织下设的金融教育国际网络工作组制定的金融教育准则和指导方针”。世界银行《金融消费者保护的良好经验》建议各类机构组织都参与到制定和实施金融知识普及的活动中。[①]同时，经过协商后，国家机关、行业协会和金融机构应制定出符合消费者需求和期望的提议，并通过开展消费者调查，确保提出的举措和方案可以达到预期效果。

5.2.3 风险认知中的金融监管机关职责

金融消费者在风险认知中权利的实现，离不开金融监管机关职责的履行。对应于金融消费者知情权、自主选择权和受教育权，金融监管机构承担起监督金融机构履行告知义务，监管金融机构的诱导行为，并为金融消费者提供金融教育的职责。

（一）保护金融消费者知情权之职责

为了保护金融消费者的知情权，金融监管机关要求金融机构对金融消费者产品认可度进行评估，形成相应的销售活动规范手册。金融监管机关还要求金融机构对直接与金融消费者接触的员工进行培训，帮助员工更为深入地了解和熟悉他们所销售产品的复杂性。[②] 金融监管机关还需对金融机构的评估工作进行指引，并向金

① Ghilarducci, Teresa. 2008. “When I’m Sixty–Four: The Plot against Pensions and the Plan to Save Them.” Princeton University Press.

② Gray, J. L. L. B. & Hamilton, J. 2006. Implementing financial regulation : theory and practice, Chichester, England ; Hoboken, NJ, John Wiley & Sons.

融机构提供职工教育的材料、机会。美国《多德–弗兰克法案》第1032条规定，消费者金融保护局（Bureau of Consumer Financial Protection，CFPB）应制定披露规则以确保金融机构根据所提供产品或服务的特性，根据金融消费者的实际情况，向其进行产品完全、准确和有效的介绍。第1032条还要求消费者金融保护局（CFPB）制定金融产品、服务信息披露的模板，并规定这一模板应至少使用金融消费者可以理解的平实语言，且实质地解释了金融消费者应获得的产品和服务信息。在信息披露模板制定完成后，第1032条还要求消费者金融保护局（CFPB）进行消费者测试，从消费者意识、消费者对金融产品的风险、成本和收益的理解能力出发，对模板内容进行完善。为了鼓励金融机构运用官方模板履行告知义务，该条规定了免责条款，即将信息披露模板运用到实际交易中的金融机构，在案件中被自动认为遵守了消费者金融保护局（CFPB）关于告知义务的规则。《多德–弗兰克法案》还通过第1033条规定，消费者金融保护局（CFPB）针对金融消费者制定的保护规则，要通过各种方式到达接受或准备接受金融服务的消费者处，包括要求金融机构在销售过程中向金融消费者提供，以及在消费者金融保护局（CFPB）官方网站上对所有电子版进行披露。消费者金融保护局（CFPB）在制定规则过程中，还应向美联储、联邦贸易局和跨洲银行机构进行咨询，避免出现知情权规则中的重复和遗漏。当金融机构违反告知义务的有关固定时，消费者金融保护局（CFPB）可以行使调查权，对金融机构的不当行为进行调查，并运用行政命令权，责令其履行告知义务。

（二）保护金融消费者自主选择权之职责

针对误导性的广告和销售，金融监管机关则有权要求金融机构制定：（1）金融活动中的行为准则；（2）金融活动中的服务标准；（3）投诉监测和正式处理流程；（4）关于金融消费者认知程度资料的详细计划；（5）适当的制度、流程和培训方案；（6）治理和内部合规监测方案。对金融机构是否实现上述要求，金融监管机关采取日常监测和定期执法检查进行监督。同时，金融监管机关还应制定规则，特别禁止具有欺诈性的销售行为。相应地，金融机构应在其广告内容中表明其接受正规的监管，并应在其广告材料中公开相关的监管或监督机构。当金融机关违反关于禁止诱导行为的规定时，金融监管机关应及时发现，并进行处罚。

（三）提供金融教育之职责

金融监管机关还承担向金融消费者提供金融教育的职责。世界银行《金融消费者保护的良好经验》建议，“各类机构组织都应参与制定和实施金融知识的普及活动，各国应指定政府部门、中央银行或金融监管机关负责领导和协调该类活动的制定和实施”①。根据《金融消费者保护的良好经验》的建议，金融监管机关应当建立机制，通过广泛开展金融知识宣传和教育活动，普及公众的金融知识水平，并在各年龄段的消费者群体中进行金融知识普及，措施可以包括：

① Organisation for Economic Co-operation and Development, Financial Literacy and Consumer Protection: Overlooked Aspects of the Crisis, OECD Recommendation on Good Practices on Financial Education and Awareness relating to Credit, 2009.

鼓励大众传媒宣传和报道有关消费金融的相关信息，包括金融服务方面的消费者保护。政府和国家机关应与消费者、行业协会以及金融机构进行协商，制定符合消费者需求和期望的提议，通过开展消费者调查，确保提出的举措和方案达到预期效果。在进行金融教育调查过程中，金融监管机关应通过大规模、反复进行的家庭调查，评估金融消费者的金融知识水平，以检测现有的教育政策是否在金融市场上获得预期效果。

围绕金融消费者教育权，各国立法均强调了金融监管机关在提供金融消费者教育上的职责。美国《多德-弗兰克法案》第 1021 条规定专门设立金融教育办公室，负责制订并实施各项金融教育计划，以帮助消费者能够做出更为理性的金融决策。《多德-弗兰克法案》还规定，金融消费者可以通过金融教育办公室获得相关信息，以提高对信贷产品估值和信用历史、评分的理解；获得实际可行的金融咨询；获得主要金融机构提供的储蓄、借款和其他服务。[①] 为了支持金融消费者教育的开展，《多德-弗兰克法案》还规定了消费者金融教育基金的来源，包括直接的财政支持，以及诉讼活动中受害人无法确认时所获得的赔偿。英国则于 2010 年建立消费者金融教育局（CFEB，2011 年 4 月改名为货币咨询服务公司 MAS），专门为金融消费者提供有关金融产品、服务的教育工作。随后，英国监管当局又根据《2012 年金融服务法案》建立金融行为监管局（FCA），并授予该局一部分金融消费者教育职

① 林玟君：《金融服务与消费者保护之法律问题》，南台科技大学 2004 年博士学位论文，第 79 页。

责。可见，各国对金融消费者受教育权仅作原则性规定，主要通过相关金融监管机关的创建和授权，落实金融消费者教育。[①] 在具体金融教育过程中，英国金融行为监管局（FCA）继续运用英国金融服务局的消费网站 Money Made Clear，向金融消费者介绍金融产品，提供下载工具和订阅传单工具，并以表格的形式呈现不同金融产品的成本和其他特征，以便金融消费者进行比较。

此外，欧盟国家还开展金融扫盲计划，以促进金融教育水平的提升。金融扫盲意味着金融消费者有能力管理个人资产，了解个人财务，选择适当的金融产品和服务，并了解金融事务。在国家层面，政府需任命一个政府部门，与中央银行或金融监管机构一起，领导和协调全国金融扫盲计划的制订和实施。在金融扫盲计划进行过程中，各参与部门应确保相关组织的广泛、积极参与，确保优先次序，避免不必要的重复，在现有资源条件下，实现最优的扫盲效果。同时，相关部门或机构应通过大众传媒向公众提供银行产品和服务的金融教育、信息和指导。[②] 在金融扫盲过程中，具体的扫盲计划包括：（1）小学生金融教育计划；（2）针对年轻人的金融教育计划；（3）金融教育演示和其他便利在工作场所和当地社区的学习；（4）通过出版物和网站进行的金融教育；（5）通过电视、广播和戏剧作品进行的金融教育。世界银行在《金融消费者保护的良好经验》中提出，金融监管机关应当向

① 李金泽：《论我国银行业消费者保护与自律机制之完善》，载《现代法学》2014 年第 6 期。

② Gennaioli, Nicola, Andrei Shleifer, and Robert Vishny. "Neglected risks, financial innovation, and financial fragility." Journal of Financial Economics 104, no. 3(2012): 452-468.

金融消费者提供公正无偏的信息。在成本可行时，监管机关应通过网络、印刷出版物提供关于主要银行和服务的关键特征、收益和风险的独立信息。在教育活动中确保金融消费者更好地理解银行机构提供的产品和服务。

5.2.4 风险认知中金融消费者保护在我国的实现

（一）我国已有规范及实践

关于金融消费者的知情权和金融机构的告知义务，我国现有金融消费者保护规范性文件中，《国务院办公厅关于加强金融消费者权益保护工作的指导意见》规定，“金融机构应当以通俗易懂的语言，及时、真实、准确、全面地向金融消费者披露可能影响其决策的信息，充分提示风险”。根据指导意见，《中国人民银行金融消费者权益保护实施办法》第14条规定了中国人民银行管辖范围内的金融机构应告知的内容，包括：（1）金融消费者对该金融产品和服务的权利和义务，订立、变更、中止和解除合同的方式及限制；（2）金融机构对该金融产品和服务的权利、义务及法律责任；（3）金融消费者应当负担的费用及违约金，包括金额的确定、支付时点和方式；（4）金融产品和服务是否受存款保险或其他相关保障机制的保障；（5）因金融产品和服务发生纠纷的处理及投诉途径。第15条则规定了金融机构说明义务的履行方式，即金融机构应当使用有利于金融消费者接受、理解的方式进行说明；对涉及利率、费用、收益及风险等与金融消费者切身利益相关的重要信息，金融机构应当根据金融产品和服务的复杂程度及风险等级，对其中关键的专业术语进行解释，并以适当方式供金融消费者确认其已接收完整信息。[①] 在银行业领域，银监会于 2011 年公布的《商业银行理财产品销售管理办法》对商业银行说明义务的内容进行了规定，包括向金融消费者说明投资范围、投资资产种类、各投资资产种类的投资比例。除这些一般内容外，银监会还要求商业银行在市场发生重大变化时，及时向客户进行信息披露。同时，因理财产品而产生的销售费、托管费、投资管理费等费用的收费条件、收费标准、收费方式，银行也都应向金融消费者说明。

关于金融消费者的自主选择权，《国务院办公厅关于加强金融消费者权益保护工作的指导意见》指出，“金融机构应当在法律法规和监管规定允许范围内，充分尊重金融消费者意愿，由消费者自主选择、自行决定是否购买金融产品或接受金融服务，不得强买强卖，不得违背金融消费者意愿搭售产品和服务，不得附加其他不合理条件，不得采用引人误解的手段诱使金融消费者购买其他产品”。《中国人民银行金融消费者权益保护实施办法》根据指导意见进行了更为详细的规定，其第 19 条规定，金融机构在进行营销活动时，不得进行：（1）虚假、欺诈、隐瞒或者引人误解的宣传；（2）损害其他同业信誉；（3）冒用、使用与他人相同或者相近的注册商标、字号、宣传册页，有可能使金融消费者混淆；（4）对业绩或者产品收益等夸大宣传；（5）利用金融管理部门对金融产品和服务的审核或者备案程序，误导金融消费者认

① Flannery, Mark and Katherine Samolyk. 2005. “Payday Lending: Do the Costs Justify the Price?” Center for Financial Research Working Paper. Washington, DC: FDIC.

为金融管理部门已对该金融产品和服务提供保证；（6）对未按要求经金融管理部门核准或者备案的金融产品和服务进行预先宣传或者促销；（7）非保本投资型金融产品营销内容使金融消费者误信能保证本金安全或者保证盈利；（8）未通过足以引起金融消费者注意的文字、符号、字体等特别标识对限制金融消费者权利的事项进行说明。第22条还对合同条款进行规定，从而限制了金融机构进行不当劝诱的可能，规定“金融机构的格式合同条款及服务协议文本，不得存在误导、欺诈等侵犯金融消费者合法权益的内容”，合同条款内也“不得含有减轻、免除己方责任，加重金融消费者责任，限制或排除金融消费者合法权利的格式条款”。该条还强调了金融机构不得在合同中约定借助技术手段进行强制交易的不合理条款。在银行业领域，《商业银行理财产品销售管理办法》中规定，理财产品宣传销售文本应当全面、客观反映理财产品的重要特性和与产品有关的重要事实，不得出现下列情形：（1）虚假、欺诈、隐瞒或者引人误解的宣传；（2）损害其他同业信誉；（3）冒用、使用与他人相同或者相近的注册商标、字号、宣传册页，有可能使金融消费者混淆；（4）对业绩或者产品收益等夸大宣传；（5）利用金融管理部门对金融产品和服务的审核或者备案程序，误导金融消费者认为金融管理部门已对该金融产品和服务提供保证；（6）对未按要求经金融管理部门核准或者备案的金融产品和服务进行预先宣传或者促销；（7）非保本投资型金融产品营销内容使金融消费者误信能保证本金安全或者保证盈利；（8）未通过足以引起金融消费者注意的文字、符号、字体等特别标识对限制金融消费者权利的事项进行说明。

关于金融消费者的受教育权，《国务院办公厅关于加强金融消费者权益保护工作的指导意见》中要求金融机构保障金融消费者的受教育权，进一步强化金融消费者教育，积极组织或参与金融知识普及活动，开展广泛、持续的日常性金融消费者教育，帮助金融消费者提高对金融产品和服务的认知能力及自我保护能力，提升金融消费者的金融素养和诚实守信意识。根据指导意见，《中国人民银行金融消费者权益保护实施办法》要求中国人民银行管辖范围内的金融机构建立、健全金融知识普及和金融消费者教育机制，制订年度金融知识普及与金融消费者教育工作计划，结合自身特点开展日常性金融知识普及与金融消费者教育活动，并参与中国人民银行及其分支机构组织的金融知识普及和活动。

（二）风险认知中金融消费者保护在我国的实现

借鉴各国立法经验，根据我国已有规范和实践，我国宜在《商业银行法》、《证券法》和《保险法》中对金融消费者的知情权进行原则性规定，而避免对知情权的行使对象和知情内容及范围进行详细规定。[①] 例如，《商业银行法》规定，“本法所称消费者，是指……消费者依法享有知情权……等合法权益”。而金融产品、服务提供者的说明义务则需要进行详尽规定。[②] 其一，说明义务之履行，需要确保所披露信息的真实、公平、清晰且不具误导性。在法律规范层

① 金励：《消费者商品交易反悔权之研究》，载《重庆交通大学学报》（社会科学版）2007年第1期。

② Shiller, R. J. 2000. Measuring Bubble Expectations and Investor Confidence. Journal of Psychology & Financial Markets, 20, 49-60.

面，可通过较为原则性的语言对此进行规定，并同时通过指引、自律性规范，对所披露信息的清晰度、真实度加以详尽规定。其二，说明义务之履行需要遵守适合性原则。[①]根据世界清算银行（BIS）发布的《零售领域金融产品和服务的客户适合性》文件，适合性是指“金融中介机构所提供的金融产品或服务，与客户的财务状况、投资目标、风险承受水平、财务需要、知识和经验之间的契合程度”。在规范层面，可以从消极义务和积极义务两个方向对适合性原则进行规定。其中，适合性原则下的消极义务是指，金融产品、服务提供者不得提供明显不适合的金融产品。适合性原则下的积极义务是指，金融产品、服务提供者需教育风险分析，在了解金融消费者的基础上，向金融消费者推介符合客户投资需求及风险承受度的金融服务或产品，并履行风险说明义务。其三，金融产品类型的不同，导致金融产品、服务提供者说明义务之履行也各不相同，应对金融产品、服务提供者的说明义务进行差异化规定。例如，在销售理财产品过程中，理财产品提供者需要对产品收益、风险甚至产品结构进行说明；在信贷业务中，银行业从业者需要对贷款利率及贷款风险进行说明。因此，在规范层面，说明义务之具体实现需要通过指引来进行详细规定，并以不同金融产品的提供流程加以规范化。其四，金融产品的信息披露既不应出现信息不足，又不能过分发布信

---

① President's Advisory Council on Financial Literacy, 2008 Annual Report to the President Weinstein, N., "Unrealistic Optimism About Future Life Events", Journal of Personality and Social Psychology 39 (5): 806-820, 1980.

息导致信息过载。信息披露应以金融消费者能够理解为宜。在实际的金融交易活动（特别是金融产品零售活动）中，风险告知属于极为抽象的行为。客户即使对特定风险概念有所了解，也很难预估交易中特定风险所带来的后果。[①]因此，在对说明义务进行形式规范时，需要额外强调口头说明和口头解释的重要性。金融产品、服务提供者不仅需要通过书面形式在相关文件中记载需披露事项，还需明确规定从业人员的口头解释义务。相关从业者应坚持公正、客观的立场，以浅显易懂的语言向金融消费者说明产品风险。[②]

对于金融消费者的受教育权，我国可在《商业银行法》、《信托法》、《证券法》和《保险法》中对金融消费者的受教育权进行原则性规定。例如在《商业银行法》、《信托法》、《证券法》和《保险法》中分别规定，“本法所称消费者，是指……消费者依法享有受教育权……等合法权益”。在对受教育权进行原则性规定后，就可在规范层面，针对专门的金融消费者保护机构进行相关规定，具体内容包括金融消费者保护机构的名称、部门设置以及权力范围。从我国目前的实践看，中国人民银行已设立金融消费权益保护局，银行业监督管理委员会已设立消费者保护局，保监会已设立保险消费者权益保护局。[③]立法可

① [日] 井上匡子、町村泰贵、今井弘道：《法哲学观点看日本消费者问题及立法之解决》，赵莉译，载《金陵法律评论》2007 年秋季卷。

② Shavell, S. 1993. The Optimal Structure of Law Enforcement Journal of Law and Economics, 36, 255-287.

③ Gustman, Alan L., Thomas L. Steinmeier, and Nahid Tabatabai. 2010. “What the Stock Market Decline Means for the Financial Security and Retirement Choices of the Near-Retirement Population.” Journal of Economic Perspectives 24 (1): 1-22.

遵循已有实践经验，对金融消费者保护机构进行形式规定。此外，在《商业银行法》、《证券法》、《信托法》和《保险法》中，还应对金融消费者保护机构的职责进行原则性规定，即相关机构承担提供金融知识普及、金融产品信息咨询和金融个案咨询的职责。同时，金融消费者保护机构还应承担推行全国性的金融消费者教育计划，并与金融机构、行业自治组织形成金融消费者教育网络的职责。①

5.3 风险预防中的金融消费者保护机制

在获得关于风险的信息和知识后，金融消费者在金融活动中主要关注的，就转变为防止金融产品中的风险转变为切实的损失。在这一阶段，金融消费者除了继续通过知情权、自主选择权和受教育权的实现，对金融产品和服务的全过程进行了解，还应在接受金融产品和服务时，享有"冷静期"权和保密权。围绕金融消费者在风险预防过程中的三项权利，金融机构相应形成了"冷静期"实现义务和保密义务。为了保障金融消费者权利的实现和金融机构义务的履行，金融监管机关也进行了相关制度设计。

5.3.1 风险预防中的消费者权利

（一）冷静期权

冷静期规则最早出现在英国。《1964 年租赁买卖法》中，消费

① Simon, H. A. 1955. A behavioural model of rational choice. Quarterly Journal of Economics, 69, 99–118.

者获得了在合约缔结后一定期间内单方面解除合同的权利，以使自己免受不当劝诱的侵害。《1964年租赁买卖法》规定，如果消费者是在适当交易所在地之外的任何地方，与卖方签订租赁买卖合同，或分期付款活动，就有权自收到正式合同副本之日起4日内解除该合同。[①] 经过长期发展，冷静期规则开始运用于非经营场所销售活动而形成的交易中。根据生活经验，非经营场所销售是指在消费者家中或工作单位等地进行的购买行为，如邮购、网购、电视购物、访问销售、直销等。如美国的冷静期规则，最早被运用于约束上门销售、直销等无店铺销售活动中的不当劝诱行为。其中，1972年的《贸易调控规则》规定，消费者在自己家中或经营者经营场所以外的地方购买价值在25美元以上商品的，有权在3天以内取消该笔交易，退回商品并得到全额退款。[②] 德国1990年的《门口交易及类似交易撤销法》、欧盟2000年的《远距离销售消费者保护规则》、法国的《消费法典》和我国台湾地区的“消费者保护法”中，都对非经营现场的交易行为规定了冷静期规则。

在不同国家或地区，冷静期规则由不同语词来加以指称。在英国，冷静期权被称为撤销权；在德国，它被称作撤回权；在我国台湾地区，它被称作消费者的犹豫权。冷静期制度具有以下要件和特征：第一，冷静期权为消费者单方享有，相对应地，经营者不享有冷静期权，而

① Consumer Reports, 2005. “False Security Check-Bounce Protection,” May 1, page 45.

② Diamond, Douglas W. “Financial intermediation and delegated monitoring.” *The Review of Economic Studies* 51, no. 3(1984): 393-414.

只承担义务。第二，冷静期权能够行使的前提条件是合同已经成立并生效。第三，冷静期权具有无因性，也即在一定条件下，即可触发法效果，而无须消费者举证说明理由。第四，冷静期权的行使具有期限性，超过一定期限，则无法实现。第五，冷静期权在行使过程中无须承担违约责任和赔偿责任，但需承担反悔成本。从冷静期形成的过程看，冷静期分为法定冷静期和约定冷静期。法定冷静期是通过法律规定，强制地在经营者和消费者之间规定消费者可以单方面反悔的时间段；约定冷静期则是由经营者和消费者自由协商，在不违反法律、法规的情况下，形成的消费者单方面可以反悔的时间段。

冷静期权进入金融法中，可以保证金融消费者不受已生效金融合同的限制，通过解约来阻止风险转变为危险，从而保护金融消费者个人权益。金融消费者保护法上的冷静期制度，如无特别说明，一般是指法定冷静期制度。世界银行《金融消费者保护的良好经验》建议，对于涉及长期储蓄和强制推销的金融产品或服务，各国法律可以规定消费者有权享有“冷静期”。在“冷静期”内，消费者有权终止合同，并无须承担任何罚款。①

各国在立法过程中，从以下方面对冷静期权进行了规定。

1. 冷静期权的行使范围。从各国立法看，冷静期权的行使范围主要集中在非营业场所进行的交易，以及长期性金融产品和服务中。如在日本，根据《日本特定商交易法》，有四类适用冷静期规则的销

① Davies, H. 2000. A New Regulator for the New Millenium. A Radical New Approach to Regulation. FSA.

售行为：（1）上门销售、路边销售、电话预约销售等上门销售方式；（2）电话劝诱销售；（3）提供长期继续服务交易；（4）职业中介服务。金融产品冷静期的适用范围主要包括：（1）投资顾问；（2）在营业场所以外订立的保险期间在1年以上的人身保险或财产保险合同；（3）合同消费者在营业场所之订立分期付款合同；（4）连锁销售或电话销售等特定交易合同。[①] 同时，在邮件销售情形下，只有当交易双方有特别约定时才能适用冷静期规则。日本《保险业法》中还规定，投保人已在保险公司的营业场所缴纳了保险费，则不再享有在冷静期内撤销或解除保险合同的权利。在英国，根据金融行为监管局（FSA）制定的规则，冷静期主要在投资类和保险类金融产品中适用。但如果金融产品的投资性较高，价格变动较快，则不在撤销权行使的范围内。新加坡的冷静期规则主要适用于信托类产品和保险类产品中，在价格变动较快的投资类产品交易中不适用。在我国香港地区，冷静期条款适用于所有非上市结构性投资产品，但投资期在1年以下的结构性投资产品，则不适用该规则。

2. 冷静期权的适用条件。在冷静期权的适用范围内，要触发冷静期权，就需满足一定的条件。在日本，《金融商品交易法》第37条规定，与金融商品交易业者缔结金融商品交易合同的顾客，除内阁府令另有规定之外，自书面文件受领之日起10日之内有权以书面方式解除该金融商品交易合同。经营者未交付书面文件，或者交付的书面

① European Commission, Public consultation on Responsible Lending and Borrowing in the EU, June 15, 2009.

文件欠缺法定重要事项的，即使时间上长于冷静期，也应视为未超过冷静期。《特定商交易法》在修订时还增加了“冷静期妨碍规则”，该法第 9 条第 1 款规定：如经营者就契约中的冷静期条款不实告知使消费者产生误解，或者采取胁迫行为致使消费者在适用该规则时遭遇困惑，从而导致合同或法律规定的冷静期已超过的，消费者仍然可以适用冷静期规则。在英国，购买前的撤销或购买投资、保险商品后 14 日，可变更、中止合同，获得全款返还，从而实现冷静期权（撤销权）。在新加坡，单位信托合同和非上市债券产品的冷静期权行使期限为 7 日，保单持有人冷静权期限为 14 日。在我国香港地区，金融消费者有权在发出指令一段时间内（不少于 5 个工作日），无条件撤销其交易指令，或向产品的提供者回售该产品，或以其他方式将该交易平仓。[①]金融消费者行使冷静期权需要符合：（1）就该交易指令整体，而非局部行使该权利；（2）该金融消费者为产品的原始拥有者，即不曾出售或以其他方式转让该结构性投资产品；（3）该结构性产品仍然存续，且没有任何终止情况的出现。

3. 冷静期权行使的形式。除了行使期限的要求，有的国家还对冷静期权行使的方式进行了规定。一般而言，冷静期权的行使应采取书面形式，口头做出的解除合同的意思表示一般不具有效力。[②]

① European Parliament, Report on protecting the consumer: improving consumer education and awareness on credit and finance[2007/2288(INI)], October 14, 2008.

② Froot, Kenneth A., and Jeremy C. Stein. “Risk management, Capital Budgeting, and Capital Structure Policy for Financial Institutions: An Integrated Approach.” *Journal of Financial Economics* 47, no. 1(1998): 55–82.

日本《金融商品交易法》第37条规定，金融消费者如想要在冷静期内行使自己的权利，即应以书面方式解除与经营者订立的金融商品交易合同。日本《保险业法》第309条也规定，保险合同申请人需通过书面申请方式撤销投保申请或解除保险合同。

4. 冷静期权行使的成本。虽然冷静期权行使后，金融消费者可以无条件解除合同，但在合同结束时仍应负担一定成本，以维护金融活动的安全和稳定。新加坡的《监管销售非上市投资产品的建议书》中要求，如果金融消费者决定终止合同，需承担必要费用和跌去市值的成本。同样，保单持有人在冷静期内终止保险合同时，也需扣除必要的费用。

（二）隐私权

为金融安全考虑，在金融活动中，金融消费者个人、账户和交易的各方面的信息，并与第三方机构分享。这些信息主要包括金融消费者的姓名、住所、通信方式、职业、年龄、资产状况、投资经验等信息。金融信息的分享虽然存在必然性，但这些信息一旦泄露，对消费者的影响也将难以估量。因此，金融消费者对自身信息应拥有隐私权，以防止出现个人信息泄露可能带来的危险境地。

在金融领域，隐私权分为三个层面，一是消极隐私权，即个人作为金融消费者隐私不被窃用、滥用，也不得被金融机构用于牟利的权利；二是面向金融机构的积极隐私权，即要求金融机构妥善管理和维护账户，并及时通知信息共享变化的权利；三是面向金融监管机关的积极隐私权，即要求金融监管机关建立健全保密体系，并形成有效征信体系的权利。①

在消极隐私权层面，金融消费者有权要求金融机构确保其可以保护客户个人资料的保密性和安全性，防止信息的安全性或完整性可能受到的威胁或危害，未经授权的访问，或不必要的私人和政府审查。为了保护消极隐私权，当金融机构向第三方共享金融消费者的个人信息时，金融消费者有权获得关于信息共享的内容报告，并有权决定是否准许共享。因此，首次共享信息时，金融消费者有权要求金融机构提供书面文件，以告知共享的内容，以及金融消费者的相关权利。② 金融消费者还有权要求金融机构解释共享信息的过程，以及信息共享后的用途。如果认为信息共享损害了自身隐私权，金融消费者有权停止或退出某些信息的共享业务。

在面向金融机构的积极隐私权层面，金融消费者有权要求金融机构向其提供账户信息和账户的信用报告。通过适当的识别程序后，金融消费者可以获得个人账户的信用报告，并在信息更新时得到通知。为了防止因个人信息错误而导致的利益受损事件，金融消费者有权纠正金融机构存储的不正确信息，或将其删除，或对不准确的信息进行标记。同时，当这些信息已经进入共享项目中时，金融消费者有权要求金融机构停止分享和传播错误信息。在信息保留期内（正面信息一般为 2 年，负面信息为 5 年以上），金融消费者

① Graves, Stephen M. 2003. “Landscapes of Predation, Landscapes of Neglect: A Locational Analysis of Payday Lenders and Banks.” The Professional Geographer, 55 (3): 303–17.

② Hart, Oliver. “Corporate governance: some theory and implications.” The *Economic Journal* 105, no. 430(1995): 678–689.

随时有权要求金融机构向其提供个人信息。在面向金融机构的积极隐私权层面，金融消费者有权要求其对金融机关的信用报告进行监督，并通过金融监管机构纠正金融机构对消费者个人信息做出的不当行为。

5.3.2 风险预防中的金融机构义务

对应金融消费者在风险预防过程中的冷静期权和隐私权，金融机构负有保证金融消费者实现冷静期权的义务，以及保密义务。

（一）冷静期义务

各国立法中主要强调金融消费者的冷静期权，对于金融机构的相应义务较少做出单独规定。在冷静期权实现过程中，金融机构主要承担了如下义务：其一，在合同缔结前，提供完整的冷静期条款，并向金融消费者告知其冷静期权利；其二，合同成立并生效后，当金融消费者提出终止合同的单方面要求时，将对价返还给金融消费者，并不得由金融消费者承担不必要的成本。

对于冷静期前的告知义务，日本《特定商交易法》第 9 条第 1 款规定，如金融机构对合同中的冷静期条款对金融消费者进行了不实告知，使得金融消费者产生误解，或者采取胁迫行为致使金融消费者在适用冷静期规则时产生困惑，导致约定或法定的冷静期超过，则金融机构依然有义务履行冷静期间的义务。① 同时，金融机构有

① Caskey, John. 1994. Fringe Banking: Check-Cashing Outlets, Pawnshops, and the Poor. New York: Russell Sage Foundation.

义务向金融消费者再次交付冷静期条款的文书，并有义务明确告知冷静期重新计算之日。英国金融行为监管局（FSA）要求金融机构向金融消费者告知关于冷静期的信息，也即金融消费者在签订合同后多久可以更改决定。[①]同时，金融机构还应提醒金融消费者注意，并非所有的金融产品都有冷静期，金融消费者应进行分辨。

对于冷静期权行使后，金融机关的返还对价义务，各国（地区）主要从以下方面进行规定：（1）金融机关应返还对价额；（2）在返还对价额时，金融机构可以扣除一定费用或市值调整的成本，但这一扣除不得超过法律上限；（3）在金融消费者行使冷静期权时，不得向金融消费者主张损害赔偿责任，或要求金融消费者支付违约金，或提出其他给付金钱的请求。日本《金融商品交易法》第37条规定，金融机构在金融消费者行使冷静期权时，向金融消费者返还对价，“就该金融商品交易契约之接触为止期间之相当手续费、报酬及其他金融商品交易契约中客户所应支付之对价额”，但“请求契约解除之损害赔偿或违约金”，不得超过内阁府规定的额度。[②]日本《保险业法》第309条则规定，投保人如果在冷静期内撤销保险合同，“保险公司不得向投保人主张损害赔偿责任，或者要求投保人支付违约金，或提出其他给付金钱的请求”。我国香港地区则给出了金融机构返还价款的如下规定：（1）正常情况下，金融消费者行使冷静期权后退

① FSA's Money Advice Service website：http：//www.moneyadviceservice.org.uk/yourmoney/，visited time：April 20，2017.

② Choi，James J.，David Laibson and Brigitte C. Madrian. Forthcoming. “$100 Bills on the Sidewalk：Suboptimal Investment in 401（k）Plans.” Review of Economics and Statistics.

回或获支付的款额，必须等于金融消费者支付的本金加退回的交易佣金；（2）在需要进行扣除的情况下，可以对因市值调整（包括因将交易平仓或取消所引致的解约成本）或任何手续费，进行扣除。①同时，我国香港地区的实践中，所扣除的费用不得包含金融产品提供者或中介人的任何边际利润，所退回的款项也以本金和交易佣金的总和为上限。因此，退回的款项基本固定，必须是事先披露的。根据各国对冷静期权的规定，可以得到金融机构返还价款的公式。

公式一（适用于市值变动较小的金融产品）：

返还价款 = 金融消费者所支付本金 + 金融消费者所支付佣金 - 已产生的佣金

公式二（适用于市值变动较大的金融产品）：

返还价款 = 金融消费者所支付本金 + 金融消费者所支付佣金 - 已产生的佣金 - 市值调整成本 - 手续费

公式三（适用于所有金融产品）：

返还价款 = 金融消费者所支付本金 + 金融消费者所支付佣金

（二）保密义务

在金融活动中，金融消费者隐私权的保护，需要通过金融机构保密义务之履行加以实现。世界银行《金融消费者保护的良好经验》建议，金融机构应当遵循所在国家的法律规定，确保金融消费者信息的保密性，并采取相应的技术安全措施。可见，保密义务是法定义务，

① Department of Labor, Employee Benefit Security Administration (2008), "Private Pension Plan Bulletin Historical Tables." http://www.dol.gov/ebsa/pdf/privatepensionplanbulletinhistoricaltables.pdf.

而非金融活动双方的约定义务。不管是保密对象、保密范围，还是保密过程中的信息共享，法律都应当为金融机构提供规则和程序。

保密义务对象最初集中在银行业中的客户群体，主要为开立银行账户的存款人。后经过英国衡平法发展，保密义务对象由存款人扩展为借款人。随着金融产品日益复杂化，保密义务也逐渐由存款人、借款人扩展到其他金融消费者。围绕保密义务对象需保密的范围，各国和地区也有不同的规定。① 我国台湾地区的“金融控股公司及其子公司自律规范”中对客户的资料和隐私保护也做出了严格的规定。按照该规范，客户资料包括客户的基本资料、财务资料、信用资料、投资资料、保险资料等涉及客户各方面的财务资料和隐私。在美国，只有银行业消费者与个人信息相关的内容才属于保密范围内；而在欧盟，数据保护指令则涵盖了所有领域金融消费者的信息保护，范围比美国更大。在英国，保密范围则由判例法形成，其中阿特肯大法官曾言，需要保密的资料明显不局限在有无存款、欠款、余额等账面信息。“保密范围应当至少涵盖所有记入账户的交易，以及该账户和相关账户所提供的担保品”，并且，这些资料的保密时间应该超过账户结清或账户不再往来的时间。② 阿特肯大法官指出，“假如任何一方的账户一旦结清，银行就能够任意地自由透露与该账户相关的一切交易内容的话”，那么个体隐私所面临的侵害程度则是不可想象的。因此，保密义务的范围

① Lawrence, Edward C. and Gregory EllieHausen. 2008. “A Comparative Analysis of Payday Loan Customers.” Contemporary Economic Policy, 26 (2): 299-316.

② Mandell, Lewis, Personal Finance Survey of High School Seniors, The Jumpstart Coalition for Personal Financial Literacy, Washington, DC, 2004.

还应当包括银行出于处理客户业务、决定如何对待客户等与客户之间的业务关系需要，而取得的客户实际账户以外的其他方面的资料。

但是保密义务的履行也有一定的界限。一个是时间上的界限，另一个是适用除外所带来的界限。在时间上，保密义务的开始时间不能早于合同生效。在一些国家，保密义务在账户终结时也会相应停止履行。但时间上的限制也会被突破：（1）当金融机构与金融消费者的法律关系成立之前得知的信息，与双方法律关系成立之后得知的信息有重复的可能性时，在合同生效前也应履行保密义务；（2）金融法之外的，一般保密性法律对保密时限有所要求时，金融机构应遵循一般性保密义务的时限要求；（3）金融机构对金融消费者的所有信息都有可能做出保密承诺，此时，金融机构应按照更为约定的、更为严格的保密义务时限来履行义务。

此外，适用除外也给保密义务的履行带来了限制。随着金融市场的发展，单纯的保密义务不仅无法促进金融市场的安全、稳定，反而会带来诸多问题。[①] 一方面，金融机构要履行保密义务，另一方面，则要根据法律规定向第三方共享信息。世界银行《金融消费者保护的良好经验》建议，当金融机构向第三方共享金融消费者的个人信息成为必要时，银行应当向金融消费者告知，第三方要求共享有关投资者账户的信息，如监管机关的依法询问，并向金融消费者解释如何使用和共享投资者的个人信息。在没有获得通知的情况下，金融机构不得向不隶属金融机构的任何一方共享或出售金融消

① Mann, Ronald J. and Jim Hawkins. 2007. “Just until Payday.” UCLA Law Review, 54（855）.

费者的账户或个人信息。一般而言，金融机构在以下情形中可以适用保密义务的除外规则：（1）司法活动中，法院要求金融机构提供关于金融消费者的必要材料，或直接前往金融机构查询，此时金融机构如发现继续保守消费者秘密，会带来合规风险，则可停止履行保密义务，向司法机构披露信息。（2）当金融机构知晓金融消费者利用金融活动进行违法活动时，为了维护公共利益，可以进行信息披露。需要注意的是，此时的违法活动主要包括洗钱、欺诈等已经实施或预备实施的犯罪。（3）当保密义务的继续履行损害金融机构利益时，金融机构可以向司法机关提出终止保密义务的请求。此种情形下，金融机构只有在获得金融消费者明示或暗示的同意，或法院的准许时，才能停止履行相关义务。[①] 在英国，“银行准则”（Banking Code）规定，银行不得出于经营目的，向同一集团的其他公司披露金融消费者的相关信息，只有在经过金融消费者请求或者金融消费者同意时，才能进行信息共享。

5.3.3 风险预防中的金融监管机关职责

（一）冷静期职责

为了保障金融消费者的冷静期权的顺利实现，金融监管机关承担了相应职责，主要包括以下几点。

1. 通过适当方式提示金融消费者的冷静期权利，包括进行金融

① Mcmeel, G. & Virgo, J. 2001. Financial advice and financial products : law and liability, Oxford ; New York, Oxford University Press.

教育、开展金融消费者权利咨询等活动，为金融消费者提供关于冷静期权利内容、行使和限制的背景知识。

2. 制定详细的冷静期规则，对冷静期的起始时间、冷静期触发条件、冷静期延长条件、冷静期权行使方式、冷静期权的限制条件、返还款项的计算方式进行规定，并对违反冷静期权的惩罚措施进行规定。

3. 监督金融机构按照法定规则，履行冷静期义务；当金融机构违反履行期规则时，金融监管机构依照法定职权，对金融机构进行处罚。

（二）隐私权保护职责

金融监管机构的隐私权保护职责分为三部分，其一是对金融机构履行保密义务进行监督，防止侵犯金融消费者隐私权情形的发生；其二是对金融消费者隐私权的行使进行监督，防止隐私权的滥用损害公共利益；其三是建立完整的征信体系，为金融消费者隐私权保护提供制度保障。

在对金融机构履行保密义务进行监督过程中，金融监管机关应首先提供保密义务履行的具体规则，包括详细的数据存储、调用、分享规则。对金融机构是否合规进行活动，金融监管机关可以采取现场检查、年度培训、年度会议的方式来进行监督。[①] 金融机构违反保密性义务规则后，金融监管机关则根据法律规定进行处罚。此外，金融监管机关还可根据金融消费者的投诉，对金融机构保密义务履行情况进行抽查，并对违规行为加以处罚。

① Melzer, Brian T. Forthcoming. “The Real Costs of Credit Access: Evidence from the Payday Lending Market.” Quarterly Journal of Economics.

但在日常的经验生活中，金融消费者保密权的实现，会与公共利益产生冲突。[①] 金融监管机关因此还需制定与个人信息共享相关的规则，并在金融消费者数据保护和处理个人信息所承载的公共利益、经济效益之间找到平衡点。在履行这一职责过程中，金融监管机构首先应制定信息披露规则，内容包括：（1）向司法机关、监管机关，以及其他相关政府机关披露金融消费者交易记录的具体制度和程序；（2）司法机关、监管机关，以及相关机关对金融消费者个人信息查看权限的规则；（3）信息披露的例外情形；（4）违反个人信息披露规则，司法机关、监管机关，以及其他机关所受到的处罚。金融监管机关制定的个人信息披露规则，除了在金融交易合同中得到明示，也需在官方网站上获得较大便利。在对金融消费者个人信息进行披露时，金融监管机关还应过滤不必要信息，以免信息披露范围过大，损害金融消费者的其他一般权利。同时，信息披露的过程应严格遵循法律规定，也即“如果存在任何具体程序和例外涉及向政府部门提供财务记录，这些程序和例外应在法律规定之内”。在进行信息披露过程中，金融监管机关也应遵循法律规定，禁止滥用“公共利益”一词，侵犯金融消费者的隐私权。[②] 金融监管机关也应在“公共利益”和隐私权之间进行平衡，在执法期间把握金融消费者的“度”的问题。

① 马国泉：《金融消费者保护研究》，法律出版社 2013 年版，第 95 页。

② Akerlof, George A., “‘The Market for Lemons’: Quality Uncertainty and the Market Mechanism”, Quarterly Journal of Economics, 1970.

在建立完整的征信体系过程中，金融监管机关首先由法律赋予金融监管机关建立征信体系的权力，并架构征信体系的监督机制。世界银行《金融消费者保护的良好经验》建议，“征信机构应当由适当的政府（或非政府）部门进行监督”。同时，“法律应当为金融机构向政府相关部门提供消费者的记录制定特殊的规则和程序”。金融监管机构也需根据法律，对包括征信机构、信息报送机构和信用报告用户在内的征信系统参与者之间的信息共享，制定基本规则。征信规则需包括以下内容：（1）征信活动中，征信机关对个人信息知晓和保密的范围；（2）征信活动中，个人信息的更新时间；（3）金融消费者进行征信信息查询的程序；（4）金融消费者对个人信息提出异议后，金融监管机关的异议处理程序；（5）征信活动中，金融消费者通过监管机关获取、修改、删除错误或过时的个人信息的程序；（6）金融消费者向金融监管机关提出禁止个人信息传播诉求的程序；（7）金融监管机关在征信体系中所承担的信用教育职责，即监督信用登记部门、金融机构开展宣传和教育活动，帮助金融消费者维护自己在征信体系中的权利，并向金融消费者告知个人信用不良记录的后果。[①] 对于征信系统的信用报告，金融监管机关也应进行监督，并从如下方面建立完善的信用报告制度：（1）信用报告制度需明确、可预测、非歧视，并适度支持金融消费者权益；（2）信用报告制度应与有效的司法或诉外争端解决机制相衔接；（3）在进行数据跨境

① Bank for International Settlements, Committee on Payment and Settlement Systems, and World Bank, General Principles for International Remittance Services, January 2007.

传输时，金融监管机关应通过信用报告制度，向金融消费者的个人隐私权提供适当保护。

5.3.4 风险预防中金融消费者保护在我国的实现

（一）我国已有规范和实践

围绕金融消费者的冷静期权利，在非金融产品消费领域，我国2013年修正的《消费者权益保护法》第25条引入了冷静期规则，规定“经营者采用网络、电视、电话、邮购等方式销售商品，消费者有权自收到商品之日起七日内退货，且无需说明理由”。《国务院办公厅关于加强金融消费者权益保护工作的指导意见》没有对金融消费者的冷静期权进行特别规定，仅笼统地对金融消费者的财产安全权进行规定，提出“金融机构应当依法保障金融消费者在购买金融产品和接受金融服务过程中的财产安全”。《中国人民银行金融消费者权益保护实施办法》《商业银行理财产品销售管理办法》《中国保监会关于加强保险消费者权益保护工作的意见》中也提及冷静期的相关规则。但在保监会出台的《健康保险管理办法》中，第15条规定长期健康保险产品应当设置不少于10日的犹豫期，并在保险条款中列明投保人在犹豫期内的权利。同时，我国《人身保险新型产品信息披露管理暂行办法》对保险产品的犹豫期含义、起算时间、天数、退保后需扣除的费用进行了规定。在具体实践中，香港东亚银行首次将冷静期制度引入内地的金融交易活动中。银行理财产品销售过程中，该银行在结构性理财产品销售流程中设置了“冷静期”。

对金融消费者隐私权的保护，在我国则较为成熟。《国务院办公厅关于加强金融消费者权益保护工作的指导意见》提出，应保障金融消费者信息安全权，“金融机构应当采取有效措施加强对第三方合作机构的管理，明确双方权利义务关系，严格防控金融消费者信息泄露风险，保障金融消费者信息安全”。《中国人民银行金融消费者权益保护实施办法》则通过一章的内容，对个人金融信息保护进行规定，对个人金融信息定义、金融机构保密义务、信息共享的方式与途径进行了详细规定。《商业银行理财产品销售管理办法》则对银行理财产品过程中的保密事项进行了规定。此外，我国《商业银行法》第 29 条、第 53 条，《证券法》第 83 条都对金融机构的保密义务进行了原则性规定。

（二）风险预防中金融消费者保护在我国的实现

以《消费者权益保护法》第 25 条规定为基础，金融消费者保护中的冷静期条款可以进行如下规定：一是冷静期条款的适用对象不包括投资者，仅限于金融消费者。二是冷静期时效应从合同签订之日起计算，其时长不应进行统一规定。冷静期时长原则上与金融产品的风险成正比，与金融消费者的成熟度成反比。同时应通过指引，对不同金融产品的冷静期时长进行具体相应规定。三是在冷静期间，金融消费者有权解约，且无须提供原因，也无须承担惩罚性责任，并可收回用以购买金融产品、服务的资金。四是金融产品、服务的提供者在合同签订前，有义务向金融消费者提供有关冷静期的相关信息，包括冷静期的起止时间、解约后金融产品价格的计算方式。同时在金融消费者解约后，有义务向金融消费者返还款项。[①] 同样地，由于我国在未来较长一段时间内，仍实行“一行三会”的监管架构，关于冷静期规则的规定，应分别在银行业金融产品、保险业金融产品和证券类产品的相关法律法规中进行规定。其中，相关法律中应进行原则性规定，较为细致的冷静期规则应主要由部门规章进行规定。

关于保密义务的规定，我国已有较为丰富的文本，关于“一行三会”保密义务的相关规定可维持现有状态。但我国金融消费者隐私权保护制度仍存在问题，即对征信体系的规定较少。我国宜根据各国经验，对征信体系做出如下专门规定：（1）金融消费者个人信息金融征信系统的范围，即征信机关对个人信息知晓和保密的范围；（2）个人信息的更新时间；（3）金融消费者进行征信信息查询的程序；（4）个人征信信息异议处理程序；（5）金融监管机关在征信体系中所承担的信用教育职责。

5.4　危险处置中的金融消费者保护机制

在危险处理阶段，合同自身特定风险与信用风险已转化为金融消费者面临的现实危险，并带来切实损失。[②] 金融消费者需要享有公平解决纠纷权和获得赔偿权。而对于金融产品、服务提供者，则

① Merton, Robert C. “A Model of Contract Guarantees for Credit-Sensitive, Opaque Financial Intermediaries.” European Finance Review 1, no. 1(1997): 1-13.

② 宋晓燕：《论美国金融消费者保护的联邦化及其改革》，载《河北法学》2009 年第 11 期。

应承担不阻碍纠纷解决的义务，以及纠纷解决后给付赔偿的义务。金融监管机关在这一阶段则承担起建立纠纷解决机制，以及监督赔偿实现等职责。

5.4.1 危险处置中的金融消费者权利

当金融消费者在金融活动中的风险转变为切实的损失时，就需运用金融消费者在危险处理过程中的权利，降低损失。在危险处理过程中，金融消费者的权利有三个实现途径，其一是通过宏观层面的存款保险制度和保单保护基金制度，在系统性金融风险转变为金融危机时，获得制度性赔偿；其二是通过金融机构的内部争议处理机制，实现公平解决纠纷权；其三是通过金融监管机关建立的正式争端解决机制，实现公平解决纠纷权。因此，危险处理中的金融消费者保护机制，主要通过金融机构的义务履行，以及金融监管机关的职责实现得以运行，金融消费者在这一环节中的权利反而较少得到直接规定。

在宏观层面，世界银行《金融消费者保护的良好经验》中建议，当金融机构发生财务危机，损害到金融消费者权益时，金融监管机关应采取合理的纾困措施，以保护金融消费者的权益。金融消费者在这一过程中，无法直接行使危险处理中的权利来敦促金融监管机关的纾困行动，但可以通过金融消费者团体向相关国家机关提出诉愿。同时，存款人、人寿保险投保人、养老基金持有人在个别金融机构进行清算时，享有优先权。金融监管机关在制定关于金融保险和保障基金的规则时，围绕金融消费者的权利，应对金融系统性风险保障基金的保险人、被保险存款人的种类、保险覆盖的范围、保险基金的捐赠、赔付的触发事件等内容进行规定。

在通过金融机构进行纠纷的内部解决过程中，金融消费者获得了如下权利：其一，在金融合同签订前和签订过程中，金融消费者有权获知内部纠纷解决的过程和注意事项；其二，金融消费者在接受金融产品和服务过程中，有权获得便捷、安全的内部纠纷解决途径，如电话投诉、现场投诉等；其三，金融消费者对于纠纷解决形式有选择权，在通过金融机构内部机制进行纠纷解决后，如果金融消费者的权益没有得到保护，还有权选择其他正式的纠纷解决机制；[①]其四，金融消费者还享有纠纷解决过程中受到公平待遇的权利，也即在纠纷未得到完善处理时，金融消费者对金融产品、服务的所有权利，都应以纠纷出现前的标准加以实现。我国台湾地区的“金融消费者保护法”第13条规定，金融机构在日常和金融活动中，有权利获得关于争议解决的知识，通过充分和正确地了解金融消费产品和服务的知识，尽量避免纠纷的发生。当关于金融产品和服务的争议出现时，金融消费者应先就争议事件向金融机构提出申诉。申诉收到后的30日内，金融机构应将处理结果回复给提出申诉的金融消费者。[②]如果金融消费者就争议处理结果不满意，或金融机构未在30日之内进行答复，金融消费者有权“于收到处理结果或期限届

① Benartzi, Shlomo and Richard H. Thaler. 2001. “Naive Diversification Strategies in Retirement Saving Plans.” American Economic Review 91（1）: 79–98.

② Barry, N. P. 1991. The morality of business enterprise, Aberdeen, Aberdeen University Press.

满之日起60日内，向争议处理机构申请评议”。

在通过金融监管机关进行纠纷的正式解决过程中，世界银行《金融消费者保护的良好经验》建议，金融消费者有权诉诸成本低廉、高效、权威、具有专业资质和丰富资源的纠纷解决机制，以通过纠纷解决降低金融风险带来的损失。此外，金融消费者通过正式机制解决纠纷的成本应当得到控制，《金融消费者保护的良好经验》指出，“司法体系应当确保一切与金融产品或服务相关的消费纠纷都能以消费者可以承受的成本，以及及时、专业的方式加以解决”。我国台湾地区“金融消费者权益保护法”第13条规定，为了保护金融消费者有效处理金融消费争议的权利，应建立争议处理机构。当金融机构对金融消费者所提出争议未进行处理或处理不当时，金融消费者有权向金融争议处理机构提出申诉，并要求金融机构将争议移送至争议处理机构。美国《多德–弗兰克法案》第1031条则授权金融消费者保护局，为保护金融消费者在具体争议中的权利，设置纠纷解决机制。第1034条则主要规定了金融消费者保护局处理金融消费者争议的主要步骤，包括：（1）要求金融机构对争议已经采取和正要采取的措施提交书面报告；（2）根据金融消费者的请求，向金融消费者提供关于争议产品或服务的信息，争议处理的进展，以及金融消费者可以获得的法律帮助。

5.4.2 危险处置中的金融机构义务

在进行危险处理过程中，金融机构作为提供金融产品和服务的一方，成为为金融消费者提供相关资源的首要主体。世界银行《金融消费者保护的良好经验》专门就争端的内部解决机制提出建议，认为金融机构内部应设立受理消费者投诉的途径，并向金融消费者明确内部投诉的解决程序。[①] 同时，为了保证金融消费者在这一环节中权利的实现，金融机构需要对金融消费者的投诉记录加以信息储藏和更新。金融机构还应制定内部纠纷解决的政策和方法，对纠纷处理时限、方式、程序、处理结果的回复和客户回访等问题进行规定。

从各国立法例考察，不同领域的金融机构形成了不同的内部纠纷处理机制，但也存在通用规则，包括：（1）在收到金融消费者关于争议的投诉时，通过书面或电话方式，告知金融消费者投诉已接收的信息；（2）在争议处理过程中，金融机构应向金融消费者明确告知争议处理的流程和进度；（3）在争议处理过程中，不以发生争议为由，停止金融产品和服务的提供；（4）争议处理结束后，应及时向金融消费者通知处理结果；（5）争议处理的全过程都应以书面形式记载，以留备金融监管机关监督。

不同领域的金融机构形成了不同的内部投诉程序。在银行业，金融机构一般通过书面形式，在签订合同前，向金融消费者提供关于书面投诉程序和投诉联络点的信息。[②] 银行还需在银行条款和条

---

① Campbell, Larry, and John P. Wilson, "Financial Functional Analysis: A Conceptual Framework for Understanding the Changing Financial System". Working paper, HSBC London, 2014.

② Benjamin, Daniel J., Sebastian A. Brown, and Jesse M. Shapiro. 2006. "Who is 'Behavioral'? Cognitive Ability and Anomalous Preferences." Available at SSRN: http: //papers.ssrn.com/sol3/papers.cfm?abstract_id=675264.

件中，对消费者如何进行内部投诉进行完整说明。在收到投诉后，银行一般分为如下步骤进行处理：（1）以书面通知客户 / 投诉者收到投诉这一事实；（2）向投诉者提供银行指定负责处理投诉的一个或多个人的名字，直至投诉被解决或投诉不能在银行内部进一步处理为止；（3）在合理的时间间隔内，向投诉者定期提供投诉调查的最新进展情况的书面说明；（4）在几个工作日内完成投诉调查后，银行应以书面形式通知客户 / 投诉人调查结果，并在适当情况下，向客户 / 投诉人解释解决的方式；（5）银行也应告知客户 / 投诉者金融申诉服务或其他形式的争议解决方式的可能性；（6）当银行收到口头投诉后，它应提供给客户 / 投诉人与上述书面投诉受到同等银行待遇的投诉机会，但银行不能要求投诉人提供书面投诉；（7）银行应保留这些记录，以备银行监管机构要求检查。

在证券业中，金融消费者投诉一般源于对证券类金融产品的误解，或对金融消费者个人账户信息缺乏。通过金融机构的内部澄清，证券类产品金融消费者的部分投诉可以得到解决。[①] 根据国际证监会组织原则第 1 条、第 23 条、CESR 标准第 78 条，证券业金融机构在进行争端的内部解决时，应实现以下内容：（1）按照证券监管机构的要求建立索赔和争端解决的内部渠道；（2）证券中介内部有专门的人员或部门处理金融消费者的询问或投诉；（3）将争端处理的内部程序告知金融消费者；（4）在金融消费者就处理结果向证券

① Christelis, Dimitris, Tullio Jappelli, and Mario Padula. 2010. “Cognitive Abilities and Portfolio Choice.” European Economic Review, 54 (1): 18 : 38.

机构提出异议时，证券机构可以为金融消费者提供关于继续处理争议的信息。

在保险行业，受限于保险知识的匮乏，金融消费者很少意识到自身权利受到侵害。[①] 根据欧盟人手保险指令的要求，在保险合同签订前，保险公司应当通过书面文件，向金融消费者提供可供远程投诉的联系方式，确保金融消费者在办公时间，通过专门的纠纷处理中心，迅速了解到内部争议的处理程序，或者直接通过电话向保险公司提出争议的解决。不管是书面文件，还是电话告知，保险公司都应用通俗易懂的语言告知金融消费者争端解决的主要步骤。在设置内部争端解决和索赔的途径时，保险公司应指定专门人员或建立专门部门，处理零售保单持有人的投诉。

除了建立内部争议解决机制，金融机构还应配合金融消费者实现其索赔权。其中包括根据举证的一般原则，进行举证。同时，根据司法机关、金融监管机关、独立的金融争端解决机关的裁决，金融机构有义务向金融消费者遭受的损失进行赔偿。在赔偿过程中，金融机构不得以任何理由拖欠金融消费者的赔偿金。在保险领域，由于金融消费者极难发现自己的权益受到损害，一些国家（主要是欧盟国家）还规定，保险领域的金融消费者有追索权，即在保险合同结束后，保险公司还负有向受侵害的投保人赔偿的义务。

---

① Carrell, Scott and Jonathan Zinman. 2008. “In Harm’s Way? Payday Loan Access and Military Personnel Performance,” Available at: http: //www.dartmouth.edu/~jzinman/Papers/PayDay_AirForce_aug08.pdf.

5.4.3 危险处置中的金融监管机关职责

为了实现金融消费者在危险处理中的权利，金融监管机构同样在宏观和微观两个层面履行其职责。

在宏观层面，金融监管机关针对因金融机构资不抵债导致金融消费者权益受损的情况，主要通过建立存款保险制度和保单保护基金制度，实现自身职责。[①] 世界银行《金融消费者保护的良好经验》建议，“法律应当确保金融监管机构在金融机构发生财务困难时，能够采取合理的措施”。在银行业，金融监管机关应根据存款保险法律法规的规定，采取措施保护存款人。从各国立法例和国际组织发布的核心原则、指令考察，特别是国际清算银行核心原则第 23 条、欧盟存款保障计划指令 1994/19/EC 的规定刊，存款保险法律法规中一般包含如下内容：保险人、被保的储户类型、保险覆盖范围、救助资金的持有人、基金出资人、动用救助资金的触发条件、确保及时救助存款人的机制，以及拒绝救助存款人的情形。通过公众金融教育活动，金融监管机关应和金融机构合作，教育公众了解存款保险的覆盖面，及其赔偿过程，确保金融消费者认知与已有制度的一致性。在证券行业，监管机构在证券公司出现困难时，应为保护金融消费者采取补救措施。[②] 在本国法律允许的情况下，金融监管机关应建立证券业金融消费者保

① Darby, M. R. & Karni, E. 1973. Free Competition and the Optimal Amount of Fraud. Journal of Law and Economics, 16, 67–88.

② Cole, Shawn, John Thompson and Peter Tufano. 2008. “Where Does It Go? Spending by the Financially Constrained.” Harvard Business School Working Paper 08–083.

障基金，为金融消费者提供公平、快速的赔偿机制。在保险业，由于行业本身特性（行业不透明性、信息不对称导致的道德的风险），清算保障计划不是保护金融消费者权利的首选。金融监管机关应致力于有力的审慎监管，以防止保险业中系统性风险转变为切实的金融危机，最终损害金融消费者权益。除了日常的审慎监管，金融监管机关还应监督保险公司将承保寿险精算储备和投资合同保单的资产分开，以保证破产清算时，长期保单持有人优先获得赔偿。

在微观层面，金融监管机关建立起金融督察服务机制，以保护金融消费者在危险处理过程中的权利。世界银行《金融消费者保护的良好经验》建议各国形成“成本低廉、高效、权威、具有专业资质和丰富资源的纠纷解决机制”，并提出“独立的金融督察服务机构”是最佳选择。根据《金融消费者保护的良好经验》的建议，金融督察服务机构应独立于任何委托机关、所属机关、涉诉机关，以及各类金融消费者团体或协会，以保证其做出的裁决是公正、独立的。为了促进金融机构迅速寻找到改进服务的方法，金融督察服务机构还对金融消费者争议进行定期统计，按照产品分类，发布投诉数据，并发布问题分析报告。[①] 根据世界银行《金融消费者保护的良好经验》，金融督察服务机构应定期编撰报告，对金融消费者投诉进行统计，针对出现的问题，金融督察服务机构应对金融机构和金融监管机构分别提出建议，从源头上避免问题的产生。

---

① Diamond, Douglas W., and Philip H. Dybvig. “Bank Runs, Deposit Insurance, and Liquidity.” *The Journal of Political Economy* 91, no. 3 (1983): 401–419.

从各国实践情况考察，金融督察服务机制最早出现于英国。[①]1981 年，英国保险公司自发建立起保险申诉专员署，以实现诉讼外纠纷解决的顺利进行。随后，银行申诉专员于 1986 年建立，并逐渐扩展至其他金融领域。2000 年，英国颁布《金融服务与市场法》。根据《金融服务与市场法》的规定，银行申诉专员、房屋建筑协会申诉专员、保险申诉专员、投资申诉专员、个人投资管理局申诉专员、个人保险仲裁服务、证券及期货管理局投诉事务署与仲裁服务，以及金融业管理局直接投诉组进行合并，形成了统一的金融督察组织，即金融督察服务公司（Financial Ombudsman Service Ltd., FOS）。根据英国《金融服务与市场法》《消费者信用法》的规定，金融督察服务公司可以对如下金融机构和金融消费者之间的争议进行管辖：（1）经 FSA 许可设立，并在 FSA 监管下开展活动的金融机构；（2）自愿加入英国金融申诉专员服务计划的金融机构；（3）经英国公平交易局批准设立的金融机构。由此，金融督察服务公司的管辖范围基本上涵盖了银行、保险、服务类的投资机构的所有金融业务。根据金融督察服务公司争议解决规则，当金融消费者与金融机构发生争议时，应先向金融机构投诉，进行争议的内部解决程序。经过内部解决程序仍未妥善处理的整理，金融消费者就可将案件提交至金融督察服务公司。经金融督察服务公司受理后，客户服务部的消费者顾问可就简单纠纷进行处理，不能解决的则移交

① Gennaioli, Nicola, and Andrei Shleifer. “What Comes to Mind.” The *Quarterly Journal of Economics* 125, no. 4(2010): 1399-1433.

给审裁员。在审裁员处，案件通常经过调解、提出非正式的解决建议等方式，促使双方当事人达成和解。如果争议双方接受审裁员的和解意见，则案件结案；若认为案件处理结果不当，可申请提交申诉专员进行最终裁决。在最终裁定作出前，双方当事人都可以提出新的事实和观点，但不能向其他申诉专员进行上诉。在最终裁决作出后，双方当事人如果认可裁决结果，则案件结案；如果不认同裁决结果，则金融消费者可选择提交法院审理。

在澳大利亚，金融督察服务机构于2008年经过澳大利亚证券和投资委员会（Australian Securities and Investments Commission）的批准成立，并受该委员会指导，向其报告工作。根据澳大利亚《金融服务改革法》，任何一个金融机构都可成为金融督察服务公司的成员。但只有当金融机构选择成为会员后，金融消费者才可向金融督察服务机构提起申诉。与英国金融督察服务进行裁决的流程相同，金融消费者需要先向金融机构投诉，在对投诉处理结果不满时，才可转而向金融督察服务机构提起申诉。根据《金融服务改革法》的规定，澳大利亚金融督察服务机构的陪审团裁决过程要求陪审员包括三名成员，其中一位是立场中立的陪审团主席，一位是相关行业代表，另一位则是消费者代表。基于此制度设计，其金融服务督察机构的裁决会更加公正，其处理结果也更容易为各方所接受。①

新加坡则于2005年成立金融业争议调解中心，以有限公司的运

① 邢会强：《澳大利亚金融服务督查机制及其对消费者的保护》，载《金融论坛》2009年第7期。

作模式，提供金融申诉专员制度。金融业争议调解中心的纠纷处理程序分为两部分，第一部分为调解程序，即通过申诉专员，对金融消费者和金融机构进行免费调解；第二部分为审裁程序，即争议双方对案件处理结果不满意时，就将案件交由专门的审裁员或审裁委员会来处理，这一部分需要付费进行。如果金融消费者或金融机构对审裁结果不满意，仍可继续进行其他法律程序以解决争议。

除英国、澳大利亚、新加坡采用了金融督察服务制度外，日本、我国香港也同样建立了金融督察服务制度。从功能上看，金融服务督察机构功能上类似于仲裁机构，但本质上与仲裁机构具有重要区别：其一，金融消费者选择金融督察服务机构进行争议解决无须事先约定，而提交仲裁时必须持有有效的仲裁协议。只要金融机构事先加入了金融督察服务计划，金融消费者就可以向金融服务督察机构投诉。而加入金融服务督察计划，是金融机构提高消费者对其信心的重要手段，因此大部分金融机构都会选择加入此计划，由此形成了争议解决的正向循环。其二，仲裁双方当事人都可以提起仲裁申请。但在金融督察事务中，消费者有权投诉，金融机构无权投诉。其三，仲裁过程中若对仲裁结果不服，被仲裁人不可以向法院提起申诉。但金融督察服务中，若对判决结果不服，则可以向法院起诉，或进行其他法律程序。此外，相较于仲裁程序，金融服务督察机构处理案件还有免费、快捷的特点。① 金融服务督察机构不向金融消

① Haines, F. & Gurney, D. 2003. The Shadows of the Law: Contemporary Approaches to Regulation and the Problem of Regulatory Conflict. Law & Policy, 25, 353-380.

费者收取任何费用，仅在一定范围的案件中，根据案件的具体情况，向金融机构收取案件处理费，对于金融消费者而言成本低廉。金融服务督察机构处理案件的程序相对简单，在证据认证、流程上更为灵活，节省时间，也更为快捷。相对于仲裁机构，金融督察服务机构具有“半官半民”的性质。“半官”性质指的是其成立及业务运行，主要受金融监管机关的指导，而非民间自发成立。“半民”性质是指金融督察服务机构虽然接受金融监管机关的指导，并由其成立，但自身并非监管机关。金融监察服务机构是一个独立于监管机关的、中立的公益性机构，职责是解决争端纠纷、进行调解，并作出令争议双方满意的裁定。从其构成刊，金融监察服务机构的董事会成员主要来自民间，经费也非来自官方拨款。最终的裁决，对金融消费者和金融机构都没有约束力，因此也就无法根据其进行行政执法和处罚。若争议双方对裁决不满意，仍可诉诸法律。

5.4.4　危险处置中金融消费者保护在我国的实现

（一）我国已有规范和实践

《国务院办公厅关于加强金融消费者权益保护工作的指导意见》指出，应保障金融消费者的依法求偿权。要求“金融机构应当切实履行金融消费者投诉处理主体责任，在机构内部建立多层次投诉处理机制，完善投诉程序，建立投诉处理情况查询系统”，并接受社会监督。除了对金融机构提出要求，指导意见还对金融监管机关提出，“建立金融消费纠纷多元化解决机制”，“建立健全金融消费者投诉处理机制”，对金融消费者案件进行有效督办。同时，金融监管机关还应在金融机构的配合下，完善金融消费者纠纷第三方调解、仲裁机制，以此形成包括自行和解、外部调解、仲裁和诉讼在内的金融消费纠纷多元化解决机制。《商业银行内部控制评价办法》规定，商业银行内部应建立并保持信息交流与沟通程序，明确商业银行应对财务、管理、业务、重大事件和市场信息等内容进行收集、处理、交流、沟通、反馈和披露；《保险公司信息披露办法》则对保险公司内部纠纷机制进行了规定，要求保险公司对克服电话和投诉电话进行披露；《证券法》则对证券业协会作为第三方的调解功能进行了原则性规定。

（二）危险处置中金融消费者保护在我国的实现

我国目前金融消费纠纷领域的非诉解决机制大致分为投诉、调解和仲裁三种途径。[①]发生纠纷时，金融消费者可以选择向金融机构、银监会、证监会或者保监会投诉，以行使其公平解决纠纷的权利。同时，金融消费者也可以申请消费者协会或行业协会主导调解。此外，金融消费者还可以申请仲裁来解决纠纷。然而从解决纠纷的实际应用效果分析，投诉途径常常费时费力、要求金融消费具有足够的专业性。因此有必要建立“调解＋仲裁”或“调解＋裁决”的替代性纠纷解决模式。在规范层面，《商业银行法》、《保险法》、《证券法》和《信托法》应设置专门条文，授权替代性纠纷解决机构，并赋予其“调解＋仲裁”或“调解＋裁决”的权力。纠纷解决机构所涉及的服务范围应包括银行、保险及证券行业中的非直接投资业务。

① 杨东：《金融消费者保护统合法论》，法律出版社 2013 年版，第 275 页。

同时，还应以行政法规的形式，规范纠纷解决机构的机构设置、涵盖范围以及纠纷解决的标准程序。其中，依照《仲裁法》规定，纠纷解决机构的法律地位应该作为特殊事业单位法人，以事业单位的形式出现。并下设相应监管机构，在法定情况下行使裁决权。在纠纷解决程序上，宜将调解机制植入裁决过程，即纠纷双方可首先致力于达成调解协议。若调解不成，再进入裁决程序，从而节省纠纷解决的成本、时间和精力。①

此外，金融消费者保护赔偿机制中，还应考虑设置惩罚性损害赔偿制度。惩罚性损害赔偿，即示范性赔偿或报复性赔偿，指法院判决的赔偿数额超过受害人实际遭受的损害数额。惩罚性赔偿制度形成于英美判例法，并最早由美国立法确立。美国《侵权行为法》第 908 条定义惩罚性损害赔偿为，"在损害赔偿及名义损害赔偿之外，为了惩罚实施极端无理行为的人，且为了阻止该行为人以及其他人有再次实施类似行为的邪恶动机而给予被害人的赔偿"②。在实践中，法院在评估惩罚性损害赔偿的额度时，应适当综合考虑被告行为的性质和意图、原告所受伤害的本质、程度，以及被告的财产状况等因素。惩罚性赔偿机制的目的在于惩戒市场上一些性质恶劣的经营行为，比如经营者出售假冒伪劣商品等欺诈行为，进而制止行为人继续采取同样的行为，并且对其他有类似意图者进行威慑与

① Ortoleva, Pietro. "Modeling the Change of Paradigm: Non-Bayesian Reactions to Unexpected News." The American Economic Review 102, no. 6(2012): 2410-2436.

② 涂永前、杨鑫瑶：《美国个人消费者金融保护机构设立之争及其对我国的启示》，载《中国社会科学院研究院学报》2011 年第 3 期。

阻吓。惩罚性损害赔偿制度同时也进一步激发消费者与不法行为作斗争的积极性。因此，在英美法国家，惩罚性损害赔偿制度的适用范围不断得以扩大。①

本章小结

通过论述类型思维中关于体系等值性的观点，本章认为，体系建构或制度建构分为“法律上的建构”（即立法者之建构）与“学术上的建构”，除非涉及逻辑或语言法则的使用，对同一语词意义理解所形成的不同法律体系，并不存在对与错的问题。相反，这些建构之间具有等值性，“对于同一个内在体系，在最后的描述形象上就会有完全不同的面貌出现”。这也就为类型思维下金融消费者保护制度的再建提供了契机。围绕风险分配的形式和途径，风险社会下金融消费者保护制度可以分为风险认知、风险预防和危险处置三个层面。其中风险认知中的金融消费者保护围绕金融消费者的知情权、自主选择权和受教育权展开；风险预防中的金融消费者保护围绕金融消费者的冷静期权和隐私权展开；危险处置中的金融消费者保护围绕金融消费者的公平解决纠纷权和求偿权展开。

① Schneider, Daniel J. and Peter Tufano. 2007. “New Savings from Old Innovations: Asset Building for the Less Affluent,” in Financing Low-Income Communities, ed. Julia Sass Rubin. Russell Sage.

结　论

1. 论文的基本观点

语词是思想和声音分节的结合，通常而言，一个语词由“对象—代表项—解释项”构成。由于解释项的存在，语词具有了无限衍义性。在无限衍义的过程中，人们通过抽象化、划分和三段论的严格逻辑推演所得的，是概念；通过描述、整体相似性和意义中心回溯所得的，是类型。也即，在语词的外衣下，概念和类型是通过不同方式加以认识的外衣下的本真。更进一步讲，或者是带有循环定义地讲，通过严格的概念思维得到的是概念，通过类型思维得到的是类型，概念和类型都通过语词表达于外。一个语词属于概念还是类型，就需从其语境中判断：同一个语词出现在自然科学中，成为概念的可能性更大；一个语词出现在非自然科学的学科中，更多地属于类型。

概念本身在哲学、形式逻辑学和语言学中就具有不同的含义。从逻辑学看，概念这一语词可以分为静态意义上的概念和动态意义上的概念。静态意义上的概念，是关于事物共同属性和关系（区别于其他类事物）的思想；而动态意义上的概念是“通过概括把客观外部世界，各种对象以及存在于各种对象之间的联系的一般因素抽引出来，加以归纳，并反映客观现实一定部分和联系”的思维形式。法学中所认为的概念仅仅是形式逻辑上的概念，与语言学和哲学中的概念相比，法学和形式逻辑上的概念有很强的“单义性”和“数位性”倾向，与自然科学对概念的使用更为相近。虽然概念思维通过“漂流路径的标明”使得法学具有了自然科学的神韵，也使得法学概念的运用不再是漂流式的联想，而具有了三段论演绎的外衣。但人们对法律概念的解释、运用作细致考察后会发现，法学概念的逻辑推演只是表面上的粗糙推演，其最内里依然是基于家族相似的类比。因此，法学中所谓的概念，本质皆为类型。在法学中，绝大部分语词都无法通过抽象化得到封闭的内涵。可是，又必须承认，逻辑上概念思维的引入，使得法学规整起来，使得法学体系得以建立，也使得法学研究更贴近“自然科学”。正是概念思维的功用，使得法律人更偏爱运用这种更为“科学”的思维方式。

每个语词所载负的意义是无限的。语词解释项带来的无限衍义的可能，是概念思维在自然科学之外所无法把握的。从本质上看，概念思维是自然语言公式化的工具。因此，概念思维作为工具的使用范围，只能限于以公式为核心表达方式的“纯粹理性”学科。一旦跨出这个范围，概念思维面对的就是无法进行抽象化的庞大意义网络，其作为工具的效用也就消失殆尽。法学中的类型，是法学在语词无限衍义和封闭漂流过程中，形成的中止点处的“意义累积”：在法学中，类型既不可能一直衍义下去，像语词在人文学科中无边际地展开（这种无限制的奇思妙想也是人文学科所倡导的）；也不能在中止点处“故步自封”，像概念在自然科学中一样，成为“凝固”的符号。类型思维的意义此时凸显：通过类型“意义中心”的确定，类型思维为法学在语词的“意义洪流”中找到了站立的支点，从而构筑起法学在语词“无限衍义”中的水坝。因此，当概念思维为法律人认识语词带来诸多问题时，类型思维就开始发挥其作用，使得法律人的认识活动更贴近经验世界的本质。

在运用类型思维认识金融消费者过程中，首先应明确金融消费者为“规范性的真实类型”。在明确金融消费者的类型归属后，就可通过“意义中心—描述特征”法和对极法对金融消费者进行类型描述，从而形成如下结论：金融消费者是在金融活动中，因被迫负担“合同自身特定风险＋信用风险”双重风险，而处于相对弱势地位，需要制度倾斜性保护的一方。围绕“金融消费者”的意义中心，金融消费者的描述特征为，金融消费者不能为直接参与证券交易的金融产品、服务的购买者，其购买金融产品和服务也主要基于非商业、非营业、非职业目的。并且，为了维护法体系的规整性，为自然人应成为金融消费者的描述特征。围绕金融消费者的类型描述，从风险认知、风险预防和危险处置三个层面，即可展开对金融消费者保护制度的重述与重构。

2. 论文的主要贡献

（1）以语词“对象—代表项—解释项”三分法和语词意义的无限衍义性为起点，探讨了法学中的概念、类型、概念思维和类型思维，澄清了法学研究中概念思维和类型思维的关系，认为类型思维并非是概念思维的辅助步骤，而是将概念思维涵盖于其下。在类型思维之下，概念思维只有在条件被严格限定时才能得到法学上的运用。这一观点的提出，突破了法学理论研究和经济法研究中对于概念和概念思维的认识。

（2）首次将类型思维运用到经济法学新语词的描述过程中，通过“意义中心—描述特征”法，完成了“金融消费者”类型描述，突破概念的思维定式，解决了“金融消费者”语词认识上的难题；并在“消费者—金融消费者—投资者”的类型谱中，对三者之间的过渡形态进行描述，从而解决了困扰经济法学研究者已久的“金融消费者”与“个人投资者”的关系问题。

（3）本书将风险社会理论引入经济法学研究中，通过对金融活动中风险模型的探讨，以风险分配的变化趋势为基础，形成了完整的金融消费者类型描述和类型谱，对金融消费者、投资者和金融机构三者之间的风险分配进行了法经济学上的论述，并以此形成风险认知、风险预防和危险处置三个层面上的金融消费者保护制度，将金融法中的具体问题解决与经济法基础理论研究、理论法学中的方法论研究有机结合，对金融消费者问题形成了从理论到实践的完整探求。

3. 论文的局限和不足

（1）在从语词之构成出发，展开对概念思维和类型思维的认识过程中，没有较好地兼顾法学研究在语言学转向后所形成的理论，特别是哈特、拉兹和菲尼斯对法律语言、法律概念的论述。

（2）运用类型思维形成关于“金融消费者”语词的认识后，其在审判过程中所发挥的重要作用没有进行详尽探讨，类型思维在金融案例审判中的运用也有待更深入的论述。

（3）在对风险社会理论引入过程中，对正义、分配正义以及风险分配之间的逻辑勾连还没有进行更为精致的论述，三者之间的关系在逻辑上稍显粗糙。

（4）基于风险社会理论，虽然从风险认知、风险预防和危险处置三个方面展开，但相关权利、义务、职责的论述还有待进一步的深入，对金融消费者保护制度体系化探讨也应提升。

参考文献

中文文献

（一）中文著作

1. 柴荣：《台湾地区金融法律制度变迁研究》，北京师范大学出版社 2008 年版。

2. 陈嘉映：《简明语言学》，中国人民大学出版社 2013 年版。

3. 陈文君：《金融消费者保护监管研究》，上海财经大学出版社 2011 年版。

4. 郭丹：《金融服务法研究——金融消费者保护的视角》，法律出版社 2010 年版。

5. 郭峰：《中国资本市场重大法律问题研究——以投资者权益为中心》，法律出版社 2008 年版。

6. 何颖：《金融消费者权益保护制度论》，北京大学出版社 2011 年版。

7. 黄茂荣：《法学方法与现代民法》，法律出版社 2011 年版。

8. 李昌麟、许明月编著：《消费者保护法（第二版）》，法律出版社 2005 年版。

9. 刘俊、金震华:《2008 年次贷萧条应对与中国金融法制变革》,法律出版社 2009 年版。

10. 刘媛:《金融消费者法律保护机制的比较研究》,法律出版社 2012 年版。

11. 刘燕主编:《消费金融的法律结构分析》,经济日报出版社 2007 年版。

12. 陆扬:《后现代性的文本阐释:福柯与德里达》,上海三联书店 2000 年版。

13. 罗传钰:《金融消费者保护:监管优化与国际合作》,法律出版社 2014 年版。

14. 马国泉:《金融消费者保护研究》,法律出版社 2013 年版。

15. 史际春:《经济法(第 3 版)》,中国人民大学出版社 2015 年版。

16. 佘碧平:《现代性的意义与局限》,上海三联书店 2000 年版。

17. 盛晓明:《话语规则与知识基础——语用学维度》,学林出版社 2000 年版。

18. 孙颖:《消费者保护法律体系研究》,中国政法大学出版社 2007 年版。

19. 谈李荣:《契约多重性下银行与客户利益格局的法律研究》,法律出版社 2009 年版。

20. 汪民安等主编:《后现代性的哲学话语:从福柯到赛义德》,浙江人民出版社 2000 年版。

21. 王文宇:《新金融法》,台湾元照出版社有限公司 2004 年版。

22. 王泽鉴：《民法学说判例研究（第一册）》，北京大学出版社2009年版。

23. 邢会强：《金融消费者纠纷的多元化解决机制研究》，中国金融出版社2012年版。

24. 徐孟洲：《耦合经济法论》，中国人民大学出版社2010年版。

25. 徐孟洲：《金融法》，高等教育出版社2014年版。

26. 颜苏：《金融消费者保护比较研究》，中国政法大学出版社2013年版。

27. 杨东：《金融消费者保护统合法论》，法律出版社2013年版。

28. 杨家彦：《金融机构跨业经营之风险管控、利益冲突防范、消费者权益保障及对产业生态之影响》，台北金融研究发展基金管理委员会，2007年。

29. 杨雁斌等编选：《重写现代性——当代西方学术话语》，社会科学文献出版社2001年版。

30. 余少祥：《弱者的权利》，社会科学文献出版社2008年版。

31. 赵毅衡：《符号学：原理与推演》，南京大学出版社2016年版。

32. 张路：《从金融危机审视华尔街改革与消费者保护法》，法律出版社2011年版。

33. 张为华：《美国消费者保护法》，中国法制出版社2005年版。

34. 张严芳：《消费者保护研究》，法律出版社2006年版。

35. 张志伟、欧阳谦主编：《西方哲学智慧》，中国人民大学出版社2000年版。

36. 中国证券监督管理委员会组织编译：《欧盟金融工具市场指

令》，法律出版社 2010 年版。

37. 中国人民银行西安分行课题组：《金融消费者保护：理论研究与实践探索》，经济科学出版社 2011 年版。

38. 周林彬：《法律经济学：中国的理论与实践》，北京大学出版社 2008 年版。

39. 朱大旗：《金融法（第 4 版）》，中国人民大学出版社 2014 年版。

40. 朱淑娣、万玲所：《全球化与金融消费者权益行政法保护》，时事出版社 2013 年版。

41. 郑浩：《美国消费者信用体系初探》，中国政法大学出版社 2006 年版。

（二）中文译著

1. [德] 阿图尔·考夫曼：《法律哲学（第二版）》，刘幸义译，法律出版社 2011 年版。

2. [英] 爱德华·萨丕尔：《语言论》，陆卓元译，商务印书馆 1985 年版。

3. [美] 艾伦·加特：《管制、放松与重新管制：银行业、保险业与证券业的未来》，经济科学出版社 1999 年版。

4. [英] 彼得·温奇：《社会科学的观念及其与哲学的关系》，浙江大学出版社 2016 年版。

5. [英] 波普尔：《客观知识：一个进化论的研究》，舒炜光等译，上海译文出版社 1987 年版。

6. [英] 波普尔：《科学发现的逻辑》，查汝强译，中国美术学院出版社 2008 年版。

7. [英] 戴维 · 爱泼斯坦:《消费者保护法概要》，中国社会科学出版社 1998 年版。

8. [美] 约翰 · 杜威:《确定性的寻求：关于知行关系的研究》，傅统先译，上海人民出版社 2005 年版。

9. [德] 康德:《纯粹理性批判》，韦卓民译，华中师范大学出版社 1991 年版。

10. [德] 康德:《实践理性批判》，韩水法译，商务印书馆 1999 年版。

11. [德] 黑格尔:《逻辑学（上卷）》，杨一之译，商务印书馆 1976 年版。

12. [德] 黑格尔:《逻辑学（下卷）》，杨一之译，商务印书馆 1976 年版。

13. [美] 霍德华 · 戴维斯、大卫 · 格林:《全球金融监管》，中国银行业监督管理委员会译，中国金融出版社 2009 年版。

14. [美] 肯尼思 · 斯朋:《美国银行监管制度（第五版）》，中国银行业监督管理委员会译，复旦大学出版社 2008 年版。

15. [德] 拉伦茨:《法学方法论》，陈爱娥译，台湾五南图书出版公司 1999 年版。

16. [美] 罗斯 · 塞利格曼:《美国证券监管法基础》，法律出版社 2008 年版。

17. [日] 铃木深雪:《消费生活论——消费者政策（修订版）》，张倩、高重迎译，中国社会科学出版社 2004 年版。

18. [德] 马克斯·韦伯:《社会科学方法论》，杨富斌译，华夏出版社1999年版。

19. [德] 马克斯·韦伯:《韦伯方法论文集》，张旺山译，联经出版社2013年版。

20. [英] 马西尼:《现代汉语词汇的形成——十九世纪汉语外来词研究》，黄河清译，汉语大辞典出版社1997年版。

21. [美] 詹姆士·R.巴茨、杰瑞德·卡普里奥、罗斯·莱文:《反思银行监管》，黄毅、张晓朴译，中国金融出版社2008年版。

22. [美] 斯维德勒:《全球对话的时代》，刘利华译，中国社会科学出版社2006年版。

(三) 中文期刊

1. 陈洁:《投资者到金融消费者的角色嬗变》，载《法学研究》2011年第5期。

2. 程春华:《举证责任分配、举证责任倒置与举证责任转移——以民事诉讼为考察范围》，载《现代法学》2008年第2期。

3. [日] 井上匡子、町村泰贵、今井弘道:《法哲学观点看日本消费者问题及立法之解决》，赵莉译，载《金陵法律评论》2007年秋季卷。

4. 景睿、周纹:《对消费者概念的思考》，载《南方论刊》2007年第3期。

5. 抗红:《消费者概念的法律思考》，载《行政与法》2005年第10期。

6. 李斌:《试论个人金融消费者的权益及其法律保护——从农业

银行金穗通宝智能卡谈起》，载《理论观察》2006年第2期。

7. 李金泽：《论我国银行业消费者保护与自律机制之完善》，载《时代法学》2004年第6期。

8. 李金泽：《银行业消费者保护法制与自律机制的国际经验与启示——兼论我国现行制度存在的问题与对策》，载《国际金融研究》2004年第10期。

9. 李敬伟、周仲飞：《英国金融服务监管及其对我国的借鉴》，载《外国经济与管理》2002年第2期。

10. 李军华：《金融消费者冷静期规则架构》，载《金融服务法评论》第7卷。

11. 梁彗星：《中国的消费者政策和消费者立法》，载《法学》2000年第5期。

12. 廖进中：《开创消费者责任意识和科学消费新阶段》，载《消费经济》2008年第2期。

13. 刘继峰：《竞争法中的消费者标准》，载《政法论坛》2009年第5期。

14. 刘继峰：《概念外延的变动及其法律适用——以反垄断法中致害人和受害人为中心》，载《法学论坛》2009年第3期。

15. 刘燕、楼建波：《企业重大金融衍生交易损失事件研究——以合约结构为基础》，载《清华法学》2010年第1期。

16. 刘燕、楼建波：《金融衍生交易的法律解释——以合同为中心》，载《法学研究》2012年第1期。

17. 马伯钧：《论消费者责任》，载《消费经济》2008年第2期。

18. 彭真明、殷鑫：《论金融消费者知情权的法律保护》，载《法商研究》2011年第5期。

19. 祁斌：《美国金融监管改革法案：历程、内容、影响和借鉴》，载《金融发展评论》2010年第9期。

20. 钱玉文：《消费者权的法律解释——基于判例和法理的视角》，载《法学》2008年第8期。

21. 沈联涛：《2008年全球金融危机的本质》，载《财经》2008年第24期。

22. 宋晓燕：《论美国金融消费者保护的联邦化及其改革》，载《河北法学》2009年第11期。

23. 陶长高：《次贷危机前后美国的金融监管》，载《国际金融》2009年第9期。

24. 涂永前、杨鑫瑶：《美国个人消费者金融保护机构设立之争及其对我国的启示》，载《中国社会科学院研究院学报》2011年第3期。

25. 涂永前：《美国2009年〈个人消费者金融保护署法案〉及其对我国金融监管法制的启示》，载《法律科学》2010年第3期。

26. 汪其昌：《信义义务在英美金融监管中的运用》，载《金融法学家》第2辑。

27. 王靖琳：《金融消费者保护职能及我国金融监管制度的完善》，载《福建金融》2006年第3期。

28. 王利明：《消费者的概念及消费者权益保护法的调整范围》，载《政治与法律》2002年第2期。

29. 王伟玲：《金融消费者权益及其保护初探》，载《重庆社会科学》2002 年第 5 期。

30. 王昀、孙天琦：《英国金融行为监管局最新动向及启示》，载《金融时报》2014 年 1 月 27 日。

31. 吴弘、徐振：《金融消费者保护的法理探析》，载《东方法学》2009 年第 5 期。

32. 邢会强：《金融督查服务比较研究》，载《法治研究》2011 年第 2 期。

33. 薛克鹏：《法典化背景下的经济法体系构造——兼论经济法的法典化》，载《北方法学》2016 年第 5 期。

34. 薛克鹏：《论经济法的范畴化及其体系》，载《首都师范大学学报》（社会科学版）2013 年第 6 期。

35. 杨东：《论金融消费者概念界定》，载《法学家》2014 年第 5 期。

36. 叶林：《证券投资者保护基金的完善》，载《广东社会科学》2009 年第 1 期。

37. 张玉凤：《我国银行业消费者保护及银行监管制度的完善》，载《武汉金融》2007 年第 5 期。

38. 周中之：《论消费者的社会责任行动》，载《上海财经大学学报》2008 年第 1 期。

英文文献

（一）英文著作

1. Afonso, Gara, Joao AC Santos, and James Traina. “Do ‘Too-

Big-To-Fail' Banks Take on More Risk?" *Economic Policy Review*, Forthcoming (2014).

2. Agarwal, Sumit, John C. Driscoll, Xavier Gabaix, and David Laibson. *2009. "The Age ofReason: Financial Decisions over the Life Cycle and Implications for Regulation." BrookingsPapers on Economic Activity, no. 2, pp. 51-118.*

3. Agarwal, Sumit, Paige Skiba, and Jeremy Tobacman. *2009. "Payday Loans and Credit Cards: New Liquidity and Credit Scoring Puzzles?" Available at SSRN: http://ssrn.com/abstract=1327125.*

4. Akerlof, G. A. 1970. The market for "lemons" : Quality uncertainty and the market mechanism. *Quarterly Journal of Economics*, 84, 488-500.

5. Akerlof, George A. "The Market for 'Lemons' : Quality Uncertainty and the Market Mechanism." *The Quarterly Journal of Economics* (1970): 488-500.

6. Akerlof, George A., " 'The Market for Lemons' : Quality Uncertainty and the Market Mechanism" , *Quarterly Journal of Economics*, 1970.

7. Ameriks, John and Stephen P. Zeldes. *2004. "How do Household Portfolio Shares Vary withAge?" Unpublished paper.*

8. ANZ Banking Group, *ANZ Survey of Adult Financial Literacy in Australia*, Melbourne, 2003.

9. Armstrong, Mark, "Interactions between Competition and

Consumer Policy,” *Competition PolicyInternational*, Volume 4, Number 1, Spring 2008.

10. Asch, P. 1988. *Consumer safety regulation: putting a price on life and limb*, New York; Oxford, Oxford University Press.

11. Australian Government Publishing Service, *The Financial System Inquiry Final Report* (“Wallis Report”), March 1997.

12. Avgouleas, E. 2005. *The mechanics and regulation of market abuse: a legal and economic analysis*, Oxford; New York, Oxford University Press.

13. Avgouleas, E. 2008. Reforming Investor Protection Regulation: The Impact of Cognitive Biases. *In:* Faure, M. & Stephen, F. H. (eds.) *Essays in the law and economics of regulation: in honour of Anthony Ogus.* Antwerpen: Intersentia.

14. Avgouleas, E. 2009. The Global Financial Crisis, Behavioural Finance and Financial Regulation: In Search of a New Orthodoxy. *Journal of Corporate Law Studies*, 9, 23–59.

15. Bair, Sheila. *2005. “Low-Cost Payday Loans: Opportunities and Obstacles.” Annie E. CaseyFoundation. http://www.aecf.org/upload/publicationfiles /fes3622h334.pdf.*

16. Baldwin, R. & Cave, M. 1999. *Understanding regulation: theory, strategy, and practice*, Oxford, Oxford University Press.

17. Bank for International Settlements, Basel Committee on Banking Supervision, *Core Principles forEffective Banking Supervision*, September 1997, revised October 2006.

18. Bank for International Settlements, Committee on Payment and Settlement Systems, and World Bank, *General Principles for International Remittance Services*, January 2007.

19. Banking Law and practice in India, By Dr. Mukund Mahajan, Nirali Publication.

20. Bar-Gill, Oren, and Elizabeth Warren. *2008. "Making Credit Safer." University ofPennsylvania Law Review 157(1): 1-100.*

21. Barry, N. P. 1991. *The morality of business enterprise*, Aberdeen, Aberdeen University Press.

22. Becker, G. S. 1978. *The Economic Approach to Human Behaviour*, Chicago, University of Chicago Press.

23. Benartzi, Shlomo and Richard H. Thaler. *2001. "Naive Diversification Strategies inRetirement Saving Plans." American Economic Review 91(1): 79-98.*

24. Benartzi, Shlomo. *2001. "Excessive Extrapolation and the Allocation of 401(k) Accounts toCompany Stock?" Journal of Finance, 56(5):1747-1764.*

25. Benjamin, Daniel J., Sebastian A. Brown, and Jesse M. Shapiro. *2006. "Who is 'Behavioral'? Cognitive Ability and Anomalous Preferences." Available at SSRN: http://papers.ssrn.com/sol3/papers.cfm?abstract_id=675264.*

26. Benston, George, *Regulating Financial Markets: A Critique and Some Proposals*, American Enterprise Institute for Public Policy and Research, 1999.

27. Bertrand, Marianne and Adair Morse. *2009. "Information Disclosure, Cognitive Biases andPayday Borrowing," Chicago Booth Research Paper No. 10-01.*

28. Beshears, John, James J. Choi, David Laibson, and Brigitte C. Madrian. *Forthcoming."How Does Simplified Disclosure Affect Individuals' Mutual Fund Choices?" in David A. Wise,editor, Explorations in the Economics of Aging.*

29. Black, J. 2001. De-centring Regulation: Understanding the role of Regulation and Self-Regulation in a "Post-Regulatory" world. *Current Legal Problems*, 54, 103-146.

30. Black, J. 2005. The Emergence of Risk-based Regulation and the New Public Risk Management in the UK. *Public Law*, 512-548.

31. Bond, Philip, David Musto, and Bilge Yilmaz. *2009. "Predatory Mortgage Lending." Journalof Financial Economics 94(3): 412-27.*

32. Bordalo, Pedro, Nicola Gennaioli, and Andrei Shleifer. "Salience Theory of Choice Under Risk." *The Quarterly Journal of Economics* 127, no. 3 (2012): 1243-1285.

33. Breyer, S. G. 1982. *Regulation and its reform*, Cambridge, Mass., Harvard University Press.

34. Brown, Jeffrey R., Nellie Liang, and Scott Weisbenner. *2007. "Individual AccountInvestment Options and Portfolio Choice: Behavioral Lessons from 401(k) Plans." Journal ofPublic Economics 91(10):1992-2013.*

35. Brown, S., G. Garino, K. Taylor and S.W. Price, *Debt and*

financial expectations: An individual andhousehold level analysis, Working Paper, University of Leicester, 2003.

36. Bucks, Brian K. and Karen M. Pence. *2008. "Do Borrowers Know Their Mortgage Terms?"Journal of Urban Economics 64(2): 218–233*.

37. Business Law – By Shri M. S. Pandit and Shobha Pandit, Himalaya Publishing House.

38. California Budget Report, *Locked Out 2008: The Housing Boom and Beyond*, February 2008.

39. Calomiris, Charles W., and Charles M. Kahn. "The role of demandable debt in structuring optimal banking arrangements." *The American Economic Review* (1991): 497–513.

40. Calvet, Laurent E., John Y. Campbell and Paolo Sodini. *2007. "Down or Out: Assessing theWelfare Costs of Household Investment Mistakes." Journal of Political Economy 115(5):707–747.*

41. Calvet, Laurent E., John Y. Campbell and Paolo Sodini. *2009. "Fight or Flight? PortfolioRebalancing by Individual Investors." Quarterly Journal of Economics, 124(1): 301–48.*

42. Camerer, C. F. 2000. Prospect Theory in the Wild: Evidence from the Field. *In:* Kahneman, D. & Tversky, A. (eds.) *Choices, values, and frames* Cambridge: New York: Cambridge University Press; Russell Sage Foundation.

43. Campbell, Dennis, Asis Martinez-Jerez and Peter Tufano. *2008. "Bouncing Out of theBanking System: An Empirical Analysis of*

Involuntary Bank Account Closures,"http://www.bos.frb.org/economic/cprc/conferences/payments2008/campbell_jerez_tufano.pdf.

44. Campbell, John Y. *2006. "Household Finance." Journal of Finance 61(4):1553–1604.* Campbell, John Y. and Joao Cocco. *2003. "Household Risk Management and OptimalMortgage Choice." Quarterly Journal of Economics 118(4):1449–1494.*

45. Campbell, John Y., Howell Jackson, Brigitte Madrian, and Peter Tufano. *2010. "TheRegulation of Consumer Financial Products: An Introductory Essay with Four Case Studies."Harvard Kennedy School Working Paper No. RWP10–040. Available athttp://papers.ssrn.com/sol3/papers.cfm?abstract_id=1649647.*

46. Campbell, John Y., Stefano Giglio, and Parag Pathak. *Forthcoming. "Forced Sales andHouse Prices." American Economic Review.*

47. Campbell, Larry, and John P. Wilson, "Financial Functional Analysis: A Conceptual Framework for Understanding the Changing Financial System" . Working paper, HSBC London, 2014.

48. Canada, *Report of the Task Force on the Future of the Canadian Financial Services Sector*, September 1998.

49. Carrell, Scott and Jonathan Zinman. *2008. "In Harm's Way? Payday Loan Access andMilitary Personnel Performance," Available at http://www.dartmouth.edu/~jzinman/Papers/PayDay_AirForce_aug08.pdf.*

50. Carroll, Gabriel D., James J. Choi, David Laibson, Andrew Metrick and Brigitte C. Madrian. *2009. "Optimal Defaults and Active*

Decisions." Quarterly Journal of Economics124(4): 1639–74.

51. Carter, Susan P., Paige M. Skiba, and Jeremy Tobacman. *2010. "Pecuniary Mistakes? Payday Borrowing by Credit Union Members." PRC Working Paper WP2010–32, PensionResearch Council.*

52. Caskey, John. *1994. Fringe Banking: Check–Cashing Outlets, Pawnshops, and the Poor. NewYork: Russell Sage Foundation.*

53. Caskey, John. *2001. "Payday Lending." Financial Counseling and Planning, 12(2): 1–14.*

54. Caskey, John. *2002. "The Economics of Payday Lending," Madison, WI: Filene ResearchInstitute.*

55. CGAP, *Financial Access 2009: Measuring Access to Financial Services around the World*, 2009.

56. Cheffins, B. R. 1997. *Company law: theory, structure, and operation*, Oxford, Clarendon.

57. Choi, James J., David Laibson and Brigitte C. Madrian. *2005. "Are Empowerment andEducation Enough? Underdiversification in 401(k) Plans." Brookings Papers on EconomicActivity, no. 2, pp. 151–198.*

58. Choi, James J., David Laibson and Brigitte C. Madrian. *2009. "Mental Accounting inPortfolio Choice: Evidence from a Flypaper Effect," American Economic Review 99(5): 2085–2095.*

59. Choi, James J., David Laibson and Brigitte C. Madrian. *2010. "Why Does the Law of OnePrice Fail? An Experiment on Index Mutual Funds," Review of Financial Studies 23(4): 1405–1432.*

60. Choi, James J., David Laibson and Brigitte C. Madrian. *Forthcoming. “$100 Bills on theSidewalk: Suboptimal Investment in 401(k) Plans.” Review of Economics and Statistics.*

61. Choi, James J., David Laibson, Brigitte C. Madrian and Andrew Metrick. *2004.“Employees’ Investment Decisions About Company Stock,” In Pension Design and Structure:New Lessons from Behavioral Finance, ed. Olivia S. Mitchell and Stephen P. Utkus, pp. 121–136. Oxford University Press.*

62. Choi, James J., David Laibson, Brigitte C. Madrian and Andrew Metrick. *2006. “Saving forRetirement on the Path of Least Resistance.” In Behavioral Public Finance: Toward a NewAgenda, ed. Edward J. McCaffrey and Joel Slemrod, pp. 304–51. New York: Russell SageFoundation.*

63. Choi, James J., David Laibson, Brigitte C. Madrian and Andrew Metrick. *2009. “Reinforcement Learning and Savings Behavior,” Journal of Finance, 44(6): 2515–34.*

64. Christelis, Dimitris, Tullio Jappelli, and Mario Padula. *2010. “Cognitive Abilities andPortfolio Choice.” European Economic Review, 54(1): 18:38.*

65. Cole, Shawn and Gauri Kartini Shastry, *If You Are So Smart, Why Aren’t You Rich? The Effects ofEducation, Financial Literacy, and Cognitive Ability on Financial Market Participation*, October 2007.

66. Cole, Shawn, and Gauri Kartini Shastry. *2009. “If You Are So Smart, Why Aren’t YouRich? The Effects of Education, Financial Literacy, and Cognitive Ability on Financial MarketParticipation.” Harvard Business School*

Working Paper 09-071.

67. Cole, Shawn, John Thompson and Peter Tufano. *2008. "Where Does It Go? Spending by theFinancially Constrained." Harvard Business School Working Paper 08-083.*

68. Community Financial Services Association of America. *2006. "National Data on Short-TermCredit Alternatives."http://www.cfsa.net/downloads/National_Data_on_Short_Term_Credit_Alternatives.pdf.*

69. Consumer Protection Act, By Dr. V. M. Peshawe, Vidya Prakashan (Marathi Edition).

（二）英文期刊

1. Consumer Reports, 2005. *"False Security Check-Bounce Protection," May 1, page 45.*

2. Consumers International, *Financial education counselling -Counsellor's handbook, January 2012, available at http://www.consumersinternational.org/news-and-media/publications/financialeducation-counselling-counsellor%27s-handbook.*

3. Dang, Tri Vi, Gary Gorton, Bengt Holmström, and Guillermo Ordonez. *Banks as secret keepers*. No. w20255. National Bureau of Economic Research, 2014.

4. Darby, M. R. & Karni, E. 1973. Free Competition and the Optimal Amount of Fraud. *Journal of Law and Economics*, 16, 67-88.

5. Davies, H. 2000. A New Regulator for the New Millenium. *A*

Radical New Approach to Regulation. FSA.

6. Demirguc-Kunt and Klapper (2012) on the Global Financial Inclusion Database (Global Findex). Available at *http://www-wds.worldbank.org/servlet/WDSContentServer/WDSP/IB/2012/04/19/000158349_20120419083611/Rendered/PDF/WPS6025.pdf.*

7. Department of Labor, Employee Benefit Security Administration *(2008)*, *"Private Pension* Plan Bulletin Historical Tables." http://www.dol.gov/ebsa/pdf/privatepensionplanbulletinhistoricaltables.pdf.

8. *Department of Labor, Employee Benefit Security Administration* (2010), "Private Pension Plan Bulletin: Abstract of 2007 Form 5500 Annual Reports." http://www.dol.gov/ebsa/pdf/2007pensionplanbulletin.pdf.

9. Diamond, Douglas W. "Financial intermediation and delegated monitoring." *The Review of Economic Studies* 51, no. 3 (1984): 393-414.

10. Diamond, Douglas W., and Philip H. Dybvig. "Bank Runs, Deposit Insurance, and Liquidity." *The Journal of Political Economy* 91, no. 3 (1983): 401-419.

11. Dworkin, G. 1971. Paternalism. *In:* Wasserstrom, R. A. (ed.) *Morality and the law: Basic problems in philosophy series.* Belmont, Calif.: Wadsworth Pub. Co.

12. *Elliehausen, Gregory and Edward C. Lawrence.* 2001. *Payday Advance Credit in America:An Analysis of Consumer Demand.* Monograph 35, Credit Research Center, McDonough School of Business, Georgetown University.

http://www.fdic.gov/bank/analytical/cfr/2005/jan /CFRSS_2005_elliehausen.pdf.

13. *Elliehausen*, *Gregory.* 2009. "An Analysis of Consumers' Use of Payday Loans," In *FinancialServices Research Program*, *Monograph No. 41*. Washington, DC: George Washington University School of Business.

14. Elliott, L. 2010. George Osborne unveils sweeping City reforms. *The Guardian*, 16/06/2010.

15. *Engeldardt*, *Gary V. and Anil Kumar.* Forthcoming. "Pensions and Household Wealth Accumulation." *Journal of Human Resources*.

16. European Commission, *Public consultation on Responsible Lending and Borrowing in the EU*, June 15, 2009.

17. European Parliament, *Report on protecting the consumer: improving consumer education and awarenesson credit and finance* [2007/2288 (INI)] , October 14, 2008.

18. F.S.A 2007a. Principles-Based Regulation: Focusing on the Outcomes that Matter.

19. F.S.A 2007b. Treating Customers Fairly initiative: Progress Report.

20. F.S.A 2007c. Treating Customers Fairly: Measuring Outcomes.

21. F.S.A 2008. Internal Audit Review of the Supervision of Northern Rock.

22. F.S.A 2009. Delivering the Retail Distribution Review: Professionalism, Corporate Pensions and Applicability of RDR Proposals

to Pure Protection Advice. 24.

23. F.S.A 2010. Consumer Complaints (emerging risks and mass claims).

24. *Fidelity Investments*. 2009. “Evaluating Auto Solutions.” *Fidelity Perspectives*, Summer 2009.

25. *Flannery, Mark and Katherine Samolyk.* 2005. “Payday Lending: Do the Costs Justify the Price?” *Center for Financial Research Working Paper*. Washington, DC: FDIC.

26. Flannery, Mark J. “Contingent Capital Instruments for Large Financial Institutions: A Review of the Literature.” *Annual Review of Financial Economics* 6 (2014), 225–240.

27. *Fox, Jean Anne and Patrick Woodall.* 2006. “Cashed Out: Consumers Pay Steep Premium to ‘Bank’ at Check Cashing Outlets,” Washington, DC: Consumer Federation of America.

28. Frederick, S., Loewenstein, G. & O’donoghue, T. 2002. Time Discounting and Time Preference: A Critical Review. *Journal of Economic Literature*, 40, 351–401.

29. Friedman, M. & Friedman, R. D. 2002. *Capitalism and freedom*, Chicago; London, University of Chicago Press.

30. Friedman, M. 1974. Schools at Chicago. *University of Chicago Magazine*.

31. *Friedman, Milton.* 1953. “The Methodology of Positive Economics.” In *Essays in PositiveEconomics*, 3–43. University of Chicago Press.

32. Froot, Kenneth A., and Jeremy C. Stein. "Risk management, Capital Budgeting, and Capital Structure Policy for Financial Institutions: An Integrated Approach." *Journal of Financial Economics* 47, no. 1 (1998): 55-82.

33. FSA's Money Advice Service website: *http://www.moneyadviceservice.org.uk/yourmoney/*.

34. *Gabaix, Xavier, and David Laibson.* 2006. "Shrouded Attributes, Consumer Myopia, and Information Suppression in Competitive Markets." *Quarterly Journal of Economics* 121(2):505- 540.

35. Gennaioli, Nicola, and Andrei Shleifer. "What Comes to Mind." *The Quarterly Journal of Economics* 125, no. 4 (2010): 1399-1433.

36. Gennaioli, Nicola, Andrei Shleifer, and Robert Vishny. "Neglected risks, financial innovation, and financial fragility." *Journal of Financial Economics* 104, no. 3 (2012): 452-468.

37. Gennaioli, Nicola, Andrei Shleifer, and Robert Vishny. "Neglected Risks: The Psychology of Financial Crises." *American Economic Review* 105, no. 5 (2015): 310-14.

38. *Ghilarducci, Teresa.* 2008. "When I'm Sixty-Four: The Plot against Pensions and the Plan to Save Them." Princeton University Press.

39. Gorton, Gary, and George Pennacchi. "Financial Intermediaries and Liquidity Creation." *The Journal of Finance* 45, no. 1 (1990): 49-71.

40. Gorton, Gary, and Guillermo Ordoñez. "Collateral Crises." *American Economic Review* 104, 54 no. 2 (2014): 343-78.

41. *Graves, Stephen M.* 2003. “Landscapes of Predation, Landscapes of Neglect: A Locational Analysis of Payday Lenders and Banks.” *The Professional Geographer*, 55(3): 303-17.

42. Gray, J. 2004. The Legislative Basis of Systemic Review and Compensation for the Mis-Selling of Retail Financial Services and Products. *Statute Law Rev*, 25, 196-208.

43. Gray, J. L. L. B. & Hamilton, J. 2006. *Implementing financial regulation: theory and practice*, Chichester, England; Hoboken, NJ, John Wiley & Sons.

44. *Greenspan, Alan.* 2004. “Understanding Household Debt Obligations.” Speech to Credit Union National Association 2004 Governmental Affairs Conference, Washington, DC. Available online at http://www.federalreserve.gov/boarddocs/speeches/2004/20040223/ Grinblatt, Mark, Matti Keloharju, and Juhani Linnainmaa. *2009. “Do Smart InvestorsOutperform Dumb Investors?” University of Chicago Center for Research in Security PricesWorking Paper 09-33.*

45. Guiso, Luigi, Paola Sapienza, and Luigi Zingales. *2008. “Trusting the Stock Market.”Journal of Finance 63(6):2557-2600.*

46. Gustman, Alan L., Thomas L. Steinmeier, and Nahid Tabatabai. *2010. “What the StockMarket Decline Means for the Financial Security and Retirement Choices of the Near-RetirementPopulation.” Journal of Economic Perspectives 24(1):1-22.*

47. Haines, F. & Gurney, D. 2003. The Shadows of the Law:

Contemporary Approaches to Regulation and the Problem of Regulatory Conflict. *Law & Policy*, 25, 353-380.

48. Hart, Oliver. "Corporate governance: some theory and implications." *The Economic Journal* 105, no. 430 (1995): 678-689.

49. Hastings, Justine S., and Lydia Tejeda-Ashton, *2008, "Financial Literacy, Information, andDemand Elasticity: Survey and Experimental Evidence from Mexico" NBER Working Paper No.14538.*

50. Hayek, F. A. "The Use of Knowledge in Society." *The American Economic Review* 35, no. 4 (1945): 519-530.

51. Hayek, F. A. 1945. The use of knowledge in society. *American Economic Review*, 35,519-530.

52. Hayek, F. A. V. 1960. *The constitution of liberty*, London, Routledge & Kegan Paul.

53. Hayek, F. A. V. 1973. *Law, legislation and liberty: a new statement of the liberal principles of justice and political economy; rules and order Vol 1*, [S.l.] , Routledge.

54. Hirshlelfer, Jack. "The Private and Social Value of Information and the Reward to Inventive Activity." *The American Economic Review* 61, no. 4 (1971): 561-574.

55. Holden, Sarah, Jack VanderHei, and Luis Alonso. *2009. "401(k) Plan Asset Allocation,Account Balances, and Loan Activity in 2008." Investment Company Institute ResearchPerspective*, *vol. 15, no. 2. http://www.ici.org/pdf/per15-02.pdf.*

56. Holmstrom, Bengt. “Moral Hazard and Observability.” *Bell Journal of Economics* 10, no. 1 (1979): 74–91.

57. Holmstrom, Bengt. “Understanding the Role of Debt in the Financial System.” BIS Working Papers No. 479. Bank for International Settlements, 2015.

58. Hortaçsu, Ali, and Chad Syverson. *2004. “Product Differentiation, Search Costs, andCompetition in the Mutual Fund Industry: A Case Study of S&P 500 Index Funds.” QuarterlyJournal of Economics 119(2):403–456.*

59. Howells, G. 2005. The Potential and Limits of Consumer Empowerment by Information.*Journal of Law and Society*, 32, 349–370.

60. Huckstep, Aaron. *2007. “Payday Lending: Do Outrageous Prices Necessarily MeanOutrageous Profits?” Fordham Journal of Corporate and Financial Law, 12(1): 203–31.*

61. International Association of Insurance Supervisors, *Insurance Core Principles and Methodology*, October 2003.

62. International Bank for Reconstruction and Development, *Global Survey on Consumer Protection and Financial Literacy: Oversight Frameworks and Practices in 114 Countries*, World Bank, 2014.

63. International Organization of Securities Commissions, *Objectives and Principles of Securities Regulation*, February 2002.

64. Iwry, J. Mark and David C. John. *2009. “Pursuing Universal Retirement Security ThroughAutomatic IRAs.” The Retirement Security Project, No, 29–3.*

65. Jackson, Howell E. *1999. "Regulation of a Multisectored Financial Services Industry: AnExploratory Essay." Washington University Law Quarterly 77(2):319–97.*

66. Jacoby, J. 2000. Is it Rational to Assume Consumer Rationality? Some Consumer Psychological Perspectives on Rational Choice Theory. *Roger Williams University Law Review*, 6, 81–162.

67. Jacoby, J., Johar, G. V. & Morrin, M. 1998. Consumer behavior: A quadrennium. *Annual Review of Psychology*, 49, 319–344.

68. Johnson, E. J., Hershey, J., Meszaros, J. & Kunreuther, H. 2000. Framing, Probability Distortions and Insurance Decisions. *In:* Kahneman, D., Tversky, A. & Russell Sage, F. (eds.) *Choices, values, and frames.* Cambridge: New York: Cambridge University Press; Russell Sage Foundation.

69. Joint Forum of Basel Committee on Banking Supervision, International Organization of Securities Commission and International Association of Insurance Supervisors, *Customer suitability in the retailsale of financial products and services*, April 2008.

70. Jolls, C., Sunstein, C. R. & Thaler, R. H. 1998. A Behavioural Approach to Law and Economics. *Stanford Law Review*, 50, 1471–1550. Kahneman, D. & Knetsch, J. L. 1991. The Endowment Effect, Loss Aversion, and Status Quo Bias. *Journal of Economic Perspectives*, 5, 193–206.

71. Kahneman, D.&Tversky, A. 1979. Prospect Theory: An Analysis

of Decision Under Risk *Econometrica*, 47, 263-292.

72. Kahneman, D., Knetsch, J. L. & Thaler, R. H. 1990. Experimental tests of the endowment effect and the Coase theorem. *Journal of Political Economy*, 98, 1325-1348.

73. Kaufman, George G. "Too Big to Fail in Banking: What Does it Mean?." *Journal of Financial Stability* (2014).

74. Khandani, Amir E., Andrew W. Lo, and Robert C. Merton. *2009. "Systemic Risk and theRefinancing Ratchet Effect." National Bureau of Economic Research Working Paper 15362.*

75. Khorana, Ajay, Henri Servaes and Peter Tufano. *2009. Mutual Fund Fees Around theWorld, Review of Financial Studies 22(3): 1279 – 1310.*

76. Kimball, Miles S. and Tyler Shumway. *2007. "Investor Sophistication and the Home Bias,Diversification, and Employer Stock Puzzles." Available at SSRN:http://papers.ssrn.com/sol3/papers.cfm?abstract_id=1572866.*

77. King, M. 2010. Governor's Speech at the annual Mansion House Dinner. *Mansion House.* London.

78. Kyle, Albert S. "Continuous Auctions and Insider Trading." *Econometrica: Journal of the Econometric Society* (1985): 1315-1335.

79. Laibson, David. *1997. "Golden Eggs and Hyperbolic Discounting." Quarterly Journal ofEconomics 112(2):443-477.*

80. Lawrence, Edward C., and Gregory Elliehausen. *2008. "A Comparative Analysis of PaydayLoan Customers." Contemporary Economic*

Policy, 26(2): 299-316.

81. Lehman, Thomas E. *2005. "Contrasting Payday Loans to Bounced-Check Fees," Washington,DC: Consumer Credit Research Foundation. http://www.cfsa.net/downloads/contrastingreports.pdf.*

82. Loewenstein, G., T. O'Donoghue and M. Rabin, "Projection Bias in Predicting Future Utility," *QuarterlyJournal of Economics* 118 (4): 1209-1248, 2003.

83. Lusardi, Annamaria and Olivia S. Mitchell. *2006. "Financial Literacy and Planning:Implications for Retirement Well-Being." Pension Research Council Working Paper No. 1.*

84. Lusardi, Annamaria and Peter Tufano. *2009. "Debt Literacy, Financial Experiences, andOverindebtedness." NBER Working Paper No. 14808.*

85. Lusardi, Annamaria, and Olivia Mitchell. *2007. "Baby Boomer Retirement Security: TheRoles of Planning, Financial Literacy, and Housing Wealth." Journal of Monetary Economics54(1):205-224.*

86. Lusardi, Annamaria, Olivia S. Mitchell and Vilsa Curto. *2010. "Financial Literacy amongthe Young." The Journal of Consumer Affairs 44(2): 358-80.*

87. Madrian, Brigitte and Dennis Shea. *2001. "The Power of Suggestion: Inertia in 401(k)Participation and Savings Behavior," Quarterly Journal of Economics, 116(4): 1149-1187.*

88. Mandell, Lewis, *Personal Finance Survey of High School Seniors,*

The Jumpstart Coalition for Personal Financial Literacy, Washington, DC, 2004.

89. Mann, Ronald J. and Jim Hawkins. *2007. "Just until Payday." UCLA Law Review, 54(855).*

90. Masters, B. 2010. Shaping change will be complex. *Financial Times*, 16/06/2010.

91. Mcmeel, G. & Virgo, J. 2001. *Financial advice and financial products: law and liability*, Oxford; New York, Oxford University Press.

92. Melzer, Brian T. *Forthcoming. "The Real Costs of Credit Access: Evidence from the PaydayLending Market." Quarterly Journal of Economics.*

93. Merton, Robert C. "A Functional Perspective of Financial Intermediation." *Financial Management* 24, no. 2 (1995): 23–41.

94. Merton, Robert C. "A Model of Contract Guarantees for Credit-Sensitive, Opaque Financial Intermediaries." *European Finance Review* 1, no. 1 (1997): 1–13.

95. Merton, Robert C. "An Analytic Derivation of the Cost of Deposit Insurance and Loan Guarantees: An Application of Modern Option Pricing Theory." *Journal of Banking & Finance* 1, no. 1 (1977): 3–11.

96. Merton, Robert C. "On the Application of the Continuous-time Theory of Finance to Financial Intermediation and Insurance." *Geneva Papers on Risk and Insurance* (1989): 225–261.

97. Merton, Robert C. "On the Pricing of Corporate Debt: The Risk Structure of Interest Rates." *The Journal of Finance* 29, no. 2 (1974): 449–470.

98. Merton, Robert C. “Financial Intermediation in the Continuous-Time Model” , in *ContinuousTime Finance*, 428-471. Blackwell: 1992a.

99. Merton, Robert C. “No-Fault Default: A Possible Remedy for Certain Dysfunctional Consequences of Corporate Leverage” , Presented at the *American Finance Association Meetings*, 1992c.

100. Merton, Robert C. “On the Cost of Deposit Insurance When There are Surveillance Costs” , in *Continuous-Time Finance*, 501-511. Blackwell: 1992b.55.

101. Merton, Robert C., “Operation and Regulation in Financial Intermediation: A Functional Perspective” , in *Operation and Regulation of Financial Markets*, ed. Peter Englund, (The Economic Council, Stockholm, 1993), 17-67.

102. Merton, Robert C., and Zvi Bodie. “A Conceptual Framework for Analyzing the Financial Environment.” Chap. 1 in *The Global Financial System: A Functional Perspective*, by D. B. Crane, K. A. Froot, Scott P. Mason, André Perold, R. C. Merton, Z. Bodie, E. R. Sirri, and P. Tufano, 3–31. Boston: Harvard Business School Press, 1995.

103. Merton, Robert C., and Zvi Bodie. “Design of Financial Systems: Towards a Syntheses of Function and Structure.” *Journal of Investment Management* 3, no. 1 (2005): 6.

104. Merton, Robert K. “The Self-fulfilling Prophecy.” *The Antioch Review* 8, no. 2 (1948): 193-210.

105. Miles, David. *2003. The UK Mortgage Market: Taking a Longer-*

Term View, Interim Report:Information, Incentives, and Pricing. London: HM Treasury.

106. Mitchell, Olivia S., Gary Mottola, Steve Utkus, and Takeshi Yamaguchi. *2006. "TheInattentive Participant: Trading Behavior in 401(k) Plans." Pension Research Council WorkingPaper.*

107. Morgan, Donald P. and Michael R. Strain. *2008. "Payday Holiday: How Households Fareafter Payday Credit Bans." In Staff Report no. 309. Federal Reserve Bank of New York.*

108. Morse, Adair. *2009. "Payday Lenders: Heroes or Villains?"http://faculty.chicagobooth.edu/adair.morse/research/Morse_paydayDisaster.pdf.*

109. Mundy, Shaun, *Financial Education in Schools: Analysis of Selected Current Programmes and Literature- Draft Recommendations for Good Practices*, published in proceedings of OECD-US Treasury International Conference on Financial Education, Washington DC, 7-8 May 2008, Volume II.

110. Nelson, P. 1970. Information and Consumer Behavior. *Journal of Political Economy*, 78, 311-329.

111. Nozick, R. 1974. *Anarchy, state and Utopia,* New York, Basic Books.

112. O'donoghue, T.&Rabin, M.2003. Studying Optimal Paternalism, Illustrated by a Model of Sin Taxes. *American Economic Review*, 93, 186-191.25.

113. Ogus, A. 2010. The paradoxes of legal paternalism and how to

resolve them. *Legal Studies*, 30, 61–73.

114. Ogus, A. I. 1994. *Regulation: legal form and economic theory*, Oxford, Oxford University Press.

115. Organisation for Economic Co-operation and Development, *Financial Literacy and ConsumerProtection: Overlooked Aspects of the Crisis, OECD Recommendation on Good Practices on FinancialEducation and Awareness relating to Credit*, 2009.

116. Ortoleva, Pietro. "Modeling the Change of Paradigm: Non-Bayesian Reactions to Unexpected News." *The American Economic Review* 102, no. 6 (2012): 2410–2436.

117. Osborne, G. 2010. Chancellor's Speech at the annual Mansion House Dinner. *Mansion House.* London.

118. Parker, G. & Masters, B. 2010. Osborne abolishes FSA and boosts Bank. *Financial Times*, 16/06/2010.

119. Parrish, Leslie. *2008. "High Cost Payday Lending Traps Arizona Borrowers." Center forResponsible Lending, September 16.* http://www.responsiblelending.org/paydaylending/research-analysis/high-cost-of-payday-in-arizona.pdf.

120. Peter, J. P. & Olson, J. C. 2008. *Consumer behavior and marketing strategy*, Boston; London, McGraw-Hill.

121. Peterson, Christopher L. *2008. "Usury Law, Payday Loans, and Statutory Sleight of Hand:Salience Distortion in American Credit Pricing Limits." Minnesota Law Review. 92(4):1110–65.*

122. Polinsky, A. M. & Shavell, S. 2000. The Economic Theory of Public Enforcement of Law. *Journal of Economic Literature*, 38, 45-76.

123. Posner, R. A. 1990. *The problems of jurisprudence*, Cambridge, Mass.; London, Harvard University Press.

124. President's Advisory Council on Financial Literacy, *2008 Annual Report to the President* Weinstein, N., "Unrealistic Optimism About Future Life Events" , *Journal of Personality and SocialPsychology* 39(5): 806-820, 1980.

125. Ramakrishnan, Ram TS, and Anjan V. Thakor. "Information reliability and a theory of financial intermediation." *The Review of Economic Studies* 51, no. 3 (1984): 415-432.

126. Ross, A. 2010. CPMA urged to learn from FSA mistakes. *Financial Times*, 17/06/2010.

127. Ryan, Andrea, Gunnar Trumbull and Peter Tufano. *2010, "A Brief Postwar History of USConsumer Finance." Unpublished manuscript.*

128. Sants, H. 2009. Intensive Supervision: delivering the best outcomes. *FSA.*

129. Sants, H. 2010. UK Financial Regulation after the Crisis. *Annual Lubbock Lecture in Management Studies.* FSA.

130. Schneider, Daniel J. and Peter Tufano. *2007. "New Savings from Old Innovations: AssetBuilding for the Less Affluent," in Financing Low-Income Communities, ed. Julia Sass Rubin. Russell Sage.*

131. Seelig, Steven. "Too Big to Fail: A Taxonomic Analysis." *Too*

Big To Fail: Policies and Practices (Praeger Publishers) (2004): 219–230.

132. Shavell, S. 1993. The Optimal Structure of Law Enforcement *Journal of Law and Economics*, 36, 255–287.

133. Shiller, R. J. 2000. Measuring Bubble Expectations and Investor Confidence. *Journal of Psychology & Financial Markets*, 1, 49–60.

134. Shiller, Robert J. *2008. The Subprime Solution: How Today's Global Financial CrisisHappened, and What to Do About It. Princeton, NJ: Princeton University Press.*

135. Simon, H. A. 1955. A behavioural model of rational choice. *Quarterly Journal of Economics*, 69, 99–118.

136. Skiba, Paige and Jeremy Tobacman. *2007. "The Profitability of Payday Loans."http://bpp.wharton.upenn.edu/tobacman/papers/profit ability.pdf*

137. Skiba, Paige and Jeremy Tobacman. *2009. "Do Payday Loans Cause Bankruptcy?" Available at SSRN: http://ssrn.com/abstract=1266215.*

138. Slovic, P. 2000. *Perception of Risk*, London, Earthscan Publications.

139. Slovic, P., Finucane, M. L., Peters, E. & Macgregor, D. G. 2004. Risk as Analysis and Risk as Feelings: Some Thoughts about Affect, Reason, Risk, and Rationality. *Risk Analysis: An International Journal*, 24, 311–322.

140. Smale, Pamela. *2005. "Payday Loans: Federal Regulatory Initiatives." Congressional ResearchService Report CR21728.*

141. Stegman, Michael A. *2007. "Payday Lending." Journal of Economic*

Perspectives, 21(1): 169–90.

142. Stegman, Michael A. and Robert Faris. *2003. "Payday Lending: A Business Model ThatEncourages Chronic Borrowing." Economic Development Quarterly, 17(1): 8–32.*

143. Stigler, G. 1982. Economists and Public Policy. *Regulation*, 6, 13–17.

144. Stoianovici, Petru S. and Michael T. Maloney. *2008. "Restrictions on Credit: A Public PolicyAnalysis of Payday Lending." Available at SSRN: http://ssrn.com/abstract=1291278*.

145. Strahan, Philip E. "Too big to fail: Causes, consequences, and policy responses." *Annual Review of Financial Economics* 5, no. 1 (2013): 43–61.

146. Strotz, R.H. *1955. "Myopia and Inconsistency in Dynamic Utility Maximization." Review ofEconomic Studies 23(3):165–180.*

147. Sundaresan, Suresh, and Zhenyu Wang. "On the Design of Contingent Capital with a Market Trigger." *The Journal of Finance* 70, no. 2 (2015): 881–920.

148. Sunstein, C. R. & Thaler, R. H. 2003. Libertarian Paternalism Is Not An Oxymoron. *University of Chicago Law Review*, 70, 1159–1202.

149. Sunstein, C. R. 1990. *After the rights revolution: reconceiving the regulatory state*, Cambridge, Mass.; London, Harvard University Press.

150. Sunstein, C. R. 2005. *Laws of fear: beyond the precautionary principle*, Cambridge, Cambridge University Press.

151. Taylor, M. 1995. *Twin Peaks: A Regulatory Structure for the New Century*, Centre for the Study of Financial Innovation (CSFI).

152. Thaler, Richard H. and Cass Sunstein. *2008. Nudge: Improving Decisions About Health,Wealth, and Happiness. New Haven, CT: Yale University Press.*

153. Thaler, Richard H. and Shlomo Benartzi. *2004. "Save More Tomorrow: Using BehavioralEconomics to Increase Employee Savings." Journal of Political Economy, 112(1, Part 2): S164–S187.*

154. Treasury 2010. Financial Services Bulletin: Issue 5.

155. Tufano, Peter and Andrea Ryan. *2009. "Blue Ocean or Stormy Waters? Buying Nix CheckCashing." Harvard Business School Case, 210–012.*

156. Turner, A. 2009. The Turner Review: A Regulatory Response to the Global Banking Crisis. FSA.

157. Tversky, A. & Kahneman, D. 1974. Judgment under Uncertainty: Heuristics and Biases. *Science*, 185, 1124–1131.

158. U.S. Government Accountability Office. *2004. "Consumer Protection: Federal and StateAgencies Face Challenges in Comparing Predatory Lending." GAO–04–280.*

159. Van De Veer, D. 1986. *Paternalistic Intervention: The Moral Bounds on Benevolence*, Princeton, Princeton University Press.

160. Van Den Bergh, R. 2008. Enforcement of Consumer Law by Consumer Associations. *In:* Faure, M. & Stephen, F. H. (eds.) *Essays in the law and economics of regulation: in honour of Anthony Ogus* Antwerpen:

Intersentia.26.

161. Vyavsayik Kayade – By A S Ukhalkar, Pimpalapure Publishers, (Marathi Edition).

162. Wakker, Peter, Richard Thaler, and Amos Tversky. “Probabilistic Insurance.” *Journal of Risk and Uncertainty* 15, no. 1 (1997): 7–28.

163. Wall, D. 1972. Introduction. *In:* Wall, D. (ed.) *Chicago essays in economic development* Chicago: University of Chicago Press.

164. Warren, Elizabeth. *2007. “Unsafe at Any Rate.” Democracy, Issue 5 (Summer, 2007), pp. 8–19.*

165. Waters, D. 2006. FSA Consultation Paper– Overview of the “Reforming conduct of business regulation” . *BBA Conduct of Business Seminar.*

166. White, Michelle J. *2009. “Bankruptcy: Past Puzzles, Recent Reforms, and the MortgageCrisis.” American Law and Economics Review, 11(1):1–23.*

167. Willis, Lauren E., “Against Financial–Literacy Education,” *Iowa Law Review*, Issue 94(1): 197–285, November 2008.

168. Wilson, Bart, David W. Findlay, James W. Meehan, Charissa P. Wellford and Karl Schurter. *2010. “An Experimental Analysis of the Demand for Payday Loans.” Available atSSRN: http://ssrn.com/abstract=1083796.*

169. Wilson, S. 2007. Treating Customers Fairly– an assessment of industry’s performance against the outcomes. *FSA Treating Customers Fairly Conference.*

170. Woodward, Susan E. *2004. "Consumer Confusion in the Mortgage Market."http://www.sandhillecon.com/pdf/consumer_ confusion.pdf.*

171. World Bank Group, Financial and Private Sector Development Vice Presidency, Payment Systems Development Group, *Payment Systems Worldwide: a Snapshot. Outcomes of the Global Payment SystemsSurvey 2008*, 2008.

172. World Bank, Finance and Private Sector Department of the Europe and Central Asia Region, *Azerbaijan:Technical Note on Consumer Protection and Financial Literacy*, Updated June 2009.

173. World Bank, *Finance for All? Policies and Pitfalls in Expanding Access*, 2008.

174. Yeung, K. 2004. *Securing compliance: a principled approach*, Oxford, Hart Publishing.

175. Zelizer, Viviana A. *1994. The Social Meaning of Money: Pin Money, Paychecks, Poor Relief,and Other Currencies. Basic Books.*

176. Zenios, Stavros A., "Fairness and Reflexivity in the Cyprus Bail-In" (August 2015).

177. Zinman, Jonathan. *2008. "Restricting Consumer Credit Access: Household Survey Evidenceon Effects around the Oregon Rate Cap," Federal Reserve Bank of Philadelphia, Working PaperNo. 08-32.*

图书在版编目(CIP)数据

类型思维下的"金融消费者":从语词到制度/王美舒著.—北京:中国法制出版社,2019.10

ISBN 978-7-5216-0571-6

Ⅰ.①类… Ⅱ.①王… Ⅲ.①金融业-研究-中国

Ⅳ.①F832

中国版本图书馆CIP数据核字(2019)第206957号

责任编辑:王雯汀 封面设计:周黎明

类型思维下的"金融消费者":从语词到制度

LEIXING SIWEI XIA DE "JINRONG XIAOFEIZHE": CONG YUCI DAO ZHIDU

著者/王美舒

经销/新华书店

印刷/北京京华虎彩印刷有限公司

开本/880毫米×1230毫米 32开 印张/11 字数/235千

版次/2019年10月第1版 2019年10月第1次印刷

中国法制出版社出版

书号 ISBN 978-7-5216-0571-6 定价:52.00元

北京西单横二条2号 邮政编码100031 传真:010-66031119

网址:http://www.zgfzs.com 编辑部电话:010-66060794

市场营销部电话:010-66033393 邮购部电话:010-66033288

(如有印装质量问题,请与本社印务部联系调换。电话:010-66032926)